AF344379

LEÇONS

DE

LECTURE MUSICALE

MÉTHODE COMPLÈTE DE SOLFÉGE.

Paris. — Imprimerie de L. MARTINET, rue Mignon, 2.

LEÇONS

DE

LECTURE MUSICALE

MÉTHODE COMPLÈTE DE SOLFÉGE

PAR

F. HALÉVY

MEMBRE DE L'INSTITUT, SECRÉTAIRE PERPÉTUEL DE L'ACADÉMIE DES BEAUX-ARTS.

OUVRAGE ADOPTÉ

POUR LES ÉCOLES DE LA VILLE DE PARIS,

POUR L'ORPHÉON,

ET POUR LES CLASSES DU CONSERVATOIRE IMPÉRIAL DE MUSIQUE.

—

SECONDE ÉDITION,

AUGMENTÉE D'EXERCICES ET DE SOLFÉGES GRADUÉS.

Prix net : 10 fr.

PARIS

LÉON ESCUDIER, ÉDITEUR,

21, RUE DE CHOISEUL.

1859

TABLE.

PREMIÈRE PARTIE.

CONNAISSANCE DES SIGNES.

Exercices pratiques pour l'étude de la 1re partie.

DEUXIÈME PARTIE.

L'INTONATION.

Exercices pratiques pour l'étude de la 2e partie.

TROISIÈME PARTIE.

LA MESURE.

———

Exercices pratiques pour l'étude de la 3e partie.

———

QUATRIÈME PARTIE.

LA TONALITÉ.

———

Exercices pratiques pour l'étude de la 4e partie.

———

COMPLÉMENT. Quarante leçons dans tous les tons et dans toutes les mesures usitées.

Paris, 15 juin 1859.

A MONSIEUR VICTOR FOUCHER,

Membre du Conseil municipal, Président de la Commission de l'enseignement du chant
dans les établissements scolaires entretenus par la ville de Paris (1).

MONSIEUR LE PRÉSIDENT ET HONORABLE AMI,

La Commission de l'enseignement du chant, par une délibération en date du 5 novembre 1852, m'avait fait l'honneur de me confier le soin d'exposer et de démontrer les principes sur lesquels est fondée la notation musicale.

Je n'ai terminé ce travail qu'en 1857. — La première édition a été bientôt épuisée : vous m'avez demandé alors, monsieur le Président, au nom de la commission, de compléter cet ouvrage par l'addition d'exercices et de solféges. Le travail auquel je me suis livré pour satisfaire au vœu que vous vouliez bien exprimer, a retardé la publication de cette seconde édition.

La partie pratique de l'étude du solfége est maintenant largement représentée dans cette méthode. Je n'avais dû, primitivement, qu'exposer et enchaîner dans un ordre nouveau les principes de la notation, et ne donner par conséquent, à l'appui de la théorie, que les exemples nécessaires à l'intelligence des préceptes. Aujourd'hui, conformément au désir de la Commission, ou y trouvera un très grand nombre d'exercices et de solféges appliqués progressivement à la pratique de ces préceptes.

(1) Cette Commission est composée de MM. Auber, Barbereau, F. Bazin, Carafa, Clapisson, Demoyencourt (secrétaire), Ermel, l'abbé Flandrin, Victor Foucher (président), Halévy, Jomard, Ch. Merruau, Meyerbeer, Edouard Monnais, Niedermeyer, Périer, Edouard Rodrigues (vice-président), Amédée Thayer, Ambroise Thomas, Varcollier. — Gounod, directeur de l'enseignement du chant ; Hubert, inspecteur.

Je m'estimerai heureux si j'ai pu, par ce travail nouveau, seconder les vues de la Commission que vous présidez avec tant de zèle et de dévouement, et continuer dignement l'œuvre de Wilhem, du fondateur de cet enseignement populaire, que l'administration de la ville de Paris soutient et fortifie sans cesse, que son premier magistrat encourage avec une sollicitude si active et si éclairée.

Veuillez agréer, monsieur le Président, l'expression de mes sentiments de haute considération et d'affectueux dévouement,

F. HALÉVY.

AVERTISSEMENT

SUR CETTE SECONDE ÉDITION.

Pour répondre au vœu qui lui a été exprimé, et aux nombreuses demandes qui lui ont été adressées, l'auteur de cette méthode a ajouté à son ouvrage un grand nombre d'exercices et de solféges gradués.

Rien n'a été changé au plan de l'ouvrage, toujours divisé en quatre parties, formant quatre divisions bien tranchées, quatre degrés dans l'étude du solfége.

Dans la première partie, l'auteur fait connaître le nom, la forme, l'emploi des signes qui entrent dans l'écriture musicale, c'est le *premier degré:* « la connaissance des signes ».

Dès que l'élève sait reconnaître les différents signes, dès qu'il sait *nommer* les notes, il *chante;* la seconde partie est consacrée à « l'intonation », c'est-à-dire à l'étude pratiqué de la gamme et des intervalles majeurs et mineurs (1). C'est le *second degré.* Dans cette étude, le maître donnera tous ses soins à la conduite de la voix et à la bonne émission du son qui devra être produit naturellement, sans effort, en évitant toute inflexion triviale, et avec une justesse irréprochable.

Le maître et l'élève n'ont en encore à se préoccuper que de la justesse et de la bonne émission de la voix. Voici maintenant « la mesure », qui fait le sujet de la troisième partie. Les différentes espèces de mesures y sont exposées et pratiquées. L'étude de « l'intonation » et de « la mesure », qui désormais vont marcher de front, sont donc combinées dans cette partie, mais seulement appliquées au ton d'*ut.* C'est le *troisième degré.*

Enfin, dans la quatrième partie, qui traite de « la tonalité », l'élève apprend l'usage des *altérations* et de tout ce que produit leur emploi. C'est le *quatrième* et dernier *degré.* Les différentes gammes majeures et mineures, la gamme chromatique, l'enharmonie, qui en est le résultat nécessaire (2), forment l'objet des études de cette quatrième partie, où sont aussi données les règles de la transposition, et où l'on traite des *nuances*, des signes accessoires qui concourent à exprimer la pensée musicale, etc.

(1) L'auteur a nommé *majeurs* et *mineurs* tous les intervalles contenus dans la gamme. Il dit *quarte majeure* et *mineure* au lieu de *quarte augmentée* ou *inaltérée* (ou juste), et *quinte majeure* et *mineure* au lieu de *quinte inaltérée* (ou juste) et *diminuée.* C'est aussi l'usage suivi dans les écoles italiennes. L'auteur n'admet pour *augmentés* ou *diminués* que les intervalles produits à l'aide de la *gamme chromatique*, comme on le verra dans la *quatrième partie* de cette méthode.

(2) La notation comprend et résume si bien tous les besoins de la musique, qu'il est impossible, même dans une méthode de lecture, premier élément de la science musicale, de ne pas toucher à des questions d'un ordre élevé, aux *mystères* de la musique.

Les exemples qui servent à la démonstration des préceptes sont insérés dans le texte, comme dans la première édition. Les exercices et les solféges ajoutés dans cette nouvelle édition sont réunis en cahiers (1) et disposés après celle des quatre parties à laquelle ils correspondent.

Un « complément » qui termine l'ouvrage, renferme quarante leçons dans tous les tons usités, majeurs et mineurs, et dans toutes les espèces de mesures, pour l'application générale de toutes les règles.

Ces exercices, ces solféges, renfermés pour la plupart dans une étendue modérée, conviennent aux voix ordinaires. Ils sont écrits sur les deux clefs de *sol* et de *fa*, de sorte qu'ils peuvent servir à l'étude pour les voix de *soprano*, de *ténor* (puisqu'il est d'usage aujourd'hui d'écrire, pour la musique usuelle, la voix de *ténor* en clef de *sol*) et de *basse-taille*. Comme ces clefs sont nécessaires à l'étude du piano et de l'orgue, cette disposition nouvelle, adoptée par l'auteur, est une utile préparation à des travaux futurs, car l'élève ayant sans cesse sous les yeux des leçons, des exemples écrits de deux manières différentes, forcé, pour ainsi dire, à une comparaison constante, apprendra facilement, presque machinalement, et sans le concours de sa volonté, à connaître ces deux clefs, qui suffisent aujourd'hui à la lecture de toute production musicale.

Mais les quarante leçons qui forment le complément (ainsi que certaines leçons des 3ᵉ et 4ᵉ parties) sont écrites pour *deux voix*, et sont de petits *duos*. Cependant les deux parties vocales étant combinées de façon à avoir une égale importance, on peut, ou les exécuter ensemble, en *duo*, ou chanter à part chacune des deux parties. Ces leçons fourniront l'occasion d'habituer les élèves à l'exercice de la musique d'ensemble.

L'auteur prie qu'on veuille bien jeter les yeux sur le rapport de la Commission de l'enseignement du chant, qui suit cet avertissement, non à cause de l'extrême bienveillance avec laquelle l'auteur et son ouvrage y sont traités, bienveillance pour laquelle l'auteur exprime sa profonde gratitude, mais parce que le plan et l'emploi de la méthode y sont très clairement expliqués et définis.

---

(1) MM. F. Bazin et Gounod ont bien voulu prêter leur concours à l'auteur pour l'exécution de ces exercices et de ces solféges. Ceux qui sont consacrés à l'étude de la 3ᵉ et de la 4ᵉ partie sont presque entièrement dus à leur excellente collaboration. L'auteur leur en témoigne sa reconnaissance.

RAPPORT

DE LA COMMISSION DE SURVEILLANCE

DE L'ENSEIGNEMENT DU CHANT.

———

Paris, le 11 mars 1857.

A MONSIEUR LE PRÉFET DU DÉPARTEMENT DE LA SEINE.

Monsieur le Préfet,

La Commission de surveillance de l'enseignement du chant dans les établissements scolaires de la ville de Paris avait exprimé le vœu que les principes sur lesquels est fondée la notation musicale fussent exposés dans l'ordre le plus propre à les faire bien comprendre, retenir et appliquer.

Par délibération du 30 octobre 1852, une sous-commission, présidée par M. Merruau, et composée de MM. Ermel, Halévy, Adam, Barbereau et Zimmermann, fut chargée de ce travail, que, dans sa séance du 5 novembre suivant, elle confia à M. Halévy.

Aujourd'hui que le travail est terminé, M. Halévy le soumet à l'examen de la Commission.

Ce qu'il faut reconnaître d'abord, c'est qu'un ouvrage entièrement neuf, du moins quant à la forme, est sorti des sérieuses méditations de son auteur.

M. Halévy divise sa méthode en quatre parties principales :

1° *Connaissance des signes.*

2° *Intonation.*

3° *Mesure.*

4° *Tonalité.*

Cette division si simple en apparence, mais qui ne se trouve, nous le croyons du moins, dans aucune méthode précédente, offre des avantages qu'il nous appartient de signaler.

En abordant la première partie, la *Connaissance des signes*, l'auteur suppose que l'élève ignore même qu'on écrit la musique des airs qu'il chante ou qu'il entend chanter, aussi facilement qu'on en écrit les paroles. Il le lui apprend donc, et c'est là son premier mot.

Ensuite, ouvrant un livre de musique, il lui explique tout ce qui frappe ses yeux : les lignes tracées cinq par cinq ; les signes de différentes formes placés sur ces cinq lignes, les notes, les clefs, les silences, les accidents. Il lui enseigne l'usage des diverses clefs, et passe successivement de l'étude de la clef de Fa, destinée aux voix et aux instruments graves, à celle de la clef de SOL, destinée aux voix et aux instruments aigus, et des diverses clefs d'UT, destinées aux voix et instruments intermédiaires.

Tel est à peu près le sommaire de la première partie, qui se compose de sept leçons, et l'auteur en consacre une huitième à les résumer en quinze règles fondamentales, pour mieux les graver dans l'esprit.

Désormais l'élève comprend ce qu'il voit : une page de musique a cessé d'être pour lui quelque chose de mystérieux, d'hiéroglyphique. Il connaît l'alphabet de la langue : le moment est venu de lui apprendre comment les caractères de cet alphabet se prononcent, et, en musique, prononcer, c'est chanter. Dans la méthode nouvelle, l'*Intonation* suit immédiatement la *connaissance des signes ;* l'étude de la *mesure* ne vient que plus tard. L'auteur pense avec raison qu'il importe de faire chanter l'élève le plus tôt qu'il est possible ; il a surtout en vue de supprimer ce qu'on nomme *lecture à la muette*, exercice plus fatigant qu'utile, et qui consiste à étudier la *mesure*, abstraction faite de l'*intonation*. « Vous savez donner à une note le *nom* qui lui appartient, dit-il à l'élève ; « il faut aussi que vous sachiez lui donner le *son* dont elle est le signe. »

Ici se placent la connaissance du genre et de l'étendue des voix diverses, des noms par lesquels on les désigne, l'étude des intervalles, du ton, du demi-ton, de la composition de la gamme, des intervalles majeurs et mineurs, ainsi que des intervalles supérieurs, inférieurs, redoublés, renversés.

Les cinq leçons qui remplissent cette deuxième partie se résument en vingt-trois règles, qui en contiennent toute la substance.

La *Mesure* est l'objet de la troisième partie. L'élève connaît le *nom* et le *son* des notes, bientôt il saura comment on leur donne un sens, en les employant à former des phrases. Quelques leçons vont l'initier à la durée des sons et des silences, au rhythme, aux temps, aux mouvements, aux différentes espèces de mesures, aux temps forts et aux temps faibles, aux contre-temps, à la liaison ou syncope, au point, au triolet et au sixain, au point d'orgue et au point d'arrêt.

Fidèle au plan qu'il s'est tracé, l'auteur résume en dix-huit règles les sept leçons qui contiennent toutes les notions relatives à ce troisième degré de la lecture musicale.

La quatrième partie est la plus étendue et aussi la plus élevée : souvent elle touche à l'harmonie, de même que, dans l'enseignement des sciences exactes, il arrive à l'arithmétique de toucher aux confins de l'algèbre. Quatorze leçons, résumées en vingt-cinq règles, y traitent de la *Tonalité*. L'auteur y produit le mot *ton* dans une acception nouvelle : il y fait voir ce que c'est que l'altération, et quel est son emploi ; il y explique l'effet des signes accidentels, le dièse, le bémol, le bécarre, et reprend l'examen de la gamme, qu'il divise en deux portions égales, formant chacune un tétracorde, en indiquant la position, la fonction, le grade dévolus à chacune des notes dont la gamme se compose. Dans plusieurs leçons non moins intéressantes par la forme que par le fond, il découvre à l'élève la loi qui préside à la formation des gammes, et d'après laquelle une seule gamme, étant connue, peut donner toutes les autres.

L'*Enharmonie*, ou *synonymie des notes*, lui fournit encore la matière de plusieurs leçons excellentes, où l'emploi du genre chromatique, l'augmentation et la diminution des intervalles, la gamme mineure, les modes majeurs et mineurs, les tons relatifs, l'accord parfait majeur ou mineur, la cadence parfaite, sont analysés avec une lucidité remarquable et une rare puissance d'expression.

Une leçon sur la *transposition*, une autre sur les *nuances dans l'exécution* et les *ornements du chant*, terminent la méthode que nous venons de parcourir. Alors l'éducation élémentaire de l'élève est complète; mais, avant de le quitter, M. Halévy lui entr'ouvre les vastes perspectives de l'art, dont il l'a aidé à déchiffrer les premiers rudiments :

« Vous connaissez maintenant l'usage de tous les signes employés dans la notation, » vous pouvez vous rendre compte de l'emploi de ces différents signes, il n'en est aucun » qui n'ait sa raison d'être, sa nécessité.

» Vous savez comment se lit la musique, c'est-à-dire comment elle se chante; car lire » la musique, c'est *chanter*, soit avec la voix, soit à l'aide d'un instrument, et faire » entendre tous les sons, représentés dans leurs conditions variées d'intonation et de » durée, avec l'expression convenable au caractère du morceau.

» Il faut qu'une pratique assidue vienne féconder la connaissance de ces règles. Il faut, » par des exercices fréquents, former l'œil, qui doit saisir rapidement tous les signes de » la notation; la voix, qui traduit la pensée du compositeur; l'oreille, qui guide la voix; » l'intelligence, qui dirige et anime l'ensemble des facultés musicales.

» Livrez-vous donc à la pratique de cet art, dont l'étude est un délassement et une » récompense; de cet art qui charme les loisirs, repose le corps de ses fatigues et l'esprit » de ses labeurs, qui fait l'éclat des fêtes et s'associe à toutes les solennités; de cet art » qui soutient l'ouvrier dans ses travaux, marche avec le soldat, partage ses périls, et que » Dieu semble nous avoir donné pour que toutes les voix, confondant leurs accents, lui » portent les prières de la terre unies dans un rhythme harmonieux. »

Telle est dans sa conception générale la nouvelle méthode écrite par M. Halévy. Enseigner tout ce qu'il faut, rien que ce qu'il faut, dans l'ordre le plus naturel, disons mieux, le plus rigoureusement logique et nécessaire, voilà la tâche que s'est imposée l'auteur. Dans son livre, chaque leçon, chaque page, presque chaque ligne est un pas en avant. Jamais l'élève ne laisse derrière lui rien d'obscur ni de douteux : il n'avance qu'à mesure que le flambeau marche et que la lumière se répand autour de lui. Les propositions se succèdent, s'enchaînent et s'éclairent par leur enchaînement même. Elles se déduisent l'une de l'autre, comme les conséquences d'un principe, et l'auteur a si nettement établi les rapports de parenté, de filiation, qui existent entre les divers éléments de l'art musical, que son travail pourrait servir à en dresser la véritable généalogie.

La forme d'exposition adoptée par M. Halévy est celle d'une instruction du maître à l'élève, et c'est assurément la meilleure. De quelque méthode écrite qu'il se serve pour ses leçons orales, le maître est obligé de la traduire pour en communiquer la substance à l'élève. Ici la besogne est toute faite : le maître n'aura qu'à ouvrir le livre et qu'à le laisser parler.

Le perfectionnement des méthodes est toujours l'un des derniers progrès de l'art, et l'une de ses plus précieuses conquêtes. La musique aura eu cette bonne fortune rare, unique peut-être, de voir un de ses plus illustres maîtres tracer un livre élémentaire de la même main qui a écrit tant de chefs-d'œuvre dont notre pays s'honore. Du reste, si les grandes intelligences se mettent plus facilement que toutes les autres à la portée des petites, c'est que, pour rappeler un mot célèbre, *elles abrégent* et simplifient *tout, parce qu'elles voient tout.*

La Commission déclare donc que le travail de M. Halévy répond complétement à son attente, et lui paraît satisfaire à la première condition de l'enseignement placé sous sa surveillance. Elle en approuve également l'ensemble et les détails, et en considère le style, dans sa pureté ferme, élégante et concise, comme un modèle accompli d'exposition didactique. Elle pense que cette méthode nouvelle ne servira pas moins à guider la marche des maîtres qu'à hâter le progrès des élèves, et qu'en conséquence il y a lieu de l'appliquer sans retard dans les établissements scolaires de la ville de Paris.

Ainsi, la féconde institution de Wilhem, rajeunie et fortifiée, mais non altérée dans ses bases constitutives, exercera dans des proportions plus larges que jamais la salutaire influence qui date de plus de trente années, et dont, pour l'avenir comme pour le passé, l'honneur devra toujours être reporté à son modeste et glorieux fondateur.

Pour la Commission,

Le Président : VICTOR FOUCHER.

Approuvé le présent rapport :

Le Préfet de la Seine,

G.-E. HAUSSMANN.

Paris, 20 mars 1857.

Dans sa séance du mardi 7 avril 1857, le comité des études du Conservatoire impérial de musique, présidé par M. Auber, a adopté cet ouvrage pour servir à l'enseignement dans cet établissement. Voici le texte de la délibération :

« Le comité des études musicales du Conservatoire impérial de musique et de déclamation a » examiné avec un intérêt plus que justifié d'avance les *Leçons de lecture musicale* que M. F. Halévy » a bien voulu soumettre à son appréciation. Cet ouvrage, spécialement destiné à l'enseignement » élémentaire, déjà adopté par la ville de Paris pour les écoles communales et pour l'Orphéon, » présente, sous une forme également remarquable par sa simplicité, sa clarté, par l'enchaînement » logique des idées et l'excellence du style, toutes les notions nécessaires à l'initiation des élèves. » Les principes de la musique y sont exposés dans un ordre qui appartient en propre à l'auteur, et » avec ce caractère de supériorité qu'il imprime d'ailleurs à toutes ses œuvres.

» Le comité a pensé que, si le Conservatoire n'avait rien à envier aux autres établissements » scolaires, il importait de le faire participer aux avantages d'une méthode dont il est permis » d'espérer les meilleurs résultats. Il a donc été unanimement d'avis qu'il y avait lieu d'adopter » les *Leçons de lecture musicale* de M. F. Halévy pour l'usage général des classes, en félicitant et » en remerciant hautement l'illustre compositeur et professeur du nouveau service qu'il vient de » rendre à l'art musical. »

Signé : MM. Auber, président ; Edouard Monnais, commissaire impérial ; Carafa, Ambroise Thomas, Vogt, Gallay, Prumier, Alard, Massard, Leborne, Georges Kastner, A. de Beauchesne, secrétaire.

PREMIÈRE PARTIE.

CONNAISSANCE DES SIGNES.

PREMIÈRE LEÇON.

NOMS ET USAGES DES SIGNES QUI SERVENT A ÉCRIRE LA MUSIQUE.

1. Vous allez apprendre à *lire* la musique, car on *écrit* la musique des airs que vous chantez, ou que vous entendez chanter ou jouer sur des instruments, aussi facilement qu'on en écrit les paroles.

2. Ouvrons un livre de musique, qu'y voyons-nous? Des lignes tracées *cinq par cinq*, et sur ces cinq lignes, des signes de différentes formes.

3. On donne le nom de *portée* à la réunion des *cinq* lignes sur lesquelles on écrit les figures des signes. Chaque groupe de *cinq* lignes est donc une *portée*.

4. C'est au moyen de la portée et des signes qu'on y trace, qu'on écrit la musique. Il faut donc commencer par vous faire connaître les noms, l'usage et les diverses formes ou figures de ces signes.

5. Les signes principaux placés sur la *portée* se nomment *notes*, *clefs*, *silences*, et *accidents*.

6. Les *notes* servent à écrire les sons.

7. Les *clefs* servent à faire connaître le nom des notes ; car les notes recevant des noms variables, et chaque note pouvant exprimer des sons différents, la *clef* qu'on place au commencement d'un morceau de musique peut seule faire connaître le nom qu'il faut donner à chaque note et le son qu'elle exprime.— Les *clefs* servent de plus à indiquer les différents genres de voix d'hommes, de femmes ou d'enfants.

8. Les *silences*, comme ce nom le fait connaître, servent à indiquer que la voix ou l'instrument doit se taire pendant un certain temps.

9. Les *accidents* servent à changer, modifier le son des notes ; une note précédée d'un *accident* n'a pas le même son que lorsqu'elle est écrite sans *accident*.

La leçon suivante fera connaître les différentes figures de ces signes.

DEUXIÈME LEÇON.

FIGURES DES SIGNES PRINCIPAUX : LA PORTÉE, LES NOTES, LES CLEFS,
LES SILENCES, LES ACCIDENTS.

Nous allons vous faire connaître les figures des *notes*, des *clefs*, des *silences*, des *accidents*, et avant tout, la figure de la *portée*, sur laquelle on écrit tous ces signes.

La portée.

10. Vous savez déjà que la portée se compose de *cinq* lignes, tracées de cette manière :

Figure
de la *portée*.

11. Ces lignes se comptent *de bas en haut*. On appelle *première ligne*, la ligne la plus basse, et par conséquent *cinquième ligne*, la ligne la plus haute. Les espaces qui se trouvent entre les lignes se nomment *interlignes*, et se comptent aussi de la même manière, *de bas en haut*.

5ᵉ ligne.
    4ᵉ interligne.
4ᵉ ligne.
    3ᵉ interligne.
3ᵉ ligne.
    2ᵉ interligne.
2ᵉ ligne.
    1ᵉʳ interligne.
1ʳᵉ ligne.

Les notes.

Sept espèces
de *notes*,
leurs *figures*
et leurs *noms*.

12. Il y a sept figures de notes :

1° La ronde, ○ ; 2° la blanche, ♩ ; 3° la noire, ♩ ; 4° la croche, ♪ :

5° la double croche, ♬ ; 6° la triple croche, ♬ ; 7° la quadruple croche, ♬ :

Lorsqu'on veut unir en un seul groupe deux ou plusieurs croches, on les écrit

ainsi : 2 croches, ♫ ; 3 croches, ♫ ; 4 croches, ♫

Les doubles croches, les triples et quadruples croches peuvent aussi être réunies en groupes, de cette façon :

2, 3, 4 doubles croches :

2, 3, 4 triples croches :

2, 3, 4 quadruples croches :

13. Il est important de vous faire remarquer que ces différentes formes de notes n'indiquent pas des sons différents, mais seulement la *durée* plus ou moins longue des sons.

Les clefs.

14. Il y a trois figures de *clefs* :

1° La clef de *Fa*, 𝄢 ; 2° la clef de *Sol* , 𝄞 ; 3° la clef d'*Ut*, 𝄡.

Trois espèces de *clefs*, leurs *figures* et leurs *noms*.

Les silences.

15. Il y a sept figures de *silences*, qui indiquent la durée plus ou moins longue du silence que l'on doit observer ; ce sont :

Sept espèces de *silences*, leurs *figures* et leurs *noms*.

1° La pause, ▬ ; 2° la demi-pause, ▬ ; 3° le soupir, 𝄼 ;
4° le demi-soupir, 𝄾 ; 5° le quart de soupir, 𝄿 ; 6° le huitième de soupir, 𝅀 ;

7° le seizième de soupir, 𝅁.

Remarquez que la pause s'écrit *sous* une ligne : elle est pour ainsi dire *suspendue* à cette ligne. La demi-pause au contraire se place *sur* la ligne.

Les accidents.

16. Il y a trois figures d'*accidents* :

1° Le dièze ; ♯ ; 2° le bémol, ♭ ; 3° le bécarre, ♮.

Trois espèces d'*accidents*, leurs *figures* et leurs *noms*.

Les accidents se nomment aussi *signes accidentels*.

Voyez, pour l'étude de cette leçon et de la suivante, la planche I, à la fin de la 1ʳᵉ partie.

TROISIÈME LEÇON.

COMMENT ON PLACE LES DIFFÉRENTS SIGNES SUR LA PORTÉE.

Nous avons dit que ces différents signes, *notes, clefs, silences, accidents,* se placent sur la *portée.*

Voici de quelle manière on les y place :

Comment on place les notes sur la portée. 17. Les notes, quelles que soient leurs figures, rondes, blanches, noires ou croches, etc., s'écrivent sur les lignes de la *portée,* ou bien *entre* ces lignes, c'est-à-dire dans les *interlignes,* de la manière suivante :

Sur les lignes :

Dans les interlignes :

On écrit aussi une note au-dessous de la portée et une au-dessus :

Note au-dessous de la portée :

Note au-dessus de la portée :

Lignes supplémentaires ou additionnelles. 18. On peut ajouter encore d'autres notes, *au-dessus* ou bien *au-dessous* de la portée, au moyen de petites lignes qu'on nomme lignes *supplémentaires* ou *additionnelles,* et qu'on peut multiplier autant que cela est nécessaire.

Exemple de lignes supplémentaires au-dessus de la portée :

Exemples de lignes supplémentaires au-dessous de la portée :

On écrit les notes à l'aide de ces *lignes supplémentaires,* de cette manière :

Exemple de notes avec des lignes supplémentaires au-dessus de la portée :

Exemple de notes avec des lignes supplémentaires au-dessous de la portée :

19. Si l'on écrit les notes en remplissant successivement chaque ligne et chaque interligne, et en employant la note placée au-dessous de la portée, ainsi que la note placée au-dessus, ces notes se trouveront placées dans l'ordre suivant :

En ajoutant des notes écrites sur les lignes supplémentaires, on aura la série suivante, qu'on pourrait encore augmenter au moyen d'autres lignes supplémentaires.

20. C'est la place que la note occupe sur la portée, ou sur les lignes supplémentaires, qui indique le son que la note exprime, et non pas, nous l'avons déjà dit (13) (a), la *figure* ou *forme* de la note, laquelle n'indique que la durée.

21. Les *clefs* se placent sur une des lignes de la portée, au commencement de chaque morceau. Exemples :

Clef de *fa* posée sur la quatrième ligne :

Les deux points entre lesquels passe la quatrième ligne de la portée indiquent la position de cette clef, qu'on nomme *clef de* FA *sur la quatrième ligne*.

Clef de *sol* posée sur la deuxième ligne :

L'espèce de boucle qui se trouve au bas de cette clef, traversée par la *seconde* ligne de la *portée*, indique que cette clef de *sol* est posée sur la *seconde* ligne.

Clef d'*ut* posée sur différentes lignes :

La première de ces trois clefs d'*ut* est traversée par la première ligne; la seconde clef est traversée par la troisième ligne, la troisième clef par la quatrième ligne. Aussi la première de ces clefs se nomme-t-elle *clef d'*UT *sur la première ligne* ; — la seconde, *clef d'*UT *sur la troisième ligne* ; — la troisième, *clef d'*UT *sur la quatrième ligne*.

On répète ordinairement la clef au commencement de chaque portée.

22. Les silences n'ont pas de place particulière sur la portée, à l'exception de la *pause*, qui, comme on l'a vu (15), se place *sous* une ligne, tandis que la *demi-pause* se place *sur* une ligne.

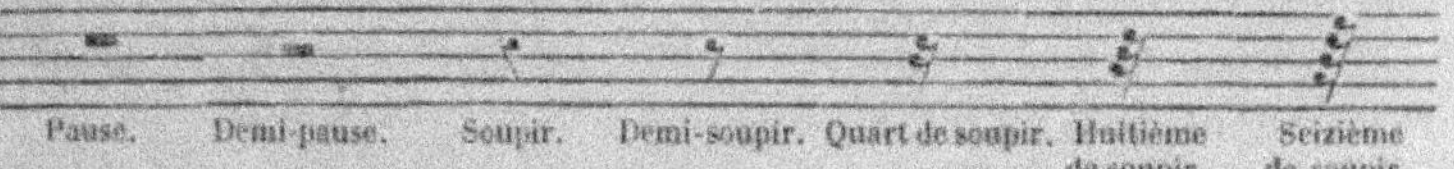

23. Les accidents se posent avant la note dont ils doivent modifier le son, et sur la même ligne ou dans le même interligne que cette note :

dièse,　　bémol,　　bécarre,

(a) Le chiffre renfermé entre deux parenthèses renvoie au paragraphe qui porte ce chiffre

QUATRIÈME LEÇON.

DES CLEFS, COMMENT ELLES FONT CONNAÎTRE LE NOM DES NOTES.

Vous connaissez maintenant les figures diverses et les noms des signes principaux : les *notes*, les *clefs*, les *silences*, et les *accidents*, et vous savez distinguer chacune de ces figures. Vous savez que tous ces signes se placent sur la portée, et vous savez aussi comment on les y place. Il faut maintenant apprendre à nommer les notes.

Il ne s'agit plus de reconnaître les différentes formes des notes et de distinguer une ronde d'une blanche ou d'une noire, etc., il faut savoir donner à chaque note le nom qu'elle doit recevoir, suivant la place qu'elle occupe sur la portée.

Noms des notes. 24. Il n'y a, pour nommer les notes, que sept noms différents :

1	2	3	4	5	6	7
UT ou DO	RÉ	MI	FA	SOL	LA	SI

25. De même qu'avec dix noms de chiffres seulement, on forme tous les nombres, de même aussi sept noms de notes suffisent pour exprimer tous les sons.

Usage des clefs. 26. Ce n'est que par la clef placée au commencement du morceau, que l'on peut savoir quel nom il faut donner à chaque note ; car, nous vous l'avons déjà dit (7) : des notes écrites sur une portée n'ont pas de nom, si elles ne sont précédées d'une *clef*.

Pour bien comprendre l'usage et la nécessité des différentes clefs, une explication est nécessaire.

Différents genres de voix. 27. Il y a plusieurs genres de voix, et vous entendez bien, soit lorsqu'on parle, soit lorsqu'on chante, la différence qu'il y a entre une voix d'homme et une voix de femme ; entre la voix de votre père, par exemple, et celle de votre mère.

Les voix d'hommes sont plus *graves*, les voix de femmes et d'enfants sont plus *aiguës*.

28. Mais vous avez pu remarquer aussi, que tous les hommes n'ont pas la même voix, et qu'il y a des voix d'hommes plus ou moins *graves*.

29. Vous pouvez remarquer aussi que parmi les femmes et parmi les enfants, il y a des voix plus ou moins *aiguës*.

30. Il y a pour chaque genre de voix une clef particulière.

31. On se sert, pour écrire les chants destinés aux voix graves d'hommes, de la clef de *fa* 𝄢 :

32. Pour écrire les chants destinés aux voix aiguës de femmes ou d'enfants,
on emploie la clef de *sol*

33. Pour les voix d'hommes, de femmes ou d'enfants, qui ne sont ni *très graves* ni *très aiguës*, et qu'on nomme intermédiaires, on emploie les clefs d'*ut* ; car, nous l'avons déjà dit (24), il y a plusieurs, clefs d'*ut*, qui diffèrent par la position qu'elles occupent sur la *portée*.

34. Ces différentes clefs servent aussi pour les instruments, car les instruments sont *graves*, — *aigus*, — ou *intermédiaires*. Par exemple, la *flûte*, le *flageolet*, le *violon*, le *hautbois*, sont des instruments aigus, puisque leur son ressemble aux voix de femmes et d'enfants. La *contre-basse* est un instrument grave. L'*alto* est un instrument intermédiaire.

35. Ainsi donc, pour les voix et instruments graves, on emploie la clef de *fa*

Pour les voix et instruments aigus, la clef de *sol*

Pour les voix et instruments intermédiaires, les clefs d'*ut*

Il faut maintenant vous apprendre comment ces clefs, dont vous connaissez l'emploi, font connaître le nom des notes.

Voici la règle qu'il faut retenir :

36. « *La clef est placée sur une des lignes de la portée. La note placée sur la même ligne que la clef se nomme du même nom que la clef.* »

Comment on connaît le nom des notes.

37. Ainsi la clef de *fa*, par exemple, est placée sur la quatrième ligne: cela veut dire qu'avec cette clef, la note placée sur la quatrième ligne se nomme *fa*. Or, quand le nom d'une note est connu, le nom de toutes les autres l'est aussi, comme vous le verrez dans la leçon suivante.

Nous allons maintenant étudier chacune des clefs en particulier.

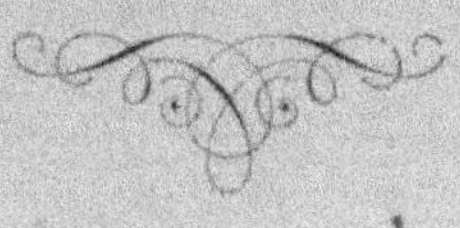

CINQUIÈME LEÇON.

ÉTUDE DE LA CLEF DE *Fa*, DESTINÉE AUX VOIX OU AUX INSTRUMENTS GRAVES.

Nous commencerons cette leçon par vous rappeler encore une fois qu'il y a trois figures de clefs (14) :

La clef de *Fa*, La clef de *Sol*, La clef d'*Ut*,

Pour les voix ou instru- Pour les voix ou instru- Pour les voix ou instruments *graves*. ments *aigus*. ments *intermédiaires*.

38. La clef de FA se pose sur la quatrième ligne ; par conséquent, nous venons de le dire (37), lorsqu'on emploie cette clef, la note placée sur la quatrième ligne se nomme *fa*, selon ce principe que nous vous rappelons aussi (36), que *les notes placées sur la même ligne que la clef se nomment du même nom que la clef.*

Note sur la qua-
trième ligne,
nommée *fa*,
du même nom
que la *clef*.

Clef de FA sur la quatrième ligue

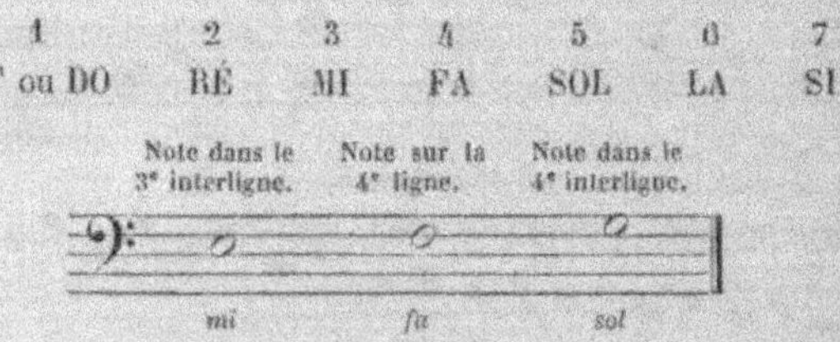

Nous avons dit (37) que le nom d'une note étant connu, le nom des autres notes l'est bientôt : en effet, il est évident que si la note, sur la quatrième ligne, porte le nom de *fa*, la note écrite dans le troisième interligne se nommera *mi*, et la note écrite dans le quatrième interligne se nommera *sol*, car le nom des notes, dans une gamme, suit toujours l'ordre que nous vous avons fait connaître (25).

1	2	3	4	5	6	7
UT ou DO	RÉ	MI	FA	SOL	LA	SI

Note dans le Note sur la Note dans le
3ᵉ interligne. 4ᵉ ligne. 4ᵉ interligne.

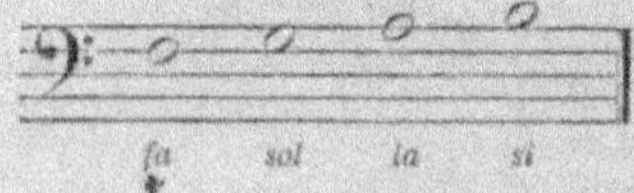

Il est clair, d'après cela, qu'en partant de ce *fa* sur la quatrième ligne, les noms des notes doivent se succéder, en montant, de la manière suivante :

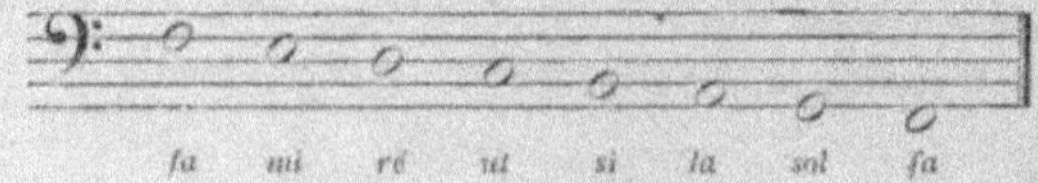

et en descendant, et toujours en partant du même *fa*, de cette manière :

Et en réunissant toutes ces notes en une seule série :

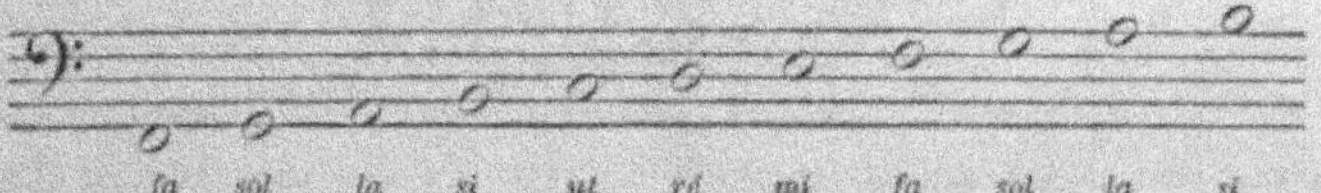

Et avec les notes sur les lignes supplémentaires :

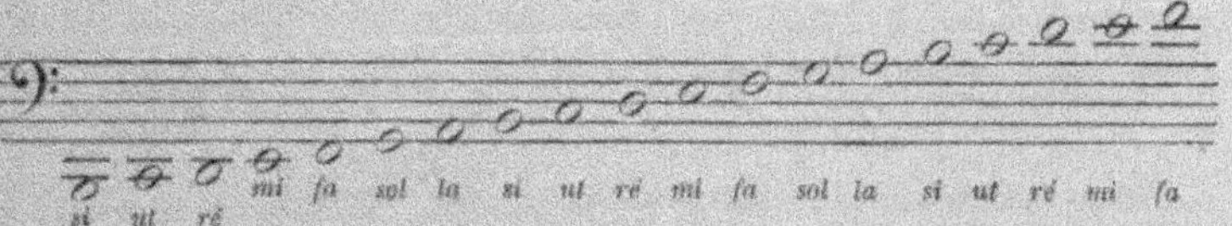

On peut ajouter, aussi bien en bas qu'en haut, encore d'autres notes, en augmentant le nombre des lignes supplémentaires :

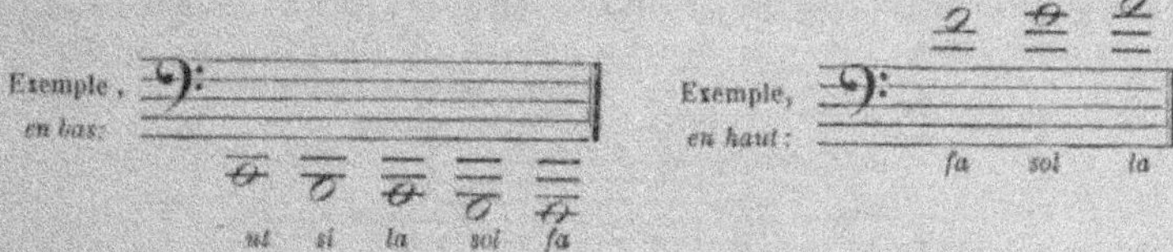

39. Vous voyez que, lorsqu'on a nommé de suite les *sept* notes, on en recommence de nouveau toute la *série*, soit en montant, soit en descendant, une seconde fois, puis une troisième fois, quelquefois même une quatrième, une cinquième, une sixième fois. Vous saurez bientôt (*a*) pourquoi il en est ainsi.

Observation. — On se servait aussi, autrefois, d'une clef de *fa* posée sur la troisième ligne : . Mais on ne l'emploie plus, si ce n'est quelquefois dans la musique destinée à être exécutée par le *Cor*.

Le maître exercera les élèves par la lecture des exemples sur la clef de *fa* (planche II), il leur fera *nommer les notes* sans chanter.

(*a*) Voyez ci-après, 2e partie, 9e leçon, 42, 43.

SIXIÈME LEÇON.

ÉTUDE DE LA CLEF DE *Sol*, DESTINÉE AUX VOIX ET AUX INSTRUMENTS AIGUS.

40. La clef de Sol se place sur la deuxième ligne ; par conséquent, la note écrite sur la deuxième ligne se nomme *sol*.

Note sur la deuxième ligne, nommée *sol*, du même nom que la *clef*.

Clef de Sol placée sur la deuxième ligne : 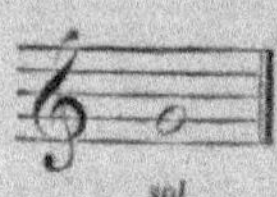

Par conséquent aussi la note écrite dans le premier interligne se nommera *fa*, la note écrite dans le second interligne se nommera *la*.

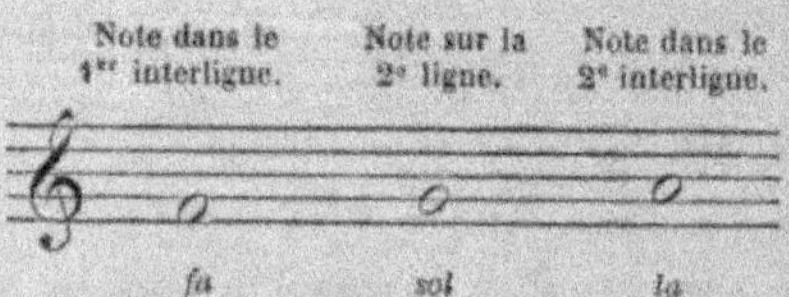

Les autres notes en montant :

Et en descendant :

En réunissant toutes ces notes en une seule série :

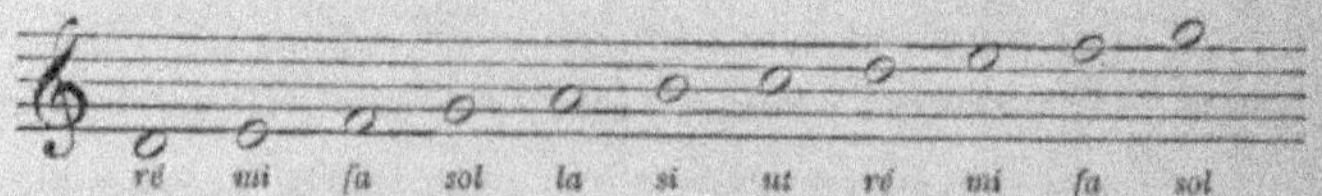

Et avec des lignes supplémentaires :

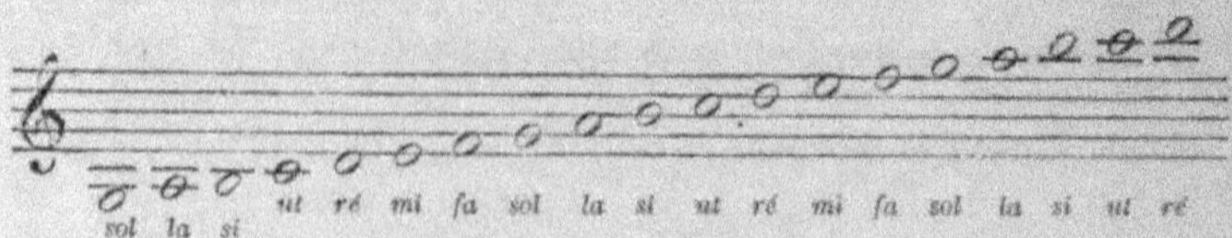

Notes sur les lignes.   Notes sur les interlignes.

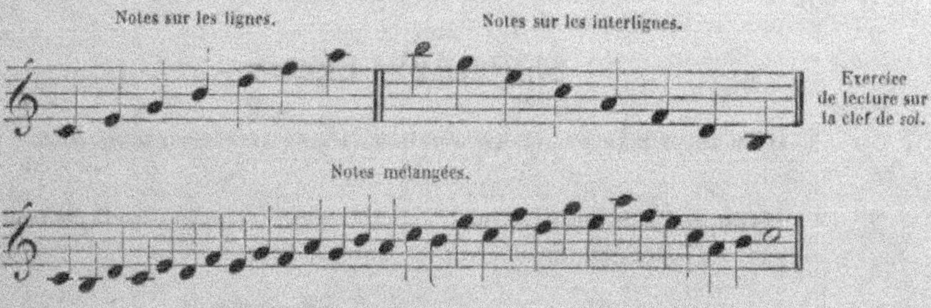

Exercice
de lecture sur
la clef de *sol*.

Notes mélangées.

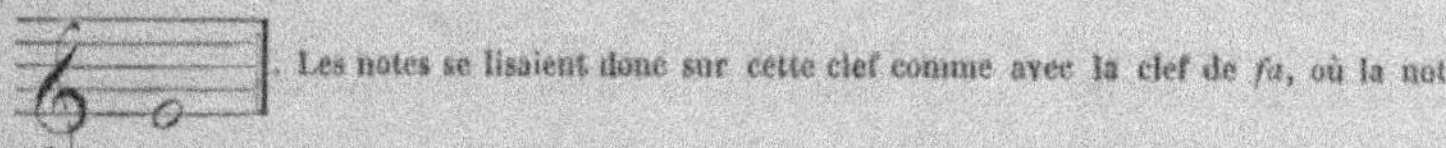

Observation. — On se servait aussi, autrefois, d'une clef de *sol* posée sur la première ligne :

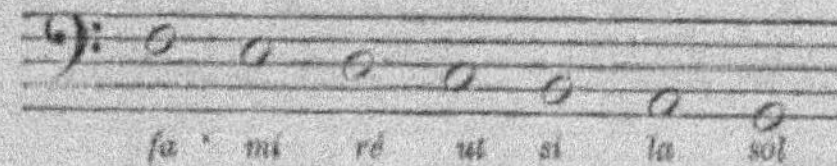 Les notes se lisaient donc sur cette clef comme avec la clef de *fa*, où la note

placée sur la première ligne se nomme aussi *sol* ;

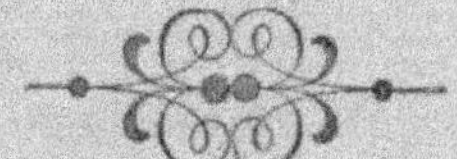

On ne l'emploie plus.

Le maître exercera les élèves par la lecture, sans chant, des exemples sur la clef de *sol* (Pl. III).

SEPTIÈME LEÇON.

ÉTUDE DES CLEFS D'*Ut*, POUR LES VOIX ET LES INSTRUMENTS INTERMÉDIAIRES.

41. La clef d'Ur reçoit trois positions différentes : on la place sur la première ligne, sur la troisième ligne, et sur la quatrième ligne.

Clefs d'Ur :

L'*ut* reçoit donc aussi, avec chacune des trois clefs, une position différente, et cette position, conformément à la règle, est semblable à celle de la clef.

Différentes
notes
nommées *ut*,
suivant
la position
de la *clef*.

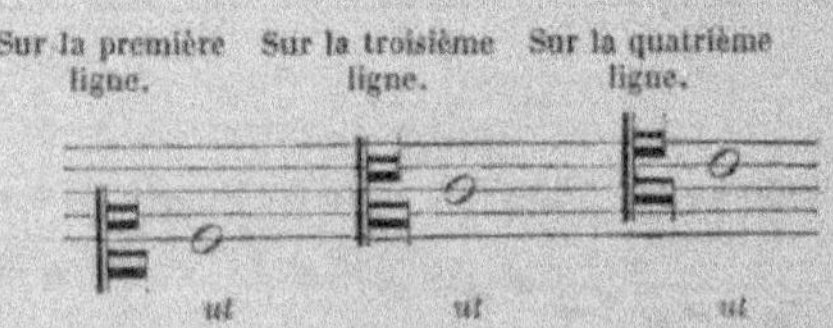

Série des notes sur la clef d'*ut* première ligne :

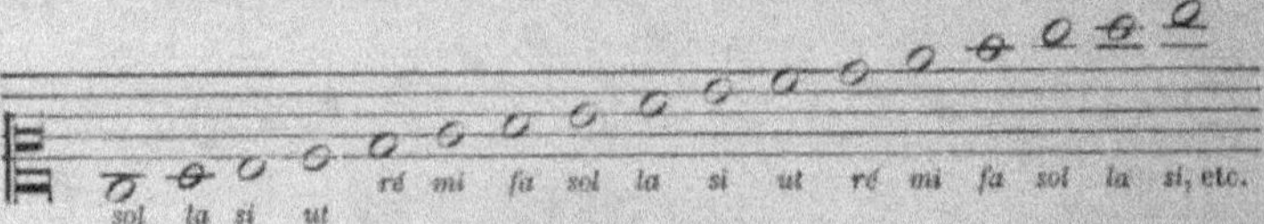

Série des notes sur la clef d'*ut* troisième ligne :

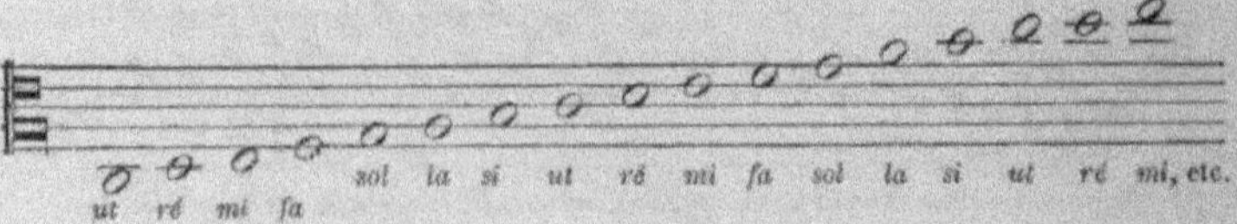

Série des notes sur la clef d'*ut* quatrième ligne :

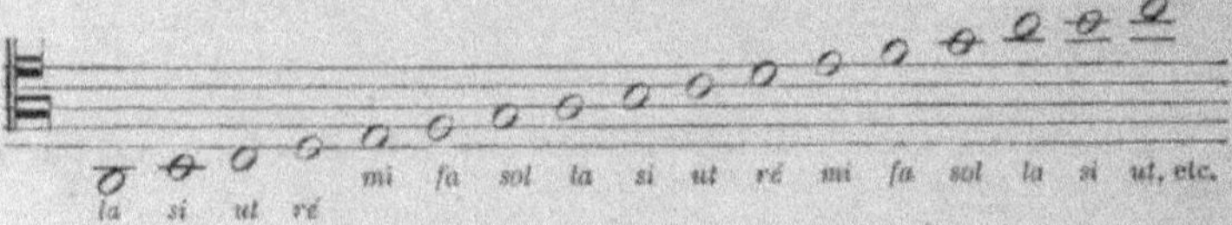

EXERCICES DE LECTURE SUR LES TROIS CLEFS D'*Ut*.

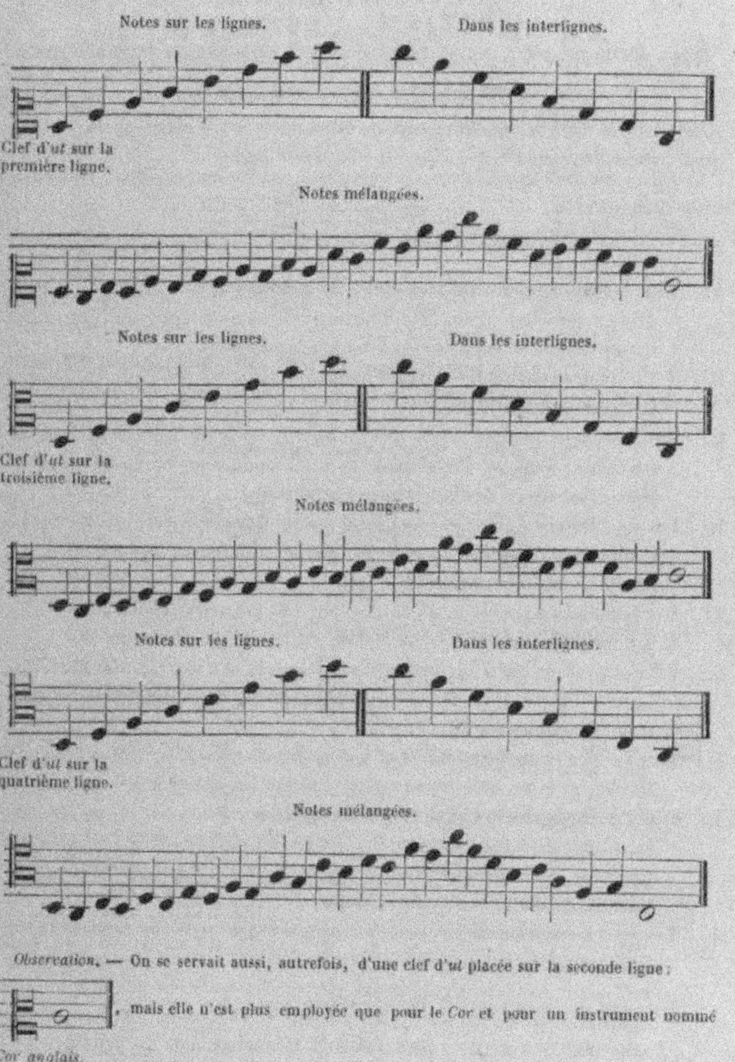

Observation. — On se servait aussi, autrefois, d'une clef d'*ut* placée sur la seconde ligne :

, mais elle n'est plus employée que pour le *Cor* et pour un instrument nommé *Cor anglais*.

Le maître exercera les élèves par la lecture, sans chant, des exemples sur les trois clefs d'*ut* (Pl. IV).

HUITIÈME LEÇON.

RÉSUMÉ DES SEPT LEÇONS PRÉCÉDENTES.

Ce que vous avez appris dans les sept premières leçons se résume en *quinze règles* très simples :

A. Tous les signes qui servent à écrire la musique se placent sur la *portée*, groupe de cinq lignes. On ajoute quelquefois à ces cinq lignes des lignes nommées *supplémentaires* ou *additionnelles*.

B. Il y a quatre espèces de signes principaux : les *notes*, les *clefs*, les *silences* et les *accidents*.

C. Les notes sont les figures qui servent à écrire les sons. Elles se placent sur les lignes, dans les interlignes, et aussi au-dessous et au-dessus de la *portée* au moyen des lignes *supplémentaires*.

D. Les sept formes différentes de notes, *ronde, blanche, noire, croche, double croche, triple croche* et *quadruple croche*, n'indiquent pas des sons différents, mais des durées différentes.

E. Les notes n'ont pas de nom, si elles ne sont précédées d'une *clef*.

F. Il y a trois figures de *clefs*, la clef de *fa*, la clef de *sol*, la clef d'*ut*.

G. La clef de *fa* se place sur la quatrième ligne, la clef de *sol* sur la deuxième ligne. — Il y a trois positions pour la clef d'*ut*, sur les première, troisième et quatrième lignes.

H. La note placée sur la même ligne que la clef se nomme du même nom que la clef, et cette note étant connue, toutes les autres le sont aussi.

I. Il n'y a que *sept* noms pour nommer les notes : *ut* ou *do, ré, mi, fa, sol, la, si*; et, de même qu'avec dix noms de chiffres on forme tous les nombres, sept noms de notes suffisent pour exprimer tous les sons et pour écrire toute espèce de musique.

J. Les clefs servent à indiquer les différents genres de voix : on emploie la clef de *fa* pour les voix graves d'hommes et les instruments graves ; la clef de *sol*, pour les voix aiguës de femmes et d'enfants et les instruments aigus ; les trois clefs d'*ut*, pour les voix de femmes et d'enfants qui ne sont pas très aiguës, pour les voix d'hommes qui ne sont pas très graves, et pour certains instruments intermédiaires.

K. Les *silences* sont des signes employés pour indiquer que la voix ou l'instrument doit se taire pendant un certain temps.

L. Il y a sept formes ou figures de silence : *pause, demi-pause, soupir, demi-*

soupir, quart de soupir, huitième et *seizième de soupir*. Chacune de ces figures indique une durée différente de *silence*.

M. La pause se place sous une ligne, la demi-pause sur une ligne ; les autres signes de silence n'ont pas de place marquée sur la portée.

N. Les *accidents* sont des signes employés pour modifier le son des notes. Une note précédée d'un accident n'a pas le même son que lorsqu'elle est écrite sans accident.

O. Il y a trois figures d'*accidents* ou *signes accidentels* : le *dièse*, le *bémol*, et le *bécarre*.

Vous connaissez donc les figures et l'usage des *notes*, des *clefs*, des *silences* et des *accidents*, et les noms que les notes peuvent recevoir, suivant la clef qui se trouve au commencement de la portée.

C'est le premier degré de la lecture musicale, lequel consiste à *nommer* les notes suivant les différentes clefs.

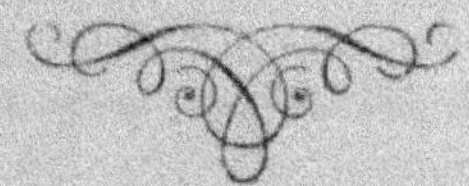

DEUXIÈME PARTIE.

L'INTONATION.

NEUVIÈME LEÇON.

LA GAMME. — NOUVELLE INSTRUCTION SUR LES CLEFS. — RAPPORT DES CLEFS
ET DES VOIX.

Il faut maintenant apprendre à *chanter* les notes que vous savez *nommer*.
Chaque note est le signe d'un *son*.

Vous savez donner à une note le nom qui lui appartient ; il faut que vous
sachiez aussi lui donner l'*intonation*, c'est-à-dire, le *son* dont elle est le signe.

Vous savez qu'il n'y a pour *nommer* les notes que *sept* noms (24).

UT ou DO, RÉ, MI, FA, SOL, LA, SI.

(Dans les exercices de chant, le maître et les élèves emploieront de préférence la syllabe do.)

42. Il n'y a que *sept* noms de notes, parce qu'il n'y a que *sept* sons principaux.

43. Si l'on chante de suite les sons représentés par ces *sept* notes, on sentira
qu'il est impossible de s'arrêter sur le *septième* son *si*. On comprendra que
ce *septième son* n'est pas un *son* final, qu'il ne termine pas le sens musical, et
qu'il *appelle* pour ainsi dire un *huitième* son.

Ce *huitième* son n'est que la répétition à *l'aigu* du premier *son*. Il se nomme
donc aussi *do*, et il peut, par conséquent, servir de commencement à une
seconde série de sons, en tout semblable, pour l'oreille, à la première série,
mais plus aiguë.

C'est pourquoi sept noms de notes suffisent pour exprimer tous les sons.

(Le maître chantera ou fera entendre sur un instrument les *sept* notes ; en y ajoutant le huitième
son, *do*, il fera bien remarquer aux élèves que ce huitième son n'est que la répétition du premier
son, et qu'il peut lui-même servir de commencement à une seconde série de sons, laquelle peut à
son tour être suivie d'une nouvelle série.)

44. Le chant que forment ces *huit* sons lorsqu'on les chante de suite, s'appelle la *gamme*.

La *gamme* est la base de la musique.

45. Avant de commencer à chanter, il est nécessaire que chacun de vous

sache bien quel GENRE de voix il possède, et quel nom on donne à ce genre de voix.

Car nous vous avons dit (28) : que les voix d'hommes ne sont pas toutes semblables, que les voix de femmes et d'enfants ne sont pas non plus toutes semblables, et qu'entre la voix d'homme la plus grave et la voix de femme ou d'enfant la plus aiguë, il y a des voix intermédiaires d'hommes et de femmes.

Il faut aussi que vous sachiez comment on emploie chacune des différentes clefs pour écrire chacune des différentes voix.

DES CLEFS,

CONSIDÉRÉES COMME SIGNES DISTINCTIFS DE CHAQUE GENRE DE VOIX.

46. Il y a deux principales voix d'homme :

1° Voix grave, nommée *basse-taille*.

2° Voix intermédiaire moins grave, et par conséquent plus aiguë, nommée *ténor* ou *taille*.

Clefs pour les voix d'hommes. La *basse-taille* s'écrit sur la clef de *fa* (a) :

Le *ténor* sur la clef d'*ut* quatrième ligne :

Il y a aussi deux principales voix de femme ou d'enfant :

1° Voix aiguë, nommée *soprano* ou *premier dessus*.

2° Voix intermédiaire, moins aiguë, et par conséquent plus grave, nommée *second dessus*.

Clefs pour les voix de femmes. Le premier dessus, ou soprano, s'écrit sur la clef de *sol* (b) :

Le second dessus s'écrit sur la clef d'*ut* première ligne :

47. Chaque espèce de voix peut contenir *treize* sons, c'est-à-dire une gamme (huit sons) et cinq sons au delà.

Ces treize sons, écrits sur la portée, la remplissent tout entière, en employant une ligne supplémentaire au-dessous de la portée et une au-dessus.

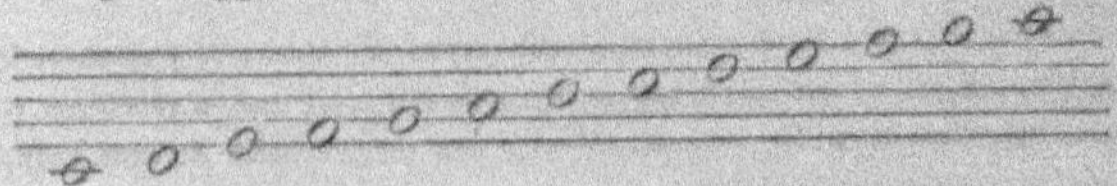

Ces notes ainsi écrites sans clef n'indiquent rien, ni le genre de la voix

(a) *Écrire sur une clef, chanter sur une clef, lire sur toutes les clefs*, locutions usitées chez les musiciens.

(b) On écrit habituellement, dans les grandes partitions, la voix de *soprano*, ou *premier dessus*, sur la clef d'*ut* première ligne, comme le second dessus ; et l'on réserve la clef de *sol* pour les instruments aigus, comme le violon, la flûte, etc., etc.

qui doit les chanter, ni le nom qu'elles doivent recevoir ; par conséquent, elles ne représentent aucun son (26), et sont pour ainsi dire *muettes*. Mais si l'on place au commencement de la portée qui contient ces *treize sons* une des quatre clefs que nous venons de désigner (46), tout se trouve indiqué.

On voit à l'instant quelle **voix** doit chanter, chaque note reçoit un nom, et représente un son.

EXEMPLES.

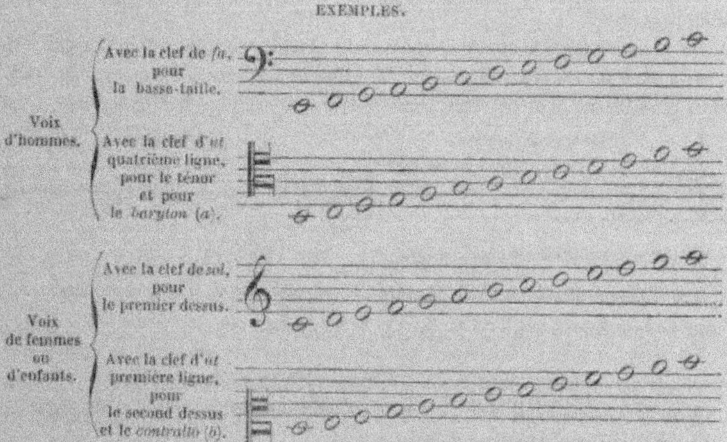

C'est donc la diversité des voix qui a amené la diversité des clefs, et les clefs ont été inventées pour qu'on puisse écrire, en remplissant une portée, tous les sons qui composent l'étendue de chaque genre de voix (c).

48. Chacun de vous devrait donc *chanter* sur la clef qui caractérise sa voix ; mais pour faciliter et simplifier les premières études, on est convenu de n'employer que deux clefs, la clef de *fa* pour les basses-tailles seulement, et la clef de *sol* pour les ténors, les seconds dessus et les premiers dessus.

Nous ne nous servirons donc plus, à l'avenir, que de la clef de *fa* et de la clef de *sol*.

(Le maître, après cette leçon, fera le classement des élèves en basses-tailles et ténors, en premiers et seconds dessus.)

(a) C'est une autre sorte de voix intermédiaire placée entre la basse-taille et le ténor ; elle descend moins bas que la basse-taille, mais elle s'élève plus haut ; on l'écrit sur la clef de *fa* ou sur la clef d'*ut* quatrième ligne.

(b) Autre sorte de voix intermédiaire plus grave et moins aiguë que le *second dessus*.

(c) Toutes les voix n'embrassent pas cette étendue, et il y a des voix exceptionnelles qui la dépassent.

DIXIÈME LEÇON.

PREMIÈRE ÉTUDE DES INTERVALLES.

Nous allons donc écrire, sur la clef de *fa* pour les basses-tailles, et sur la clef de *sol* pour toutes les autres voix, une gamme commençant par *do*, et vous allez la chanter.

On pourrait aussi bien commencer cette gamme par tout autre son que *do*, c'est-à-dire par *ré*, par *mi* ou par *fa*, etc., comme vous le verrez plus tard. Mais maintenant le son *do* servira de point de départ pour nos exercices.

Pour les basses-tailles.   Pour les autres voix.

(Le maître fera chanter cette gamme) (a).

49. Chacun des sons de la gamme se nomme *degré*. Il y a donc dans une gamme *huit* degrés que l'on nomme premier, deuxième, troisième degré, etc.

Sons ou degrés conjoints.   Lorsque les sons se succèdent suivant l'ordre qu'ils ont dans la gamme, en montant ou en descendant, on les nomme *sons* ou *degrés conjoints*.

Mais la composition des chants n'offrirait aucune variété, si les sons se suivaient toujours par degrés *conjoints*.

Sous ou degrés disjoints.   **50.** On emploie donc aussi des *sons* ou *degrés disjoints*, c'est-à-dire qu'on passe d'un son à un autre en franchissant plusieurs degrés, comme, par exemple, du premier degré au troisième, au quatrième ; du deuxième degré au sixième, au septième, etc.

Exemple de degrés disjoints.

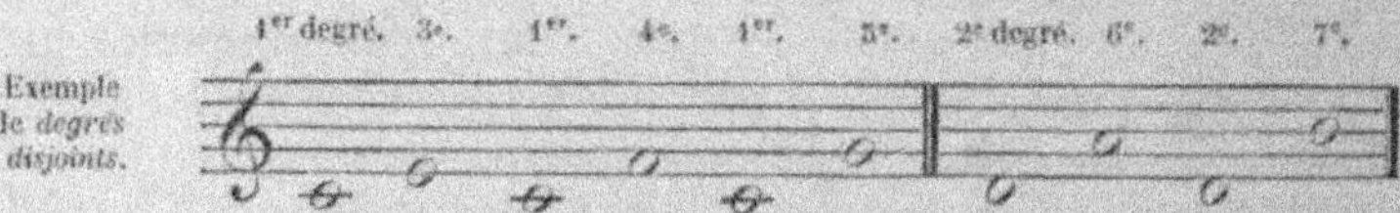

(Le maître chantera cet exemple, ou le jouera sur un instrument.)

Il faut savoir mesurer les distances diverses qui peuvent, dans un chant, séparer un son ou degré de la gamme, d'un autre son.

Intervalles.   **51.** On appelle *intervalle* la distance qui sépare un degré d'un autre degré.

52. Chaque intervalle a son nom, et ce nom exprime toujours la quantité de degrés que l'intervalle contient.

(a) Si le maître donne à la fois leçon aux enfants et aux adultes, il pourra, après avoir fait d'abord chanter les exemples par les voix séparées, faire chanter ensemble les enfants et les adultes. Cette étude formera l'oreille des élèves, et sera en outre un premier pas vers l'exécution des ensembles.

En ayant ainsi sous les yeux les mêmes exemples écrits en clef de *sol* et en clef de *fa*, les élèves, qu'ils soient séparés ou réunis, apprendront en même temps, et facilement, à lire sur ces deux clefs.

L'intervalle de *do* à *ré*, où l'on ne parcourt que la distance de deux degrés conjoints, se nomme *seconde* :

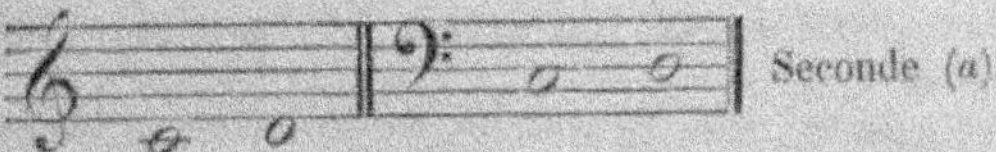

L'intervalle de *do* à *mi*, où l'on parcourt une distance de trois degrés, *do*, *ré*, *mi*, se nomme *tierce* :

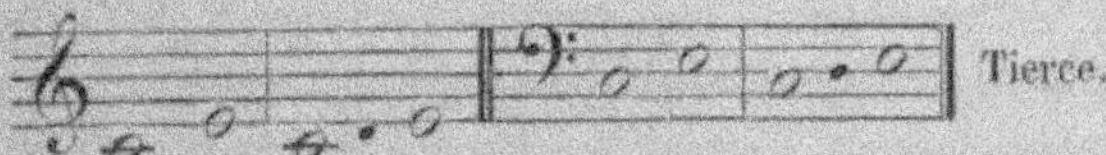

L'intervalle de *do* à *fa* (quatre degrés : *do*, *ré*, *mi*, *fa*) se nomme *quarte* :

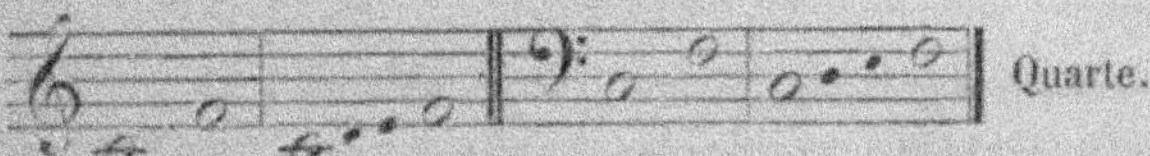

L'intervalle de *do* à *sol* (cinq degrés : *do*, *ré*, *mi fa*, *sol*) se nomme *quinte* :

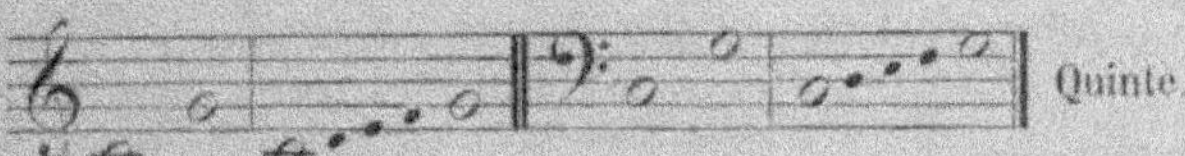

L'intervalle de *do* à *la* (six degrés : *do*, *ré*, *mi*, *fa*, *sol*, *la*) se nomme *sixte* :

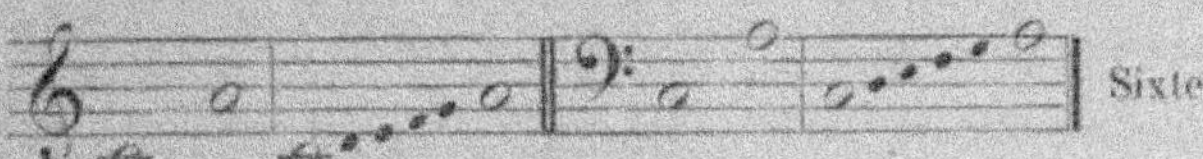

L'intervalle de *do* à *si* (sept degrés : *do*, *ré*, *mi*, *fa*, *sol*, *la*, *si*,) se nomme *septième* :

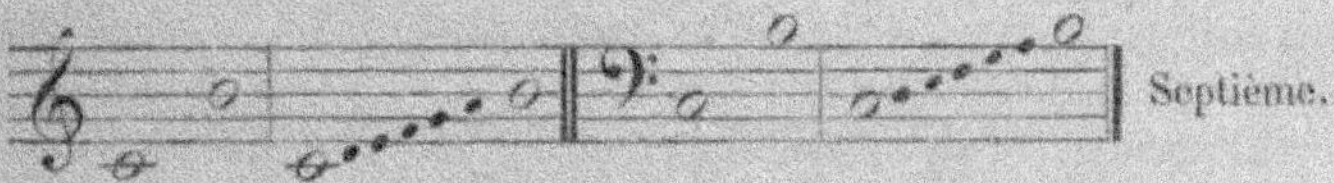

L'intervalle de *do* à *do* (huit degrés : *do*, *ré*, *mi*, *fa*, *sol*, *la*, *si*, *do*) se nomme *octave* :

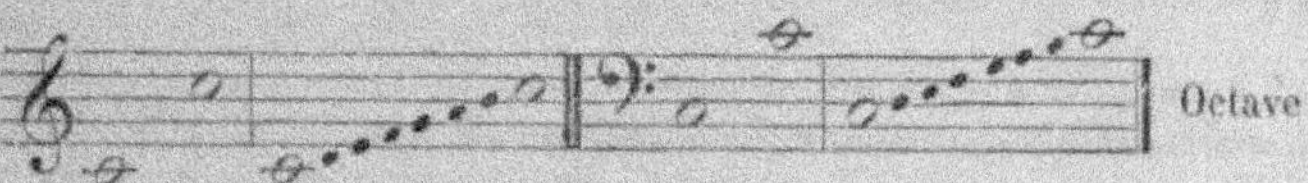

(a) Nous donnerons désormais tous les exemples en clef de *sol* et en clef de *fa*.

OBSERVATIONS SUR L'OCTAVE.

53. L'intervalle d'octave, contenant les *huit* sons de la gamme, renferme aussi tous les intervalles :

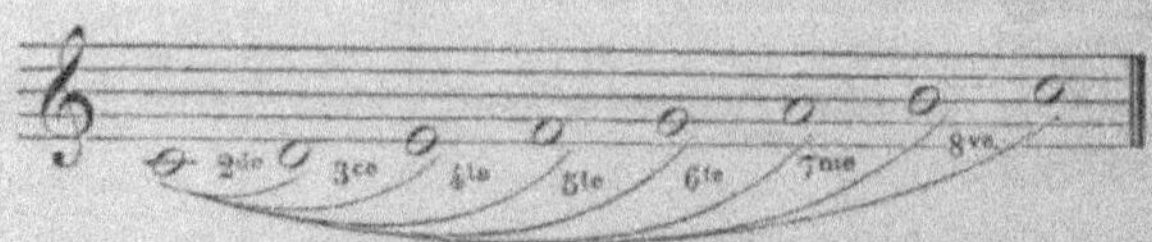

54. L'octave est la distance *naturelle* qui sépare les voix d'hommes des voix de femmes ou d'enfants, et c'est cette distance d'une octave qui fait la différence de timbre qu'on remarque entre les voix d'hommes et de femmes ; les voix de femmes et d'enfants chantant naturellement à l'octave supérieure des voix d'hommes.

55. Ainsi le *premier dessus*, ou *soprano*, chante naturellement à l'octave supérieure du *ténor*. Le *second dessus* et le *contralto* chantent naturellement à l'octave supérieure du *baryton* et de la *basse-taille*.

56. Par conséquent, les clefs servent non-seulement à indiquer le nom que doivent porter les notes, elles indiquent en même temps ces différences d'octave.

Ainsi la gamme suivante,
écrite en clef de *fa* : 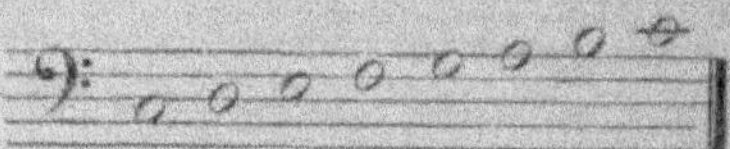

doit se chanter, ou s'exécuter sur un instrument, à l'octave inférieure de la

gamme suivante, écrite en clef de *sol* : 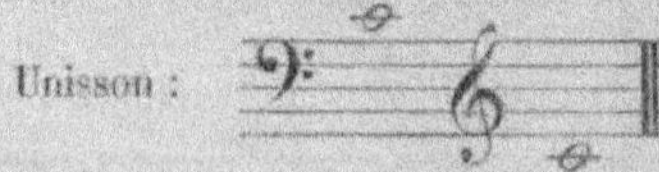

On voit, par la comparaison de ces deux exemples, que le *do* qui termine la première gamme sur la clef de *fa*, et qui pour la *basse-taille* est un son *aigu*, a le même son que le *do* qui commence la gamme en clef de *sol*, et qui pour les voix de femmes et d'enfants est un son *grave*.

57. La répétition d'un même son se nomme *unisson* : ainsi les deux *do* dont nous venons de parler sont à l'*unisson*.

Unisson :

Nous avons dit (48) que dans les exercices qui vont suivre, les *ténors* chanteraient des exemples écrits en clef de *sol*.

Il faut remarquer qu'en chantant sur la clef de *sol*, les ténors chanteront les notes une octave plus bas qu'elles ne sont écrites.

Voici une gamme écrite en clef de *ténor* :

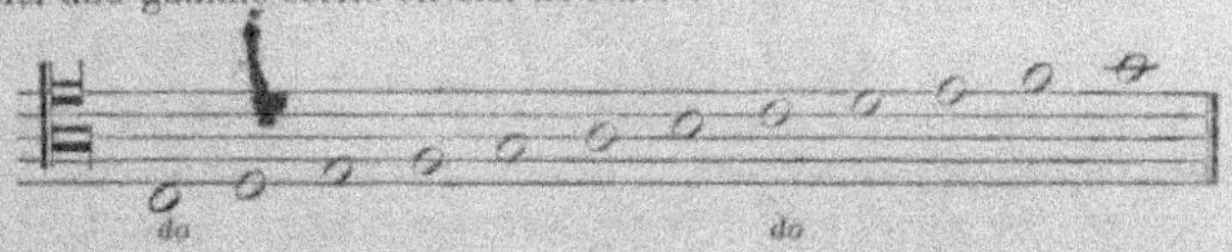

Le huitième son *do* 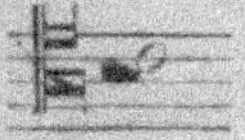 est l'unisson du premier *do* de la clef de *sol*, 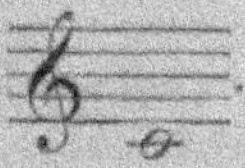. Mais en chantant sur la clef de *sol*, les ténors donneront à ce même *do* de la clef de *sol* 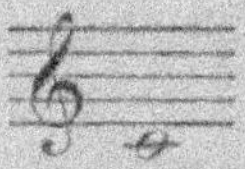 le son du premier *do* de la gamme que nous venons d'écrire en clef d'*ut* quatrième ligne 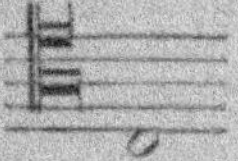, lequel est l'*unisson* de ce *do* de la clef de *fa* 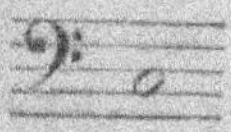.

Ils abaisseront donc ainsi d'une octave toutes les notes de la clef de *sol*.

58. L'octave est la mesure de l'étendue des voix et des instruments : c'est en comptant par *octave* qu'on mesure cette étendue. Quelques voix ont une étendue de *deux octaves*. Les pianos qu'on fait aujourd'hui ont *sept octaves*.

L'étendue générale des voix, depuis le *fa* grave de la basse-taille jusqu'au *do* aigu du *soprano*, mesure environ *trois octaves* et *demie*.

(Le maître indiquera sur le piano ou sur l'orgue la *place* et l'*étendue* de chaque voix, et fera la démonstration de tout ce qui est énoncé dans ces *observations* sur l'octave.)

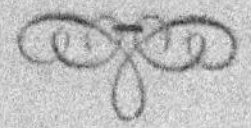

ONZIÈME LEÇON.

SUITE DE L'ÉTUDE DES INTERVALLES. — DIFFÉRENCES ENTRE LES INTERVALLES. —
LE TON ET LE DEMI-TON. — COMPOSITION DE LA GAMME.

Vous avez vu (52) que les noms donnés aux *intervalles* expriment toujours la quantité de degrés que contient chaque intervalle.

Ainsi un intervalle composé de *quatre* sons est une *quarte* ; un intervalle composé de *trois*, de *cinq*, de *sept* sons, etc., se nomme *tierce*, *quinte*, *septième*, etc.....

Inégalité entre les intervalles portant le même nom. 59. Cependant tous les intervalles qui portent le même nom ne sont pas égaux entre eux.

Différence entre les degrés de la gamme. 60. Cette différence entre des intervalles portant *un nom semblable* vient de ce que les huit sons ou degrés qui forment la gamme, d'où les intervalles sont tirés, ne sont pas séparés entre eux par une distance égale.

Tons et demi-tons. 61. Il y a dans la *gamme* des *tons* et des *demi-tons*.

62. La distance qui sépare *mi* de *fa* et *si* de *do* n'est pas aussi grande que celle qui sépare les autres *degrés*. Il faut un effort de voix moins grand pour passer du *mi* au *fa* et du *si* au *do*, que pour passer du *do* au *ré*, du *ré* au *mi*, du *fa* au *sol*, du *sol* au *la* et du *la* au *si*.

(Le maître chantera ou jouera la gamme, en faisant remarquer ces différences d'intonation.)

63. La distance qui sépare *do* de *ré*, *ré* de *mi*, *fa* de *sol*, *sol* de *la* et *la* de *si*, se nomme *ton*.

TONS.

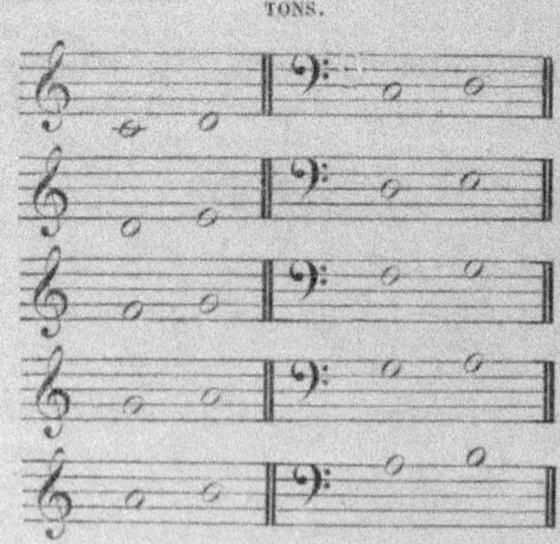

On nomme *demi-ton* la distance qui sépare *mi* de *fa*, *si* de *do* :

DEMI-TONS.

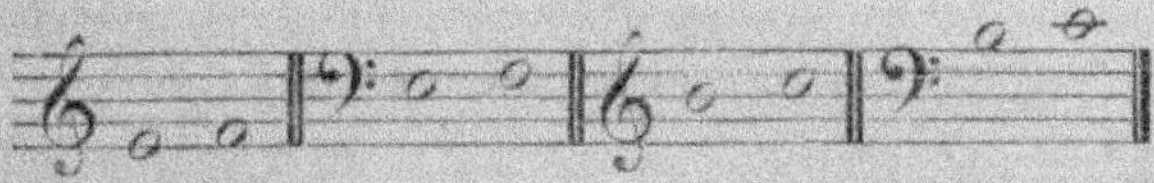

64. La gamme est donc composée de *cinq* tons et de *deux demi-tons* placés dans l'ordre suivant : un ton, un ton, un demi-ton, un ton, un ton, un ton, un demi-ton.

> Cinq tons et deux demi-tons dans la gamme.

Il y a donc un ton du premier au deuxième degré : *do-ré.*

Un ton du deuxième au troisième degré : *ré-mi.*

Un demi-ton du troisième au quatrième degré : *mi-fa.*

Un ton du quatrième au cinquième degré : *fa-sol.*

Un ton du cinquième au sixième degré : *sol-la.*

Un ton du sixième au septième degré : *la-si.*

Un demi-ton du septième au huitième degré : *si-do.*

DOUZIÈME LEÇON.

INTERVALLES MAJEURS ET MINEURS.

Des intervalles portant le même nom, contenant le même nombre de *degrés*, pourront donc différer entre eux, parce qu'ils ne seront pas composés de la même manière, et qu'ils ne contiendront pas le même nombre de *tons* et de *demi-tons*.

Ainsi la seconde *ré-mi*, qui forme un ton, diffère de la seconde *mi-fa*, qui ne forme qu'un demi-ton.

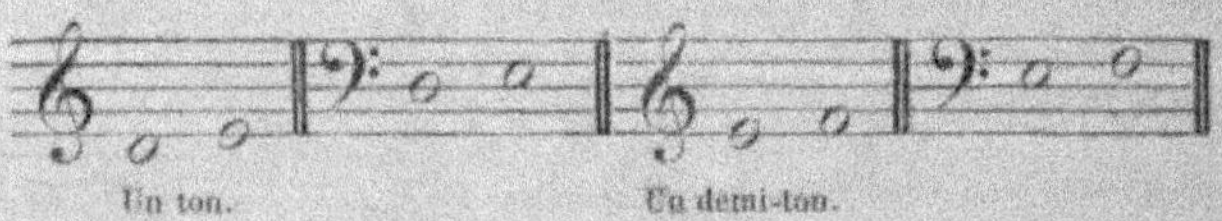

La tierce *do-mi*, qui contient deux tons (un ton de *do* à *ré*, un ton de *ré* à *mi*), diffère de la tierce *ré-fa*, qui ne contient qu'un ton et un demi-ton (un ton de *ré* à *mi*, un demi-ton de *mi* à *fa*).

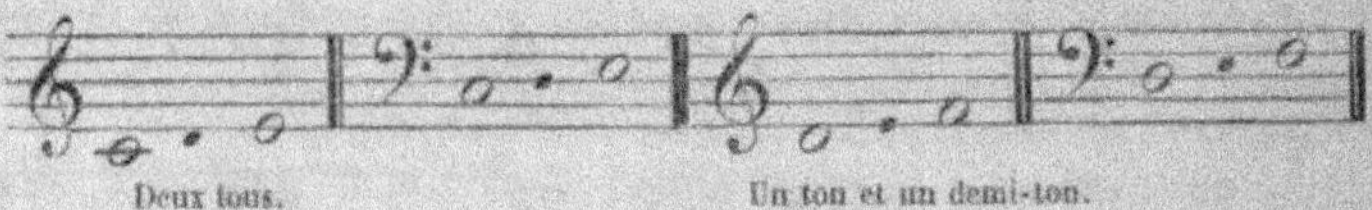

65. De deux intervalles portant le même nom, mais inégaux (comme dans l'exemple ci-dessus), le plus grand se nomme *majeur*, le plus petit se nomme *mineur*.

Ainsi la tierce *do-mi*, qui contient deux tons, est une tierce *majeure*. La tierce *ré-fa*, qui ne contient qu'un ton et demi, est une tierce *mineure*.

66. La différence de l'intervalle majeur au même intervalle mineur consiste en un *demi-ton*, c'est-à-dire que l'intervalle *majeur* a toujours un demi-ton de plus que le même intervalle *mineur*.

67. Les intervalles compris dans la gamme ont deux formes, et ils reçoivent la qualification de *majeur* ou de *mineur*, suivant le nombre de *tons* et de *demi-tons* qu'ils contiennent.

68. Il faut apprendre et savoir parfaitement le nombre des *tons* et des *demi-tons* contenus dans les intervalles majeurs et mineurs, dont voici la liste complète :

SECONDES (a).

La seconde majeure est composée d'*un ton*.
La seconde mineure est composée d'*un demi-ton*.

Secondes majeures : un ton.

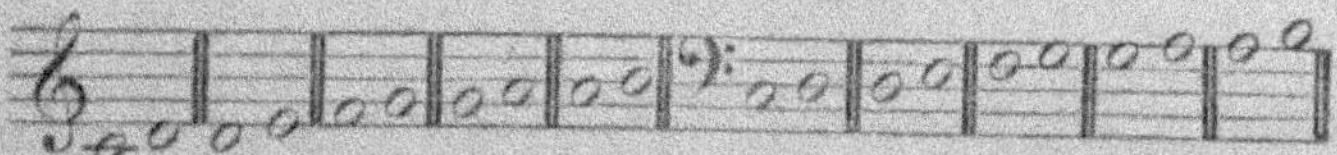

Secondes mineures : un demi-ton.

TIERCES.

La tierce majeure est composée de *deux tons*.
La tierce mineure est composée d'*un ton* et d'*un demi-ton*.

Tierces majeures : deux tons.

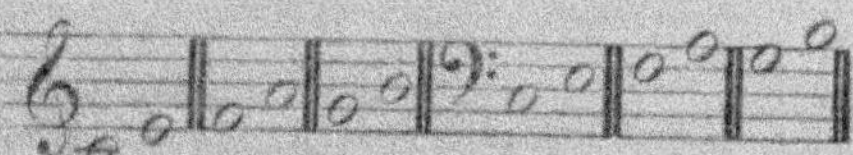

Tierces mineures : un ton et un demi-ton.

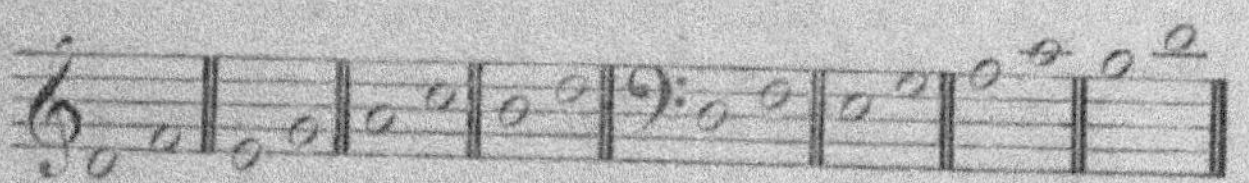

QUARTES.

La quarte majeure (b) est composée de *trois tons*.
La quarte mineure (c) est composée de *deux tons* et d'*un demi-ton*.

Quarte majeure : trois tons.

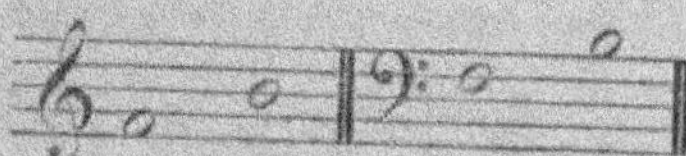

Quartes mineures : deux tons et un demi-ton.

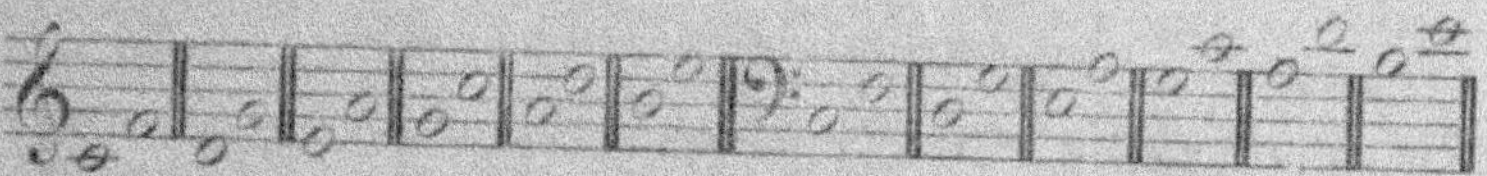

(a) Voyez, à la fin de cette 2e partie, le tableau pl. V.

(b) Cette quarte se nomme aussi *triton*, à cause des trois tons dont elle est composée, ou quarte augmentée (voyez l'*Avertissement de l'auteur*, qui précède la 1re partie).

(c) Nommée aussi quarte *inaltérée*.

QUINTES.

La quinte majeure (*a*) est composée de *trois tons* et d'*un demi-ton*.
La quinte mineure (*b*) est composée de *deux tons* et de *deux demi-tons*.

Quintes majeures : trois tons et un demi-ton.

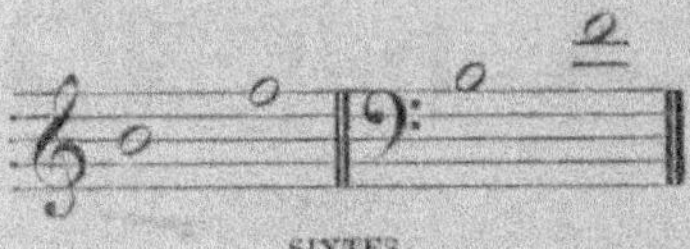

Quinte mineure : deux tons et deux demi-tons.

SIXTES.

La sixte majeure est composée de *quatre tons* et d'*un demi-ton*.
La sixte mineure est composée de *trois tons* et de *deux demi-tons*.

Sixtes majeures : quatre tons et un demi-ton.

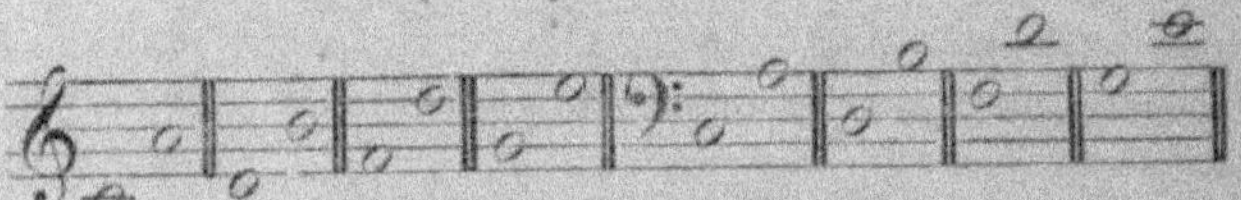

Sixtes mineures : trois tons et deux demi-tons.

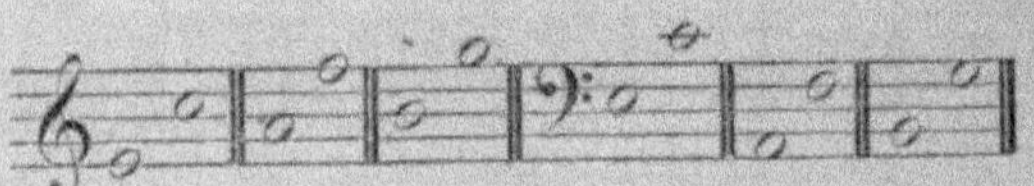

SEPTIÈMES.

La septième majeure est composée de *cinq tons* et d'*un demi-ton*.
La septième mineure est composée de *quatre tons* et de *deux demi-tons*.

Septièmes majeures : cinq tons et un demi-ton.

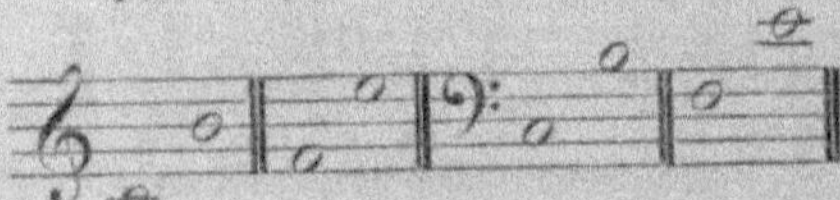

Septièmes mineures : quatre tons et deux demi-tons.

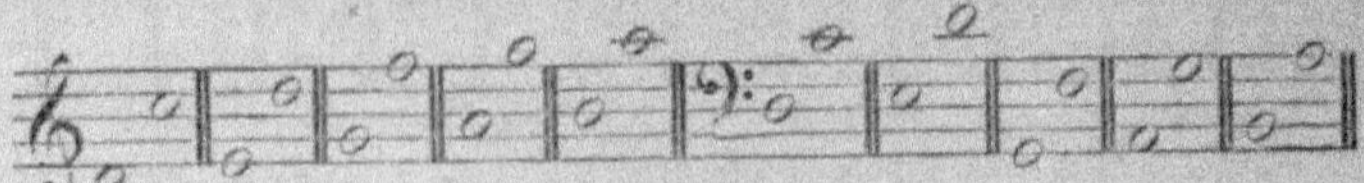

(*a*) Nommée aussi quinte *inaltérée*.
(*b*) Nommée aussi quinte *diminuée*.

OCTAVE.

L'octave ne peut être ni majeure ni mineure, puisqu'elle est la répétition d'un son compris dans la gamme.

Elle contient *cinq tons* et *deux demi-tons*.

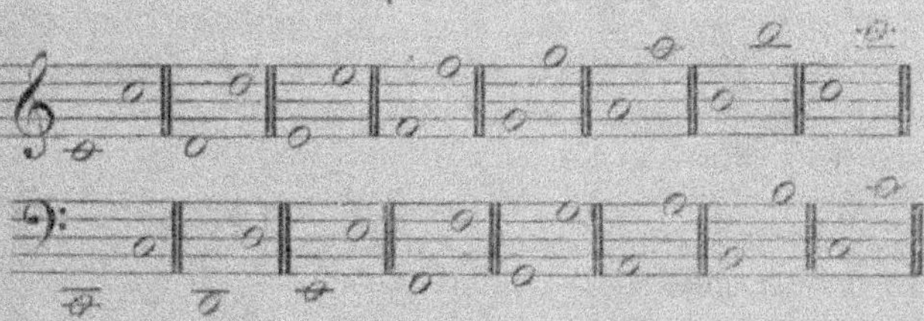

Octave : cinq tons et deux demi-tons.

69. On ne doit pas, lorsque l'on compte les *tons* et les *demi-tons* compris dans un intervalle, et qu'on y trouve *deux demi-tons*, comme dans la quinte mineure, dans la sixte mineure, dans la septième mineure et dans l'octave, réunir ces deux *demi-tons* pour les compter comme *un ton*, parce que ces deux *demi-tons* étant séparés, on ne donnerait pas une idée juste de la composition de l'intervalle en les réunissant pour les compter comme un seul ton. Il faut donc toujours dire : dans la quinte mineure, *deux tons* et *deux demi-tons* ; — dans la sixte mineure, *trois tons* et *deux demi-tons* ; — dans la septième mineure, *quatre tons* et *deux demi-tons* ; — dans l'octave, *cinq tons* et *deux demi-tons*.

Le maître interrogera les élèves sur le nombre de *tons* et de *demi-tons* contenus dans tous les intervalles, *majeurs* et *mineurs*, et leur fera chanter les exercices placés à la fin de cette 2ᵉ partie, pl. VI, VII, VIII, etc., de manière que l'*intonation* de tous les intervalles majeurs et mineurs leur devienne facile.

En faisant chanter ces exercices sur les intervalles, le maître s'occupera, non-seulement de la justesse de l'intonation, mais aussi de la bonne émission du son, « qui devra être produit naturel-» lement, sans effort, et en évitant toute inflexion triviale. Comme l'étude de la mesure n'est pré-» sentée que dans la 3ᵉ partie, les élèves, pour passer d'un son à un autre, suivront les mouvements » de la main ou de la baguette du maître. » (Voyez l'*Avertissement de l'auteur*, qui précède la 1ʳᵉ partie.)

TREIZIÈME LEÇON.

DIFFÉRENTS ASPECTS DES INTERVALLES.

INTERVALLES SUPÉRIEURS, INFÉRIEURS, REDOUBLÉS, RENVERSÉS.

70. Les *intervalles*, dont maintenant vous savez les noms, et que vous savez mesurer, peuvent se présenter sous divers aspects.

71. Tout intervalle étant formé de *deux sons*, séparés par un nombre quelconque de degrés, et l'un des deux sons étant le point de départ, tandis que l'autre est le point d'arrivée, il est clair que l'un des deux sons est plus *bas*, plus *grave* que l'autre.

Intervalles supérieurs et inférieurs.

72. Si l'intervalle part du son *grave* pour monter au son *aigu*, comme dans les exemples que nous avons donnés (68), il se nomme *supérieur* ou *ascendant*.

Ainsi l'on dira : la tierce majeure *supérieure* de *do* est *mi*, la quarte mineure *supérieure* de *mi* est *la*, la sixte mineure *supérieure* de *la* est *fa*, etc.

73. Si, au contraire, on descend du son *aigu* au son *grave*, l'intervalle reçoit le nom d'*inférieur* ou *descendant*. La tierce mineure *inférieure* de *sol* est *mi*, la quinte majeure *inférieure* de *la* est *ré*, la sixte majeure *inférieure* de *ré* est *fa*, etc.

74. Si l'on continue la série des *intervalles* en dépassant l'*octave*, comme, par

Intervalles redoublés.

exemple, du *do* au *ré* de l'octave suivante : 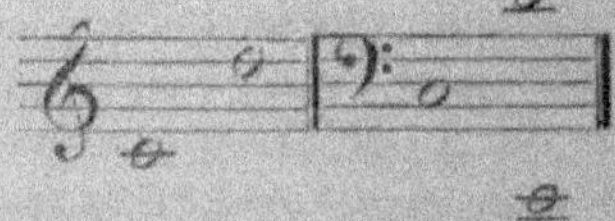

ou du *mi* au *sol* de l'octave suivante : 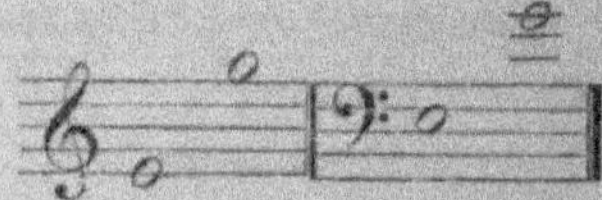

ces intervalles qui dépassent l'octave se nomment *redoublés*.

75. Chaque intervalle *redoublé* reçoit, comme les intervalles simples, un nom tiré de la quantité de degrés qu'il contient : ainsi la *seconde redoublée*, qui contient neuf degrés, se nomme *neuvième* ; la *tierce redoublée*, *dixième* ; la *quarte*, la *quinte*, la *sixte*, la *septième* et l'*octave* redoublées se nomment *onzième*, *douzième*, *treizième*, *quatorzième* et *quinzième*.

EXEMPLES D'INTERVALLES REDOUBLÉS (a).

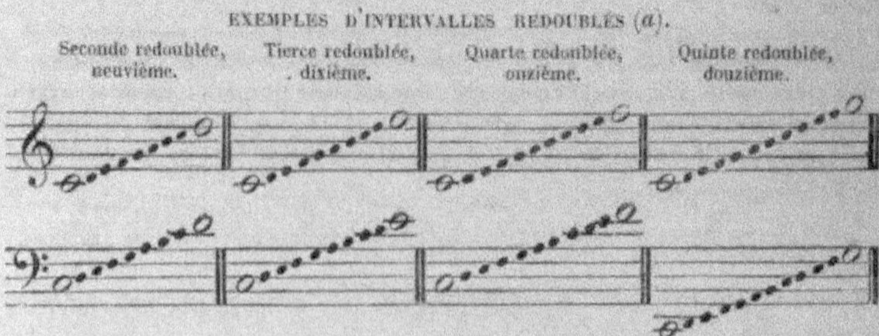

(a) La planche XI contient d'autres exemples d'intervalles redoublés et renversés.

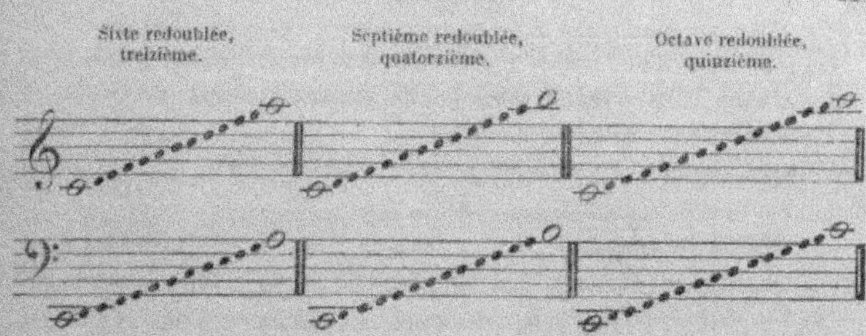

Il suffit d'ajouter le nombre *sept* au nombre exprimé par le nom de l'intervalle simple pour trouver le nom de l'intervalle redoublé, puisque l'on ajoute *sept* degrés à l'intervalle simple pour le *redoubler* ; c'est pourquoi la *seconde* devient *neuvième*, — la *tierce*, *dixième*, etc.

76. Les intervalles *redoublés* conservent la qualification de l'intervalle simple ; ils sont *majeurs* et *mineurs*, comme le sont les intervalles simples dont ils sont le redoublement. Ainsi :

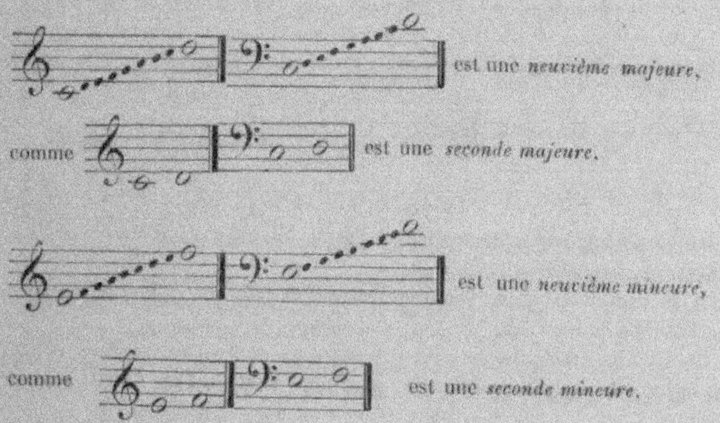

est une *neuvième majeure*,

comme   est une *seconde majeure*.

est une *neuvième mineure*,

comme   est une *seconde mineure*.

Ils peuvent aussi être supérieurs ou ascendants, inférieurs ou descendants.

77. Nous avons déjà dit (71) que tout intervalle étant formé de deux sons séparés par un nombre quelconque de degrés, il est clair que de ces deux sons, l'un est le plus *bas*, le plus *grave*, l'autre le plus *élevé*, le plus *aigu*.

Si l'on change la position respective de ces deux sons, et que du son *grave* on fasse le son *aigu*, ou que du son *aigu* on fasse le son *grave*, on *renverse* l'intervalle.

Renverser un intervalle, c'est donc faire du son *grave* le son *aigu*, ou du son *aigu* le son *grave*.

78. Il y a par conséquent deux manières de renverser un intervalle :

On peut *élever* d'une *octave* le son *grave*, qui deviendra alors le son *aigu*.

Ou *abaisser* d'une *octave* le son *aigu*, qui deviendra alors le son *grave*.

Prenons pour exemple la tierce *sol*, *si*.

Dans cet exemple, *sol* est le son *grave*, *si* est le son *aigu*.

Si l'on *élève* d'une *octave* le son *grave*, *sol*, en laissant le son *si* à la place qu'il occupe, cet intervalle de *tierce*, *sol-si*, se présentera sous l'aspect suivant :

Si, au contraire, on *abaisse* d'une *octave* le son *aigu*, en laissant le son *sol* à la place qu'il occupait d'abord, nous aurons cette forme :

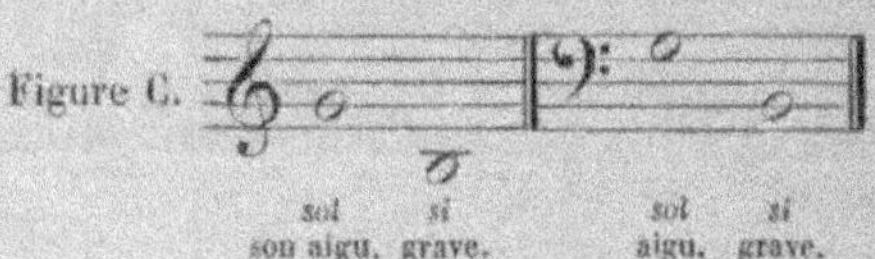

Dans ces deux formes (figures B et C), le son *sol*, qui était le son *grave* dans la figure A, sera devenu le son *aigu*.

Et au lieu d'une *tierce supérieure* ou *ascendante*, SOL, SI, nous aurons un intervalle de *sixte inférieure*, ou *descendante*, SOL, SI.

79. Tous les intervalles peuvent être *renversés* de ces deux manières, et par ces opérations de *renversements*, les intervalles sont modifiés de la manière suivante :

La seconde devient septième.
La tierce   —   sixte.
La quarte   —   quinte.

Et, par conséquent : La quinte devient quarte.
La sixte   —   tierce.
La septième   —   seconde.

Par le renversement l'*octave* devient *unisson*.

Et l'*unisson* dans lequel on élève ou l'on abaisse un des deux sons devient *octave*.

80. Il faut remarquer, et c'est un moyen facile de se rappeler le résultat des renversements, que la somme des deux intervalles, le *direct* et le *renversé*, doit toujours faire 9.

Ainsi	la 2ᵈᵉ	la 3ᵗᵉ	la 4ᵗᵉ	la 5ᵗᵉ	la 6ᵗᵉ	la 7ᵐᵉ	l'8ᵗᵉ
deviennent	7ᵐᵉ	6ᵗᵉ	5ᵗᵉ	4ᵗᵉ	3ᵗᵉ	2ᵈᵉ	1 (unisson).
Somme	9	9	9	9	9	9	9

81. Par le renversement, les intervalles *majeurs* deviennent *mineurs*; les *mineurs*, *majeurs*; les *ascendants*, *descendants*; les *descendants*, *ascendants*.

QUATORZIÈME LEÇON.

RÉSUMÉ DES CINQ LEÇONS PRÉCÉDENTES.

Ce qui a été enseigné dans les cinq leçons précédentes, IX, X, XI, XII et XIII, se résume dans les *vingt-trois règles suivantes :*

A. Chaque note est le signe d'un son. *Chanter*, c'est donner à chaque note le son qui lui appartient.

B. Il n'y a que *sept* noms de notes, parce qu'il n'y a que sept sons principaux.

C. Le septième son n'est pas un son final : il appelle un huitième son, lequel est la répétition à l'aigu du premier son.

D. Le chant que forment ces huit sons, lorsqu'on les chante de suite, se nomme la *gamme*.

E. La gamme est la base de la musique.

F. Il faut connaître les différents genres de voix, savoir quelle voix on possède, connaître la clef attribuée à cette voix.

G. Il y a deux principales voix d'homme, la basse-taille et le ténor. La basse-taille s'écrit sur la clef de *fa*, le ténor sur la clef d'*ut* quatrième ligne, et sur la clef de *sol* dans les premières études.

H. Il y a deux principales voix de femme : le second dessus et le premier dessus. On emploie pour ces deux voix la clef d'*ut* première ligne, et la clef de *sol*.

I. Chaque genre de voix contient environ treize sons.

J. Une série de treize notes, s'élevant graduellement depuis la ligne supplémentaire placée au-dessous de la portée jusqu'à la ligne supplémentaire placée au-dessus, représente l'étendue de tous les genres de voix.

K. Par l'emploi de l'une des clefs désignées ci-dessus, cette série de treize notes conviendra à un genre de voix déterminé.

L. Lorsque les sons se suivent dans l'ordre qu'ils ont dans la gamme, on les nomme sons ou degrés *conjoints*, ou sons par *mouvement conjoint*.

M. Lorsqu'en passant d'un son à un autre, on franchit plusieurs degrés, ou même un seul degré intermédiaire, les sons marchent par *degrés disjoints* ou par *mouvement disjoint*.

N. On nomme *intervalle*, la distance comprise entre deux sons.

O. Le nom donné à chaque intervalle exprime le nombre de degrés que l'intervalle contient.

P. Il y a sept intervalles : la *seconde*, la *tierce*, la *quarte*, la *quinte*, la *sixte*, la *septième* et l'*octave*.

Q. Des intervalles portant un nom semblable peuvent ne pas être égaux entre
    eux, parce que les intervalles sont tirés de la gamme, et que les huit sons
    qui forment la gamme ne sont pas séparés entre eux par des distances
    égales.

R. Il y a dans la gamme cinq tons et deux demi-tons, disposés de cette façon :
    un ton, un ton, un demi-ton, un ton, un ton, un ton, un demi-ton.

S. Les intervalles peuvent être *majeurs* ou *mineurs*; un intervalle majeur
    a toujours un demi-ton de plus que le même intervalle mineur.

T. Les intervalles sont *supérieurs*, ou ascendants; *inférieurs*, ou descendants.

U. Lorsque les intervalles dépassent l'*octave*, ils deviennent *redoublés* et se
    nomment : neuvième, dixième, onzième, douzième, treizième, quator-
    zième, et quinzième.

V. On renverse les intervalles en faisant du son grave le son aigu, et du son
    aigu le son grave.

X. Par le renversement, la *seconde* devient *septième* ; la *tierce*, *sixte*; la *quarte*,
    quinte; la *quinte*, *quarte* ; la *sixte*, *tierce* ; la *septième*, *seconde* ; l'*octave*,
    unisson ; le *majeur* devient *mineur*; le *mineur*, *majeur*. La somme des
    deux nombres devra faire 9.

Vous avez appris à *chanter* les notes que vous saviez *nommer* seulement.
C'est le second degré de la lecture musicale.

TROISIÈME PARTIE.

LA MESURE.

QUINZIÈME LEÇON.

Vous savez que les *notes* sont les signes à l'aide desquels on écrit les sons.

Par l'étude que vous avez faite des différentes clefs, vous avez appris à donner à chaque *note* le *nom* qui lui appartient et à faire entendre le *son* dont elle est le signe.

Il faut maintenant apprendre à connaître et à *mesurer* la *durée* de chaque son. Cette durée est indiquée, comme nous l'avons dit (13), par la forme, la figure de la note.

Vous avez appris à *nommer* les notes, puis à les *chanter* ; vous allez apprendre à les *mesurer*, à chanter en *mesure*.

82. Lorsque vous entendez de la musique, il vous est facile de vous apercevoir que tous les sons n'ont pas la même durée. Il y a des sons sur lesquels on s'arrête, d'autres sur lesquels on passe rapidement. Rien ne serait plus monotone qu'un chant composé de sons d'une durée égale.

D'ailleurs, la musique vocale (c'est-à-dire composée pour la voix, destinée à être chantée) exige nécessairement l'emploi de notes *longues* et de notes *brèves*, parce que dans les paroles sur lesquelles le chant est composé, il y a des syllabes *longues* et des syllabes *brèves*.

Par exemple, dans l'air : *Il pleut, il pleut, bergère, il* est bref, *pleut* est long, *ber* est bref, *gère* est long ; c'est-à-dire qu'en prononçant ou en chantant ces paroles, on passe rapidement sur *il*, on s'arrête sur *pleut*, on passe rapidement sur la syllabe *ber*, on s'arrête sur la syllabe *gère*.

83. Mais en parlant, la durée des syllabes longues et des syllabes brèves n'est pas déterminée d'une manière absolue, tandis qu'en chantant, la durée des notes, longues ou brèves, est fixée d'une manière certaine.

84. Cela doit être nécessairement ainsi, parce que la musique étant un art d'ensemble, on ne peut abandonner à la volonté ou au sentiment de chacun la durée de chaque son. Il faut donc pouvoir écrire la durée du son aussi clairement qu'on écrit le son même.

85. C'est au moyen des sept figures de notes que vous connaissez (12), et

dont chacune a, comme durée, une valeur différente, que l'on exprime les diverses durées des sons, comme cela sera expliqué dans la leçon suivante.

86. Chaque note, signe d'un son, représente à la fois, et l'intonation, c'est-à-dire le son même, et la durée de ce son.

87. C'est la place que la note occupe sur la portée, qui en indique l'intonation; c'est la figure de la note qui en indique la durée.

88. Chanter en mesure, c'est donc chanter en donnant à chaque son la durée indiquée par la figure de la note.

Il faut commencer par connaître la valeur de chacune des sept figures de notes. Nous allons les remettre sous vos yeux, en rappeler le nom et en indiquer la valeur.

1	2	3	4	5	6	7
Ronde.	Blanche.	Noire.	Croche.	Double croche.	Triple croche.	Quadruple croche.

Ces figures de notes, ainsi disposées, sont placées dans l'ordre de leur valeur, la ronde étant le signe de la plus grande valeur.

Valeur comparative des figures de notes.

89. Chacune de ces figures de notes a une valeur double de celle de la figure qui la suit. Ainsi :

La ronde ○ vaut deux blanches :

La blanche ♩ vaut deux noires :

La noire ♩ vaut deux croches :

La croche ♪ vaut deux doubles croches :

La double croche ♪ vaut deux triples croches :

La triple croche ♪ vaut deux quadruples croches :

Par conséquent, la ronde, qui vaut *deux* blanches, vaut aussi *quatre* noires, *huit* croches, *seize* doubles croches, *trente-deux* triples croches et *soixante-quatre* quadruples croches.

La blanche, qui vaut *deux* noires, vaut aussi *quatre* croches, *huit* doubles croches, *seize* triples croches et *trente-deux* quadruples croches.

La noire, qui vaut *deux* croches, vaut aussi *quatre* doubles croches, *huit* triples croches, et ainsi de suite.

90. Nous avons dit (8) que lorsque la voix ou l'instrument devait se taire pendant un certain temps, on indiquait cette interruption par des signes nommés *silences*.

91. La durée de ces silences est aussi bien déterminée que celle des notes, et chacune des sept figures de silences correspond, comme durée, à une des sept figures de notes.

Nous allons représenter de nouveau les sept figures de silences, en rappeler le nom et vous faire connaître à quelle figure de note correspond, comme valeur, chacune des figures de silences.

1	2	3	4	5	6	7	
Pause.	Demi-pause.	Soupir.	Demi-soupir.	Quart de soupir.	8ᵉ de soupir.	16ᵉ de soupir.	Valeur comparative des *figures* de *silences*.

92. La pause a la valeur de la ronde.

La demi-pause a la valeur de la blanche.

Le soupir a la valeur de la noire.

Le demi-soupir a la valeur de la croche.

Le quart de soupir a la valeur de la double croche.

Le huitième de soupir a la valeur de la triple croche.

Le seizième de soupir a la valeur de la quadruple croche.

L'exemple ci-dessous met sous les yeux les valeurs comparées des figures de notes et des figures de silences.

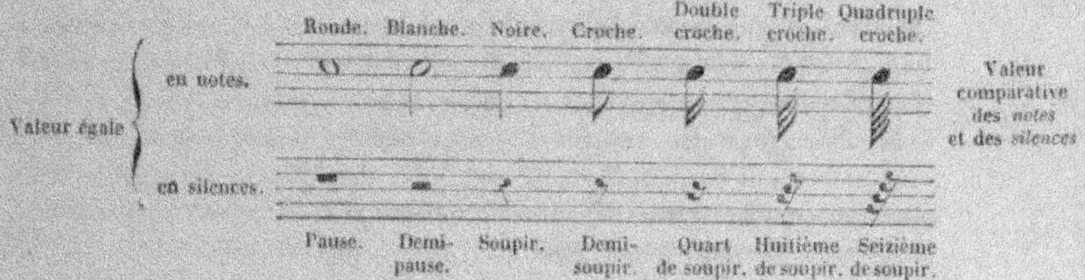

SEIZIÈME LEÇON.

COMMENT ON MESURE LA DURÉE. — LES BARRES DE MESURE. — LES TEMPS.
LE RHYTHME. — LA MESURE. — LE MOUVEMENT.

Vous connaissez la *valeur* des figures de notes et de silences, et le rapport des *silences* avec les *notes*. Mais la *valeur* n'indique pas la *durée*. Vous savez qu'*une ronde* vaut *deux blanches* ou *quatre noires*, — qu'*une blanche* vaut *deux noires*, ou *quatre croches*, — qu'*une noire* vaut *deux croches*, ou *quatre doubles croches*, mais cela ne suffit pas pour savoir donner à chacun de ces signes la *durée* exacte qu'il doit avoir. Nous allons vous apprendre comment, à l'aide de ces signes de *valeur*, on détermine exactement la *durée* de chaque son ou de chaque silence.

93. Vous voyez dans les livres de musique des barres qui coupent la *portée* de haut en bas, de cette façon :

Ces barres se nomment *barres de mesure*.

Barres
de mesure. L'espace compris entre *deux barres de mesure* se nomme *une mesure*, et c'est dans cet espace, entre les deux *barres*, qu'on écrit tous les signes, notes ou silences, quel qu'en soit le nombre, nécessaires pour former l'ensemble de cette *mesure*.

94. On indique par un signe placé au commencement du morceau, après la clef, quelle est la *valeur* que doit contenir chaque mesure. On sait par ce signe, dont nous vous ferons connaître plus tard la forme, si la totalité de chaque *mesure* doit être formée, par exemple, d'une ronde, d'une blanche, ou de toute autre valeur.

Ainsi chaque espace compris entre *deux barres de mesure*, c'est-à-dire chaque *mesure*, contiendra, en notes ou en silences, une quantité égale de *valeurs*. Si c'est une ronde, par exemple, qui doit former la totalité de la *mesure*, chaque *mesure* contiendra, en *notes* ou en *silences*, la valeur d'*une ronde*, c'est-à-dire *deux blanches*, — ou *quatre noires*, — ou bien une *blanche* suivie soit de *deux noires*, soit de *quatre croches*, soit d'*une demi-pause*, soit d'*une noire* et d'*un soupir*, — ou enfin toute autre combinaison de notes et de silences qui peut former la valeur d'*une ronde*.

95. Toutes les *mesures* d'un chant étant composées, en notes ou en silences, d'une somme égale de valeurs, chacune de ces mesures devra avoir une *durée* égale.

Un morceau de musique est donc divisé en mesures dont chacune renferme une même somme de *valeurs*, et qui doivent par conséquent avoir toutes une *durée* égale.

Le *temps*. 96. Chaque mesure est à son tour divisée en parties d'égale valeur et d'égale durée, et chacune de ces parties forme ce qu'on nomme un *temps*.

97. Cette division de la mesure en parties d'égale durée, en parties symétri- *Le rhythme.*
ques, forme ce qu'on appelle le *rhythme.*

Le *rhythme* est par conséquent le partage de la mesure en parties symé-
triques et d'égale durée (a).

Observation.

[Le mot *mesure* a en musique deux significations ; il signifie l'ensemble des *La mesure.*
signes, notes ou silences, compris entre deux barres de *mesure*, et qui forme
une *mesure* (93), et on l'emploie aussi pour exprimer, en général, la division
régulière du temps. On peut dire, par exemple : dans telle *mesure* de tel morceau, vous n'avez pas été en *mesure*.]

98. La *mesure*, le *rhythme*, se font facilement sentir, et on leur obéit natu- *La mesure,*
rellement. Les soldats marchent en *mesure*. Le tambour ou la musique militaire *le rhythme.*
marquent le *pas*, qui est la *mesure* de la marche des soldats ; on danse en
mesure. La mesure, c'est l'*ordre* dans le temps.

99. Mais pour que cet ordre soit bien établi, pour que tous les sons d'égale
valeur aient une *durée* égale, pour que l'erreur ne soit pas possible, il faut
que la mesure soit marquée par des signes, ou visibles, ou sensibles à l'oreille.

Ainsi, dans la marche des soldats, le tambour, comme nous venons de le
dire, *bat la mesure*, et l'oreille est le seul guide de la mesure.

100. Pour le chant, comme pour toute espèce de musique d'ensemble, le
maître de musique ou le chef d'orchestre indique la *mesure* par des signes de
la main ; c'est ce qu'on appelle *battre la mesure.*

101. Pour *battre la mesure*, on indique par un geste, par un signe de la
main, la division de chaque *mesure* en *temps*.

102. Ainsi, *battre la mesure*, c'est indiquer la durée de chaque *temps* par
un signe de la main.

Le *chef d'orchestre*, ou le *maître de musique*, fait donc, pour chaque mesure,
autant de signes de la main que la mesure contient de *temps* (b).

103. Il est facile de remarquer que tous les airs ne se chantent pas avec le
même degré de vitesse ; il y a des airs qui se chantent lentement, d'autres se
chantent vite.

Pour les airs qui doivent se chanter lentement, les mouvements de la main,
en battant la mesure, sont lents ; les *temps*, dans leur succession, ne sont pas
très rapprochés les uns des autres ; chaque *temps*, par conséquent, peut avoir
une durée assez longue.

Pour les airs qui doivent s'exécuter rapidement, les mouvements de la main

(a) Cette définition générale du rhythme en donne une notion suffisante, et convient à la première instruction des élèves. (Voyez plus loin, 17ᵉ leçon, 120.)

(b) Il est nécessaire que l'élève en étudiant, soit seul, soit en présence du maître, batte la mesure,
pour bien se rendre compte de la division des temps.

sont rapides, les *temps* sont plus rapprochés, plus serrés : le *temps*, par conséquent, a une durée moindre que dans les airs chantés lentement.

Le mouvement. 104. Ce degré de lenteur ou de vitesse dans la mesure constitue ce qu'on appelle en musique le *mouvement*.

105. On indique le *mouvement*, c'est-à-dire le degré de lenteur ou de vitesse qu'il faudra donner à l'exécution d'un morceau, par un ou plusieurs mots placés à la tête du morceau.

106. On se sert généralement des mots suivants :

Mots servant à indiquer les divers mouvements *Lent, modéré, vite, très vite.*

Ou bien on emploie des mots italiens, dont voici les plus usités :

Largo, larghetto, lento, adagio, qui signifient *largement, lentement, posément.*

Moderato, andante, andantino, qui tous trois indiquent un mouvement modéré.

Allegro, presto, prestissimo, qui signifient *animé, vite, très vite* (*a*).

107. Ce n'est donc que par la connaissance du *mouvement* indiqué au commencement du morceau, que l'on sait quel degré de lenteur ou de vitesse on doit donner à chaque *temps*, et que l'on arrive à donner à chaque figure de note ou de silence la *durée* qu'elle doit avoir.

Ainsi, pour résumer cette leçon :

108. Les chants se divisent en *mesures*, contenant toutes une somme égale de valeurs.

Chaque *mesure* se divise en *temps*.

Le *mouvement* est l'allure de la *mesure* et règle la durée de chaque *temps*, et par conséquent celle de la *mesure*.

Chanter en mesure, c'est donc, en donnant à chaque note la juste intonation, donner à chaque *figure* une *durée* conforme à la division des *temps* et au *mouvement* indiqué au commencement du morceau.

____

(*a*) On emploie aussi pour l'indication du *mouvement* un instrument nommé *métronome*, qui bat la mesure au moyen d'un mécanisme.

DIX-SEPTIÈME LEÇON·

DIFFÉRENTES ESPÈCES DE MESURES. — MESURE A QUATRE TEMPS.

Vous savez donc que tout morceau de musique se divise en *mesures*, toute *mesure* en *temps*, et que le *mouvement*, en indiquant l'allure de la *mesure*, indique la *durée* de chaque *temps*, et par conséquent celle de chacune des figures de notes ou de silences.

109. Il y a plusieurs espèces de mesures, qui diffèrent par le nombre de *temps* qui caractérise chaque espèce.

110. La mesure peut se diviser en deux, en trois ou en quatre temps.

Il y a donc trois espèces de mesures, la mesure à *deux temps*, ou *binaire*, — la mesure à *trois temps*, ou *ternaire*, — la mesure à *quatre temps*, ou *quaternaire*. *(Trois espèces de mesures.)*

111. Un signe placé au commencement du morceau (94) fait connaître l'espèce de la mesure, c'est-à-dire qu'il indique si la mesure est — *binaire*, — *ternaire*, — ou *quaternaire*. Il indique aussi la somme des valeurs nécessaires pour former chaque mesure.

(Voyez plus loin, 19ᵉ leçon, 139. Observation.)

Observation.

[Il ne devrait y avoir en réalité que deux espèces de mesures, la mesure à *deux temps* et la mesure à *trois temps*, la mesure à *quatre temps* n'étant qu'un multiple de la mesure à *deux temps*. Mais on emploie les trois espèces. Nous étudierons d'abord la mesure à *quatre temps*; puis celle à *deux temps*, à cause de sa parenté avec la précédente; puis la mesure à *trois temps*.]

MESURE A QUATRE TEMPS.

112. On indique la mesure à *quatre temps* par un $\frac{4}{4}$ placé après la clef, ou par ce signe C *(Comment on indique et comment on bat la mesure à quatre temps.)*

113. On bat la mesure à *quatre temps* de la manière suivante:

1° On indique le *premier temps* en frappant légèrement de la main droite sur la main gauche.

2° Le *second temps* s'indique en portant la main droite à gauche, à la hauteur de la poitrine.

3° Le *troisième*, en dirigeant la main droite horizontalement du côté droit.

4° Le *quatrième*, en levant la main droite.

La main gauche doit rester immobile.

114. Une ronde remplit la totalité de cette mesure.

Ce que doit contenir une mesure à quatre temps.

Par conséquent, chaque mesure d'un chant précédé d'un de ces deux signes 𝄴 ou C, contiendra en notes ou en silences la valeur d'une ronde, c'est-à-dire *deux blanches,* — ou *quatre noires,* — ou *huit croches,* — ou *seize doubles croches,* etc., ou enfin un mélange de ces différentes valeurs combinées soit entre elles, soit avec des silences, de manière à ne former ni plus ni moins qu'une ronde *(a)*.

115. La *pause,* qui est le silence correspondant à la *ronde,* remplit aussi la totalité de cette mesure, c'est-à-dire qu'une *pause* indique un silence de *quatre temps,* ou d'une mesure entière.

La *demi-pause,* silence qui correspond à la *blanche,* indique le silence de *deux temps;* — le *soupir,* le silence d'un *temps;* — le *demi-soupir,* le silence d'une *croche,* etc.

116. Ainsi, si l'on veut remplir la totalité d'une mesure à *quatre temps* par un seul son, on écrit une *ronde,* et en chantant ou en jouant d'un instrument, on soutient ce son pendant les quatre temps de la mesure.

EXEMPLE DE RONDES PRÉCÉDÉES D'UNE PAUSE, SILENCE CORRESPONDANT.

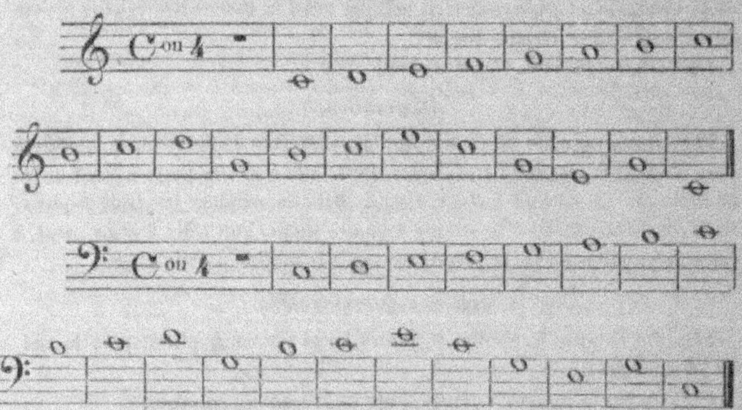

(a) Les diverses combinaisons de valeurs qui peuvent remplir la totalité de la mesure sont susceptibles d'une grande variété. Le rapport de toutes ces valeurs partielles avec l'unité totale qu'elles représentent peut se comparer très exactement à celui qui existe entre une pièce d'or ou d'argent et les diverses pièces de monnaie d'une valeur inférieure dont l'addition équivaut à la valeur totale de cette pièce. Ainsi les blanches, les noires, les croches, les doubles croches, etc..., sont véritablement la *monnaie* de la ronde. Une ronde vaut quatre noires, comme une pièce de 20 francs vaut quatre pièces de 5 francs.

Chacune de ces rondes devra être soutenue pendant les quatre temps qui forment la mesure, suivant le degré de vitesse nécessité par le mot indicateur du mouvement.

Observation.

[Il sera bon d'exécuter cet exemple et les suivants en employant successivement les mouvements: *larghetto* ou *adagio* (lent), *moderato* ou *andante* (modéré), *allegro* (animé), *presto* (vite).]

117. Si un son ne doit remplir que *deux temps*, ou la moitié de la mesure, il sera représenté par une *blanche*. Deux *blanches* formeront la totalité de la mesure.

EXEMPLE DE BLANCHES PRÉCÉDÉES ET SUIVIES D'UNE DEMI-PAUSE.
SILENCE CORRESPONDANT.

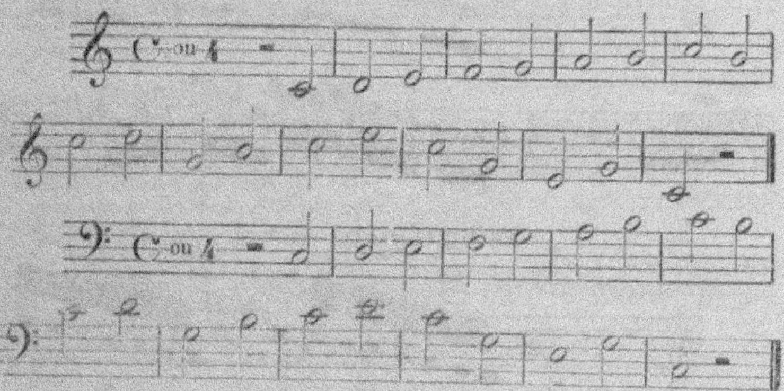

118. On écrira par une *noire* le son qui devra ne remplir qu'*un temps*. Quatre *noires* formeront la totalité de la mesure.

EXEMPLE DE NOIRES PRÉCÉDÉES ET SUIVIES D'UN SOUPIR, SILENCE CORRESPONDANT.

119. Enfin le *temps* même se subdivisera en deux *croches*, ou en quatre *doubles croches*, etc.

EXEMPLE DE CROCHES ET DE DOUBLES CROCHES.

Larghetto, ou *adagio.*
Puis *moderato* ou *andante.*
Puis *allegro.*

EXEMPLE DE TRIPLES CROCHES.

Adagio.

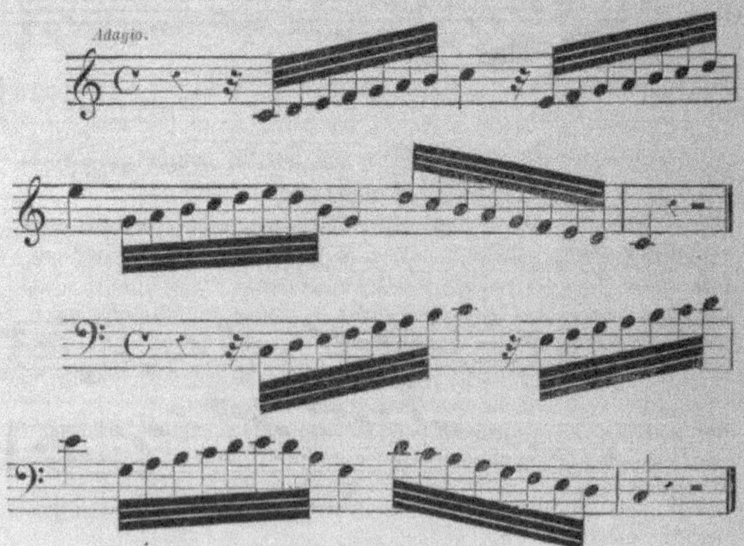

EXEMPLE COMPOSÉ DE DIVERSES VALEURS.

OBSERVATIONS SUR LES TEMPS.

TEMPS FORTS, TEMPS FAIBLES. — PARTIES FORTES ET FAIBLES DU TEMPS. — CONTRE-TEMPS.

120. Dans toutes les espèces de mesures, à quatre temps, à trois temps ou à deux temps, il y a des *temps forts* et des *temps faibles*.

On nomme *temps fort* le premier temps de chaque mesure, parce qu'on accentue presque toujours ce temps un peu plus *fortement* que les autres, pour bien faire sentir le *rhythme*; ou plutôt, parce que l'influence du *rhythme* se fait ainsi sentir naturellement et presque involontairement. *(Temps forts, temps faibles.)*

Car le *rhythme* est l'*accentuation* de la mesure; bien exprimé, il en augmente la puissance, en faisant comprendre et sentir toute la valeur des *temps*. *(Influence du rhythme.)*

Le *premier temps* de chaque mesure se nomme donc toujours le *temps fort*.

Dans la mesure à *quatre temps*, outre le premier temps, qui est le *temps fort* par excellence, il y a un autre *temps fort*, c'est le troisième temps.

Le deuxième et le quatrième temps sont les *temps faibles*.

Exemple :

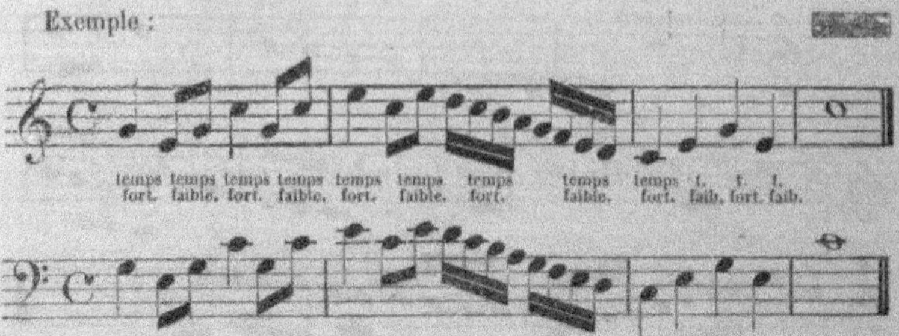

On distingue aussi dans chaque temps une *partie forte* et une *partie faible*. La première moitié du temps est la *partie forte*, la deuxième moitié est la *partie faible*. Ainsi, dans un temps formé de deux croches, la première croche est la *partie forte*, la deuxième croche sera la *partie faible*.

La deuxième partie d'un temps se nomme aussi le *contre-temps*.

Il arrive quelquefois que les notes du chant n'occupent que les *contre-temps* d'une mesure, c'est-à-dire qu'elles sont placées sur la *deuxième moitié* des temps. La première moitié est alors occupée par un silence.

Exemple :

[Après l'étude de chacune de ces leçons et des exemples qui y sont compris, le maître fera étudier aux élèves les exercices en mesure à quatre temps qui suivent cette 3ᵉ partie. (De la planche XI à la planche XVII).)]

————————

DIX-HUITIÈME LEÇON.

LA LIAISON OU SYNCOPE. — LE POINT.

121. Avant de passer à l'étude des autres mesures, il est nécessaire de vous parler de deux signes dont l'usage est fréquent dans toutes les espèces de mesures. Nous allons en faire connaître le nom, la figure et l'emploi.

Le premier de ces signes est la *liaison* ou *syncope*.

Le second est le *point*.

La *liaison* ou *syncope* se figure ainsi   lorsqu'elle est placée au-dessus des notes, et de cette manière   lorsqu'elle se trouve au-dessous des notes.

Le *point* se figure comme le point ordinaire.

Nous allons faire connaître l'emploi de ces deux signes.

Figure
de la *liaison*
ou *syncope*
et
du *point*.

LA LIAISON OU SYNCOPE.

122. Dans la mesure à *quatre temps*, que nous venons d'étudier, on écrit facilement les sons qui doivent remplir une mesure entière, c'est-à-dire durer quatre temps ; une ronde remplit cette durée.

On écrit facilement les sons qui doivent durer deux temps ; une blanche remplit cette durée.

De même, à l'aide de la noire, de la croche, de la double croche, etc., on écrit les sons qui doivent durer un temps, un demi-temps, un quart de temps, etc.

Mais ces différents signes de valeur, ronde, blanche, noire, etc., ne donnent pas le moyen d'écrire un son qui devrait durer trois temps, — ou deux temps et une fraction de temps, — ou un temps et une fraction de temps.

Il ne donne pas non plus le moyen d'écrire un son qui devrait dépasser la durée d'une mesure, car il arrive souvent qu'un son doit être soutenu pendant plusieurs mesures, — ou pendant une mesure et une fraction de la mesure suivante, comme par exemple pendant cinq temps, c'est-à-dire une mesure un quart, — ou pendant six temps, c'est-à-dire une mesure et demie, etc.

La *liaison* ou *syncope* donne le moyen d'écrire ces différentes combinaisons de valeurs.

123. Toutes les fois que la figure de la *liaison* ou *syncope* est placée entre deux notes portant le même nom, cette figure indique qu'il faut *lier* ces deux notes,

c'est-à-dire soutenir le son sans nommer la seconde note , quelle que soit la valeur des notes. Exemple :

Dans les deux premières mesures, marquées 1, 2, le premier, *do*, ronde, valant quatre temps, est lié à un *do*, blanche, valant deux temps ; par conséquent, il faudra soutenir pendant une mesure et demie, c'est-à-dire pendant *six temps*, ce son *do*, sans nommer le second *do*.

La liaison qui s'étend du *fa*, ronde, lequel remplit la troisième mesure, au *fa*, noire, commençant la quatrième mesure, indique que ce son *fa* devra être soutenu pendant une mesure un quart, c'est-à-dire pendant *cinq temps*.

Dans la cinquième mesure, le *la*, blanche, est lié à un *la*, noire ; le *la* devra donc être soutenu pendant *trois temps*.

Les deux *si*, noires, dont l'un termine la cinquième mesure, et dont l'autre commence la sixième mesure, devront être soutenus pendant deux temps sans nommer le second *si*. Il en est de même pour les deux *do* qui se trouvent dans la sixième mesure. Dans la septième mesure, le *sol*, blanche, est lié à un *sol*, croche ; ce *sol* devra donc être soutenu pendant *deux temps et demi*.

Dans la huitième mesure, les deux *ré*, les deux *do*, les deux *si*, croches, devront être soutenus pendant leur valeur de deux croches, c'est-à-dire pendant deux demi-temps, sans nommer la seconde note.

Dans la neuvième mesure, le *sol*, noire, lié à un *sol*, double croche, le *si*, noire, aussi lié à un *si*, double croche, dureront un *temps un quart*.

Il en est de même des notes liées dans la dixième mesure.

Observation.

[Les deux *do*, noires, liés dans la sixième mesure, du deuxième au troisième temps, auront ensemble la valeur d'une blanche, puisque deux noires valent une blanche. Ces deux *do* auront donc la durée d'une blanche.

On peut par conséquent écrire cette sixième mesure de la manière suivante, sans employer le signe de la liaison :

A.

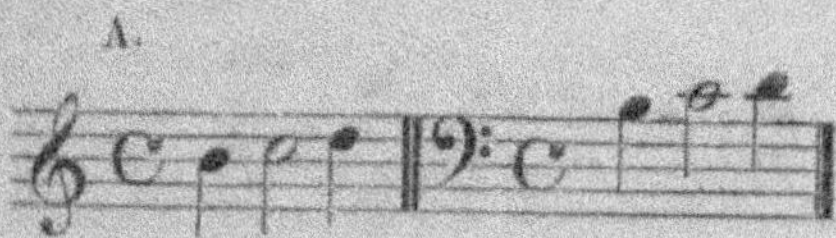

De même, les deux croches liées dans la huitième mesure, du premier au deuxième temps, du deuxième au troisième, et du troisième au quatrième temps, auront ensemble la valeur d'une noire, puisque deux croches valent une noire. Les deux *ré*, les deux *ut*, les deux *si*, auront donc la durée d'une noire.

On peut aussi, par conséquent, écrire cette huitième mesure de la manière suivante, sans employer le signe de la liaison :

B.

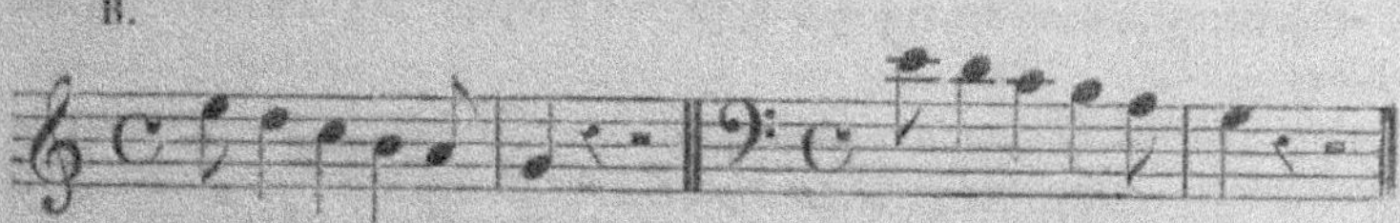

On voit bien dans cette mesure ainsi écrite que la première moitié du *ré*, noire, appartient au premier temps et le complète ; la seconde moitié de ce même *ré* commence le deuxième temps, qui est complété par la première moitié du *do*, et ainsi de suite. L'effet est donc le même que dans la première manière, que nous reproduisons.

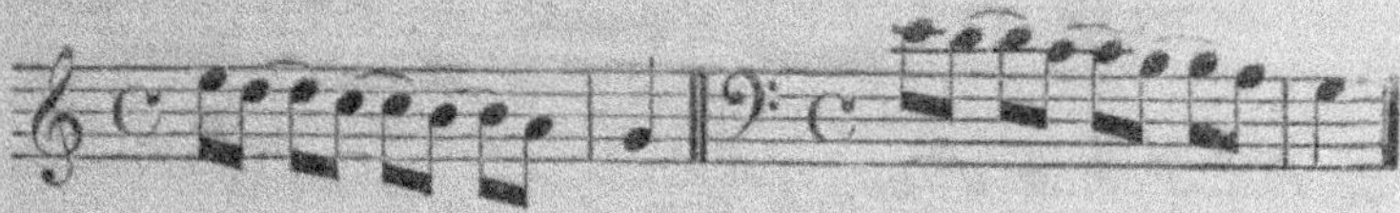

Quoique le signe de la liaison ne soit pas employé dans les exemples A et B, les notes ainsi écrites ne sont pas moins nommées *liées* ou *syncopées*, parce que l'effet produit est le même que si on l'eût employé.]

124. En général, on dit que les notes sont *liées* quand la liaison part d'un temps fort.

Quand la liaison part d'un temps faible, les notes sont plutôt nommées *syncopées*.

125. On rencontre fréquemment des suites de blanches syncopées, remplaçant deux noires liées, et de noires syncopées remplaçant deux croches liées, comme dans les exemples A et B, qui se prolongent pendant plusieurs mesures :

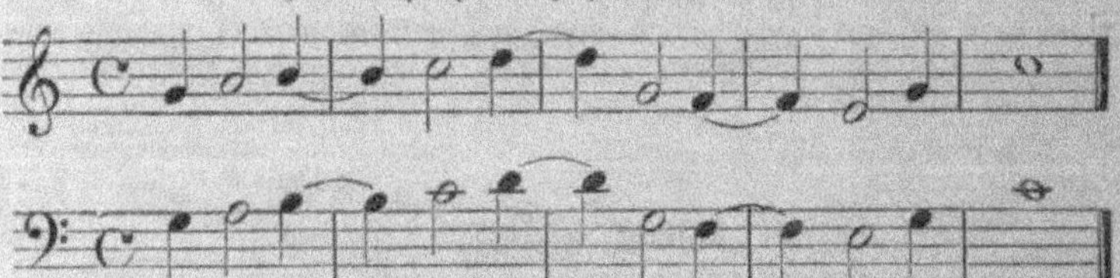

On rencontre aussi des *syncopes* de croches remplaçant deux doubles croches liées :

Chacune des croches de cet exemple remplace deux doubles croches liées, comme on le voit dans l'exemple ci-après, qui est le même passage écrit en doubles croches liées.

(Comme ce passage est assez difficile, il sera bon de le lire d'abord en nommant toutes les notes, pour avoir une idée juste de la valeur que doivent avoir les doubles croches liées.)

126. Souvent la durée d'un son nécessite l'emploi de plusieurs *liaisons*. Par exemple, un son qui devra durer *sept temps* aura besoin de deux liaisons :

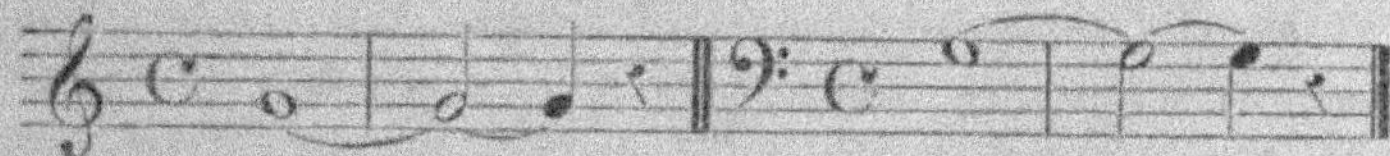

Si le son doit être soutenu pendant plusieurs mesures, il faut autant de *liaisons* qu'il y a de mesures.

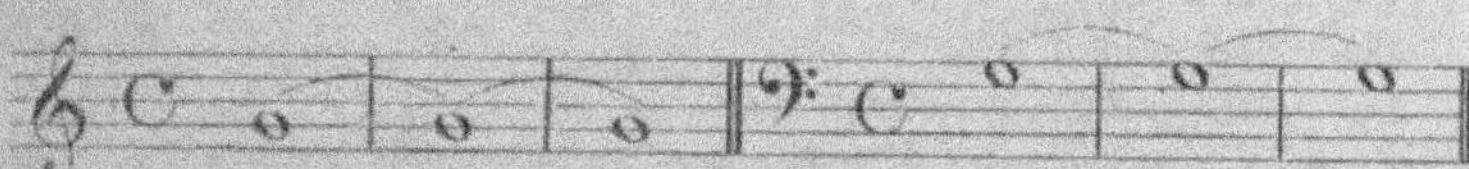

127. Un son ainsi soutenu pendant plusieurs mesures forme ce qu'on nomme une *tenue*. On rencontre des tenues de quatre, cinq, six mesures, et d'un plus grand nombre encore.

Les exemples que nous venons de donner sont écrits en mesure à quatre temps, parce que c'est la seule qui vous soit connue; mais la *liaison* ou *syncope* est employée dans toutes les espèces de mesures.

128. On trouve souvent le signe de la liaison ⌒ sur une suite de notes différentes. Dans ce cas il indique qu'il faut, en passant d'une note à l'autre,

soutenir le son de la voix ou de l'instrument, et bien *lier* entre eux ces sons différents : ainsi employé, ce signe se nomme toujours *liaison* ou *coulé*, et jamais *syncope*, ce dernier mot étant réservé exclusivement aux sons semblables qu'il faut soutenir sans les nommer de nouveau, et surtout aux liaisons qui partent d'un temps faible, comme il a été dit (123).

Exemple d'un chant lié :

Modrato.

(Le maître exécutera ce chant avec la voix ou sur un instrument, en liant bien les sons.)

Nous allons maintenant parler de l'emploi du *point*.

LE POINT.

129. Le *point* se figure comme le point ordinaire (121) et se place après une note, pour indiquer que cette note doit être augmentée de la moitié de sa valeur. Ainsi, par exemple, une blanche, qui vaut deux noires, étant pointée, vaudra une noire de plus.

Valeur du point.

Par conséquent, une ronde pointée vaut trois blanches.

Une blanche pointée, trois noires.

Une ronde pointée, trois crochns.

Une croche pointée, trois doubles croches, etc.

Le *point* prolonge le son et produit le même effet que la liaison.

Le *point* est donc une abréviation de la liaison, mais seulement dans le cas où une note doit être augmentée de la moitié de sa valeur.

Ainsi, si l'on veut représenter un son d'une valeur de trois noires, il n'est pas nécessaire d'écrire une blanche suivie d'une noire, et unie à cette noire par une liaison, comme dans la cinquième mesure de l'exemple, page 50 ; il suffit d'écrire une blanche suivie d'un point.

On peut employer le point d'une mesure à l'autre.

NOTES POINTÉES.

Rondes pointées.

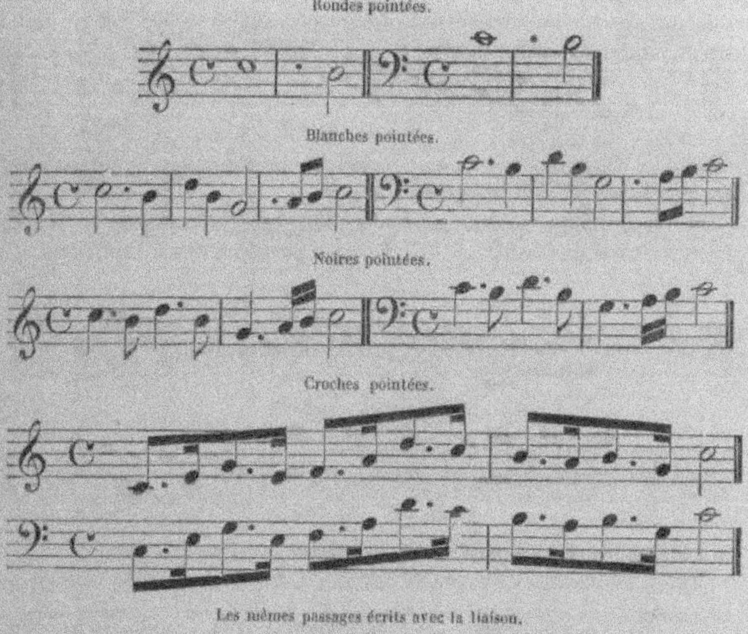

Blanches pointées.

Noires pointées.

Croches pointées.

Les mêmes passages écrits avec la liaison.

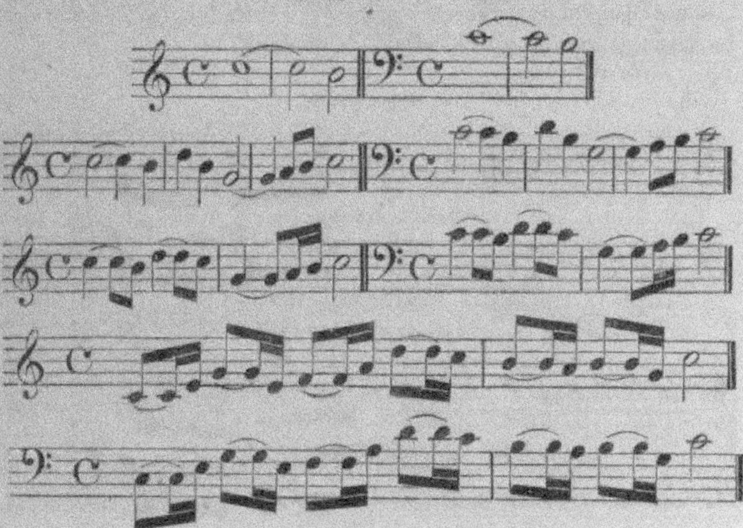

130. Le *point* se trouve quelquefois *pointé* par un second *point*. La règle est toujours la même ; le second point vaut la moitié de la valeur du premier point. Exemple :

Dans les deux premières mesures, le premier point vaut une noire ; par conséquent, le second vaut une croche.

Dans la troisième mesure, le premier point valant une croche, le second point vaut une double croche. Voici le même passage écrit avec la *liaison*.

131. On peut aussi pointer quelques silences.

Il n'est pas d'usage de pointer la pause, ni la demi-pause, ni le soupir ; mais on pointe le demi-soupir et le quart de soupir. La règle est toujours la même ; le point vaut la moitié de la valeur du silence ; ainsi le demi-soupir pointé vaut un demi-soupir et un quart de soupir, etc. Exemple :

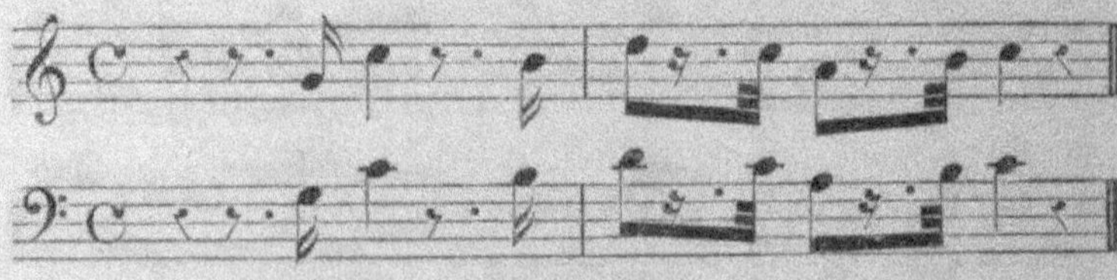

EXEMPLES DE NOTES ET DE SILENCES POINTÉS.

Moderato.

(Le maître exercera les élèves par l'étude des leçons sur l'emploi de la liaison, de la syncope et du point. Planches XVIII et XIX.)

132. On trouve quelquefois des points *au-dessus* ou *au-dessous* des notes. Dans ce cas les points ont un effet tout à fait contraire à celui de la liaison qui accompagne une suite de notes différentes (128). Il indique qu'au lieu de soutenir les sons, il faut les bien *détacher* les uns des autres. Exemple :

Ce passage doit être exécuté en détachant les notes les unes des autres, comme s'il était écrit de la manière suivante :

Nous allons continuer l'étude des diverses mesures.

DIX-NEUVIÈME LEÇON.

MESURE BINAIRE OU A DEUX TEMPS.

Vous venez d'étudier la mesure qui se divise en *quatre temps;* vous avez appris que chacun de ces temps a la valeur d'une noire, et que, par conséquent, une mesure entière à *quatre temps* se compose de quatre noires, ou de tout ce qui équivaut, en notes ou en silences, à la valeur d'une ronde.

Vous avez appris aussi l'usage du signe nommé *liaison* ou *syncope*, qui donne le moyen d'écrire les *tenues* et les *durées* que l'on ne saurait indiquer par le seul emploi des signes ordinaires de valeur.

Et l'usage du *point*, dont l'emploi, analogue à celui de la *liaison*, prolonge une note de la moitié de sa valeur.

Et vous savez que ces deux signes, la *liaison* et le *point*, s'emploient dans toute espèce de mesure.

Il faut maintenant continuer l'étude des autres mesures et passer à la mesure *binaire* ou à *deux temps*, en se rappelant ce qui a été dit dans l'*observation* qui vient à la suite de l'article 111.

133. Il y a deux manières d'écrire la mesure à deux temps.

134. L'une consiste à employer, pour former une mesure à deux temps, la même somme de valeurs que pour une mesure à *quatre temps;* au lieu de diviser ces valeurs en *quatre temps*, on les divise en *deux*.

Dans cette mesure, nommée mesure à *deux temps*, la *blanche* ne vaut donc qu'un seul temps; la *ronde* remplit la totalité de la mesure, et vaut *deux temps*.

Toute musique écrite à *quatre temps* peut se battre à *deux temps*, en réunissant, pour ne former qu'un seul temps, les valeurs qui en forment deux dans la mesure à *quatre temps*.

La mesure à *quatre temps* et la mesure à *deux temps* ne diffèrent donc que par la manière de *battre* la mesure.

On n'emploie, en général, la mesure à *deux temps* que lorsque le mouvement du morceau est rapide, pour éviter que l'indication des temps ne devienne confuse à cause de la rapidité.

135. L'autre manière consiste à employer, pour former une mesure à *deux temps*, la moitié des valeurs contenues dans une mesure à *quatre temps*.

Dans cette sorte de mesure, nommée mesure à *deux-quatre* ou à *deux quarts*, chaque temps se compose d'une *noire*, comme dans la mesure à *quatre temps*, et la *blanche* remplit la totalité de la mesure.

Une mesure à *quatre temps* peut former deux mesures à *deux quarts*, par le placement d'une barre de mesure après le second temps.

136. Ces deux sortes de mesures à *deux temps* se battent de la manière suivante :

1° On frappe le *premier temps;*

2° On lève la main pour le *second temps*.

Nous allons étudier ces deux sortes de mesures et en donner des exemples.

Mesure nommée mesure à deux temps.

137. On indique la mesure à deux temps par le signe suivant ☰𝄴☰, ou par le chiffre 2 placé sur la portée.

138. Comme nous venons de le dire (134), cette mesure est composée des mêmes valeurs que la mesure à *quatre temps* : une ronde, ou la valeur d'une ronde en notes ou en silences, remplit une mesure ; chacun des temps comprend une *blanche*, ou la valeur d'une *blanche* en notes ou en silences.

Les exemples de lecture que nous avons donnés précédemment pour la mesure à quatre temps peuvent servir d'exemples pour la mesure à deux temps, puisque toute musique écrite à quatre temps peut se battre à deux temps, en réunissant, pour ne former qu'un seul temps, les valeurs qui en forment deux dans la mesure à quatre temps (134).

Nous ajouterons cependant un nouvel exemple aux exemples que nous venons d'indiquer.

EXEMPLE DE LECTURE EN MESURE A DEUX TEMPS.

(Le maître fera remarquer que les *liaisons*, qui dans cet exemple et dans les exemples suivants s'étendent sur plusieurs mesures, indiquent qu'il faut *lier les sons* par une émission soutenue de la voix (128). Ces liaisons sont distinctes des *liaisons* ou *syncopes* placées entre deux notes semblables et ne changent rien à l'effet que celles-ci doivent produire.)

Mesure à deux quarts, dite deux-quatre.

139. On indique cette mesure par les chiffres 2 et 4 disposés de cette manière : $\frac{2}{4}$

Observation.

[Lorsque deux chiffres sont employés pour l'indication de la mesure, le chiffre inférieur représente une fraction de la ronde, parce qu'il est sous-entendu que la ronde est l'unité qui règle la composition des mesures. Le chiffre supérieur indique combien de fois cette fraction de ronde est contenue dans une mesure.

Ainsi, cette indication $\frac{2}{4}$ signifie *deux quarts de la ronde*, c'est-à-dire deux noires, et exprime bien la composition de cette espèce de mesure.]

140. Une blanche, ou la valeur d'une blanche, remplit une mesure : chacun des temps comprend une noire, ou sa valeur, en notes ou en silences.

Observations sur l'emploi de la pause.

[Dans toute espèce de mesure, les *silences* conservent la valeur qui leur est attribuée, la demi pause valant toujours une blanche, le soupir une noire, etc.

La pause seule est exceptée de cette règle; dans toutes les espèces de mesures, elle vaut une mesure, et elle indique que l'exécutant doit se taire pendant toute la durée de la mesure qu'elle occupe.]

EXEMPLE DE LECTURE EN MESURE A DEUX-QUATRE.

(Le maître (116, obs.) fera toujours chanter les exemples, ainsi que les exercices et les leçons qui suivent chaque partie, d'un mouvement lent d'abord, puis il augmentera progressivement la rapidité du mouvement. — Les points placés dans ce dernier exemple au-dessus et au-dessous des notes, indiquent qu'il faut *détacher* ces notes les unes des autres (132).

VINGTIÈME LEÇON.

MESURE TERNAIRE OU A TROIS TEMPS.

141. On bat la mesure *ternaire*, ou à *trois temps*, de la manière suivante :

1° On frappe le *premier temps;*

2° Pour le *second temps*, on dirige la main vers la droite ;

3° On lève la main pour le *troisième temps*.

142. Il y a deux manières d'écrire la mesure à trois temps.

La plus ordinaire consiste à donner à chaque temps la valeur d'une noire, comme cela a lieu dans la mesure à *quatre temps*, et dans la mesure à *deux quarts*.

143. Cette mesure, qu'on nomme mesure à *trois temps*, ou mesure à *trois-quatre* ou à *trois quarts*, s'indique au commencement du morceau par le chiffre 3 placé sur la portée.

On place ordinairement, au-dessous de ce 3 le chiffre 4, de cette manière : $\frac{3}{4}$. Ces chiffres, ainsi disposés, expriment bien la composition de cette mesure, puisqu'ils signifient (130, obs.) *trois quarts* de la ronde, ou trois noires.

144. L'autre manière consiste à ne donner à chaque temps que la valeur d'une croche.

Cette mesure, nommée mesure à *trois-huit*, s'indique par un 3 placé au-dessus d'un 8, de cette façon : $\frac{3}{8}$; ce qui veut dire *trois huitièmes* de la ronde, ou trois croches.

Une mesure de cette espèce ne contient donc que la moitié des valeurs nécessaires pour former une mesure à *trois-quatre*.

145. Malgré cette différence dans leur composition, ces deux mesures n'offrent aucune différence à l'oreille de l'auditeur. Il est impossible , si l'on n'a pas la musique sous les yeux, de savoir si un morceau est écrit en mesure à $\frac{3}{4}$ ou en mesure à $\frac{3}{8}$ (a). Il faut cependant les connaître toutes deux, parce qu'on rencontre l'une et l'autre.

Mesure à trois quarts, dite trois-quatre.

146. Cette mesure étant composée (143) d'une noire pour chaque temps, la totalité de la mesure est composée d'une *blanche pointée*, laquelle vaut trois noires, puisque la blanche est augmentée de la moitié de sa valeur par l'addition d'un point (129).

On peut remarquer que l'emploi du point est d'une grande utilité dans les mesures *ternaires*, et que l'usage en est fréquent.

(a) Cette observation s'applique également aux mesures à deux temps et à deux-quatre.

Chaque mesure d'un morceau dont la clef est suivie du chiffre 3, ou des deux chiffres $\frac{3}{4}$, contient, en notes ou en silences, la valeur de trois noires ou d'une blanche pointée.

Nous rappellerons encore (140, obs.), que la *pause*, dans la mesure ternaire, comme dans les autres mesures, est le silence d'*une mesure*.

EXEMPLE DE LECTURE EN MESURE A TROIS-QUATRE.

Mesure à trois-huit.

147. Cette mesure étant composée (144) d'une croche pour chaque temps, la totalité de la mesure est composée d'une *noire pointée*, qui vaut trois croches, puisque la noire est augmentée de la moitié de sa valeur, par l'addition d'un point (129).

Chaque mesure d'un morceau dont la clef est suivie des deux chiffres $\frac{3}{8}$ contiendra, en notes ou en silences, la valeur de trois croches, ou d'une noire pointée.

(a) Il n'est pas d'usage, dans la mesure à trois-quatre, d'employer la demi-pause pour exprimer un silence de deux temps; on se sert de préférence de deux soupirs, comme on le voit dans cet exemple.

L'exemple que nous venons de donner pour la mesure à $\frac{3}{4}$ servira d'exemple pour la mesure à $\frac{3}{8}$, en réduisant toutes les valeurs de moitié.

VINGT ET UNIÈME LEÇON.

MESURES SIMPLES, — MESURES COMPOSÉES.

MESURES SIMPLES.

Vous connaissez et vous avez appris à lire cinq sortes de mesures différentes, c'est-à-dire :

1° La mesure à quatre temps.

Dans laquelle chaque temps est représenté par une noire ou par la valeur d'une noire. Une ronde ou la valeur d'une ronde remplit la totalité de cette mesure, qu'on indique au commencement du morceau par le chiffre 4 ou par le signe

2° Les deux mesures à deux temps.

L'une, formée des mêmes valeurs que la mesure à quatre temps, emploie la blanche ou la valeur d'une blanche pour représenter un temps. Une ronde ou la valeur d'une ronde remplit aussi la totalité de cette mesure, indiquée au commencement du morceau par le chiffre 2 ou par le signe

L'autre, formée seulement de la moitié d'une mesure à quatre temps, emploie, comme celle-ci, une noire ou la valeur d'une noire pour représenter un temps. Une blanche ou la valeur d'une blanche remplit la totalité de cette mesure, qu'on indique au commencement du morceau par les chiffres $\frac{2}{4}$.

3° Les deux mesures à trois temps.

Dans l'une, comme dans la mesure à quatre temps, et comme dans la mesure à $\frac{2}{4}$, le temps est représenté par une noire ou par la valeur d'une noire. Une blanche pointée ou la valeur d'une blanche pointée remplit la totalité de cette mesure, qu'on indique au commencement du morceau par le chiffre 3 ou par les deux chiffres $\frac{3}{4}$.

Dans l'autre mesure à trois temps, le temps n'est représenté que par la valeur d'une croche. Une noire pointée ou la valeur d'une noire pointée remplit la totalité de cette mesure, qu'on indique par les deux chiffres $\frac{3}{8}$.

148. Nous devons maintenant faire remarquer que dans ces différentes mesures, le temps est représenté par une des figures de notes qui servent de *diviseurs* à la ronde.

Ainsi, dans la mesure à deux temps   ou 2, le temps est formé d'une blanche, *moitié* de la ronde.

Dans les mesures à quatre temps, à $\frac{3}{4}$ ou à $\frac{2}{4}$, le temps est formé d'une *noire*, *quart* de la ronde.

Enfin, dans la mesure à $\frac{3}{8}$, le temps est formé d'une *croche*, *huitième* de la ronde.

Par conséquent, dans ces mesures, chaque temps se divise naturellement en deux, en quatre, en huit parties égales, puisque le temps formé d'une blanche se divise en deux noires, quatre croches, huit doubles croches, etc. ;

Le temps formé d'une noire, en deux croches, quatre doubles croches, etc.;

Le temps formé d'une croche, en deux doubles croches, quatre triples croches, etc. ;

Dans ces *cinq* espèces de mesures, c'est donc le nombre *deux* qui sert de diviseur pour chaque temps.

149. Mais il est d'autres mesures dans lesquelles le *temps*, au lieu de se diviser en deux parties égales, est formé de trois notes d'égale valeur.

150. Les mesures dans lesquelles le temps se divise par le nombre *deux* se nomment MESURES SIMPLES.

151. Les *cinq* espèces de mesures qui vous sont connues sont donc des MESURES SIMPLES.

152. Les mesures dans lesquelles le temps se divise en *trois* parties égales se nomment MESURES COMPOSÉES. Nous allons vous les faire connaître.

MESURES COMPOSÉES.

153. Vous venez d'apprendre que, dans les mesures *composées*, le temps se divise en *trois* parties égales.

Le temps n'est donc plus formé d'une des divisions simples de la ronde, mais d'une de ses divisions *pointées*, c'est-à-dire augmentée de la moitié de sa valeur par l'addition du point.

Comment
se forment
les *temps*
des mesures
composées.

154. Chacune des mesures simples a sa mesure *composée*, et il suffit, pour former la mesure *composée* d'une mesure simple, d'ajouter un *point* à la note qui représente le temps dans cette mesure simple.

155. Les mesures composées se battent de la même manière que les mesures simples auxquelles elles correspondent.

MESURE A QUATRE TEMPS, COMPOSÉE, NOMMÉE MESURE A DOUZE-HUIT,
OU DOUZE HUITIÈMES.

156. Dans la mesure simple à *quatre temps*, le temps est formé d'une *noire*, qui vaut *deux croches*, *quatre doubles croches*, etc.

Dans la mesure à *quatre temps*, composée, le temps est formé d'une *noire pointée*, qui vaut *trois croches*, *six doubles croches*, etc.

157. On nomme cette mesure, *mesure à douze-huit*, et on l'indique par le

5

deux nombres $\frac{12}{8}$ qui signifient, conformément à la règle donnée (139, obs.),

douze huitièmes de la *ronde*, c'est-à-dire *douze croches.*

158. Une mesure à *quatre temps, composée,* nommée mesure à *douze-huit,* contiendra donc, en notes ou en silences, la valeur de *douze croches. Trois croches,* ou une *noire pointée,* formeront un temps. *Six croches,* ou une *blanche pointée,* formeront la moitié de la mesure, c'est-à-dire deux temps, et la totalité de la mesure sera remplie par une *ronde pointée.*

EXEMPLE DE LECTURE A DOUZE-HUIT.

(o) Le maître, dans la dernière mesure de ces exemples, fera chanter aux élèves la note supérieure, ou la note inférieure, à son choix, suivant le genre de voix des élèves, ou bien il fera exécuter simultanément les deux notes en les distribuant comme il conviendra.

MESURES A DEUX TEMPS, COMPOSÉES.

MESURE A DEUX TEMPS, COMPOSÉE, NOMMÉE MESURE A SIX-QUATRE (*a*).

159. Dans la mesure simple à *deux temps*, le temps est formé d'une *blanche*, qui vaut *deux noires*, ou *quatre croches*, etc.

Dans la mesure à *deux temps*, *composée*, le temps est formé d'une *blanche pointée*, qui vaut *trois noires*, ou *six croches*, etc.

160. On nomme cette mesure, *mesure à six-quatre*, et on l'indique par les deux chiffres $\frac{6}{4}$ qui signifient, *six quarts* de la *ronde*, *six noires*.

161. Une mesure à *deux temps*, *composée*, nommée mesure à *six-quatre*, contiendra donc, en notes ou en silences, la valeur de *six noires*. *Trois noires* ou une *blanche pointée* formeront un temps. La totalité de la mesure sera remplie par une *ronde pointée*, comme dans la mesure à $\frac{12}{8}$.

Valeur d'une mesure composée dérivée de deux temps.

EXEMPLE DE LECTURE A SIX-QUATRE.

MESURE A DEUX-QUATRE, COMPOSÉE, NOMMÉE MESURE A SIX-HUIT.

162. Dans la mesure à *deux-quatre*, le temps est formé d'une *noire*, valant *deux croches*, *quatre doubles croches*, etc.

Dans la mesure *composée*, dérivée de cette mesure, le temps est formé d'une *noire pointée*, valant *trois croches*, *six doubles croches*, etc.

163. On nomme cette mesure, *mesure à six-huit*, et on l'indique par les deux chiffres $\frac{6}{8}$, *six huitièmes de la ronde*, *six croches*.

Valeur d'une mesure composée dérivée de $\frac{2}{4}$. 164. Une mesure à *six-huit* contiendra donc, en notes ou en silences, la valeur de *six croches*. *Trois croches* ou une *noire pointée* formeront un temps. La totalité de la mesure sera remplie par une *blanche pointée*.

Une mesure à $\frac{6}{8}$ contient la moitié de la somme des valeurs nécessaires pour former une mesure à $\frac{6}{4}$, cette dernière contenant *six noires*, tandis que la première ne contient que *six croches*.

Et il n'en peut être autrement, puisque les mesures composées $\frac{6}{4}$ et $\frac{6}{8}$ dérivent des mesures simples à *deux temps* et à *deux-quatre*, et que la mesure à *deux temps* contient le double des valeurs employées dans la mesure à $\frac{2}{4}$.

En réduisant de moitié toutes les valeurs employées dans l'exemple de lecture à $\frac{6}{4}$, nous en ferons un exemple de lecture à $\frac{6}{8}$.

Observation.

[Pour savoir quel doit être le chiffre indicateur de la mesure *composée* d'une mesure *simple* donnée, il faut multiplier par 3 le chiffre supérieur de la mesure simple, et par 2 le chiffre inférieur.

Ainsi, $\frac{2}{4}$ devient $\frac{6}{8}$.

S'il n'y a qu'un seul chiffre, il faut le multiplier d'abord par 3, puis par 2. Ainsi 4 devient $\frac{12}{8}$; 2 devient $\frac{6}{4}$: parce que 4 signifie *quatre quarts* $\frac{4}{4}$, 2 signifie *deux demies* $\frac{2}{2}$.

3, qui est l'abrégé de $\frac{3}{4}$, devient $\frac{9}{8}$.

Pour ramener le chiffre indicateur d'une mesure composée au chiffre de la mesure simple dont elle dérive, il faut faire l'opération contraire, c'est-à-dire diviser le chiffre supérieur par 3, et le chiffre inférieur par 2.]

EXEMPLE DE LECTURE A SIX-HUIT.

Nous allons passer aux mesures à *trois temps, composées.*

MESURES A TROIS TEMPS, COMPOSÉES.

MESURE A TROIS-QUATRE, COMPOSÉE, NOMMÉE MESURE A NEUF-HUIT.

165. Dans la mesure à *trois-quatre*, le temps est composé d'une *noire*, valant *deux croches*, ou *quatre doubles croches*, etc.

Dans la mesure *composée*, dérivée de cette mesure, le temps est formé d'une *noire pointée*, valant *trois croches, six doubles croches*, etc.

166. On nomme cette mesure, *mesure à neuf-huit*, et on l'indique par les deux chiffres $\frac{9}{8}$, *neuf huitièmes de la ronde, neuf croches.*

167. Une mesure à *neuf-huit* contiendra donc, en notes et en silences, la valeur de *neuf croches. Trois croches* ou une *noire pointée* formeront un temps. Valeur d'une mesure composée dérivée de $\frac{3}{4}$.

La totalité de la mesure sera remplie par une *blanche pointée*, suivie d'une *noire pointée*,

EXEMPLE DE LECTURE A NEUF-HUIT.

MESURE A TROIS-HUIT, COMPOSÉE, NOMMÉE MESURE A NEUF-SEIZE.

168. De même que la mesure à $\frac{3}{8}$ ne contient que la moitié de la somme des valeurs nécessaires pour former une mesure à $\frac{3}{4}$, de même aussi la mesure *composée* dérivée de $\frac{3}{8}$ ne contiendra que la moitié de la somme des valeurs nécessaires pour former une mesure *composée* dérivée de $\frac{3}{4}$.

Dans la mesure à *trois-huit*, le temps est formé d'une *croche*, valant *deux doubles croches*, *quatre triples croches*, etc.

Dans la mesure *composée*, dérivée de cette mesure, le temps est formé d'une *croche pointée*, valant *trois doubles croches*, *six triples croches*, etc.

169. On nomme cette mesure, *mesure à neuf-seize*, et on l'indique par les deux chiffres $\frac{9}{16}$, *neuf seizièmes de la ronde, neuf doubles croches*.

170. Une mesure à *neuf-seize* contiendra donc, en notes ou en silences, la valeur de *neuf doubles croches*. *Trois doubles croches*, ou une *croche pointée*, formeront un temps. La totalité de la mesure sera remplie par une *noire pointée*, suivie d'une *croche pointée*.

Valeur d'une mesure composée dérivée du $\frac{3}{8}$.

Cette mesure est peu usitée. Nous en donnerons cependant un exemple, qui sera le même que l'exemple pour la mesure à $\frac{9}{8}$, en réduisant de moitié toutes les valeurs, comme nous l'avons déjà fait pour d'autres mesures.

Vous connaissez maintenant les dix mesures en usage aujourd'hui : c'est-à-dire :

Les cinq mesures simples :

1° La mesure à *quatre temps*.

2° La mesure à *deux temps*.

3° La mesure à *deux-quatre*.

4° La mesure à *trois-quatre*.

5° La mesure à *trois-huit*.

Et leurs mesures composées, qui sont :

1° La mesure à *douze-huit*.

2° La mesure à *six-quatre*.

3° La mesure à *six-huit*.

4° La mesure à *neuf-huit*.

5° La mesure à *neuf-seize*.

Nous allons mettre sous vos yeux un tableau comparatif des cinq mesures *simples* et des cinq mesures *composées*.

TABLEAU COMPARATIF DES MESURES.

MESURES SIMPLES.

Le temps se divise en deux parties.

MESURES QUATERNAIRES.

1°, MESURE A QUATRE TEMPS.

Signe indicateur : **C** ou **4**

Valeur du temps : *une noire*, ou *deux croches*, ou toute autre représentation de la *noire*, en notes ou en silences.

Valeur remplissant la mesure : *une ronde.*

MESURES BINAIRES.

2°, MESURE A DEUX TEMPS.

Signe indicateur : **C** ou **2**

Valeur du temps : *une blanche*, ou *deux noires*, ou toute autre représentation de la *blanche*.

Valeur remplissant la mesure : *une ronde.*

3°, MESURE A DEUX-QUATRE.

Signe indicateur : $\frac{2}{4}$

Valeur du temps : *une noire* ou *deux croches*, etc.

Valeur remplissant la mesure : *une blanche.*

MESURES TERNAIRES.

4°, MESURE A TROIS-QUATRE.

Signe indicateur : 3 ou $\frac{3}{4}$

Valeur du temps : *une noire*, ou *deux croches*, etc.

Valeur remplissant la mesure : *une blanche pointée.*

5°, MESURE A TROIS-HUIT.

Signe indicateur : $\frac{3}{8}$

Valeur du temps : *une croche*, ou *deux doubles croches*, etc.

Valeur remplissant la mesure : *une noire pointée.*

MESURES COMPOSÉES.

Le temps se divise en trois parties.

1°, MESURE A DOUZE-HUIT.

Signe indicateur : $\frac{12}{8}$

Valeur du temps : *une noire pointée*, ou *trois croches*, ou toute autre représentation de la *noire pointée*, en notes ou en silences.

Valeur remplissant la mesure : *une ronde pointée.*

2°, MESURE A SIX-QUATRE.

Signe indicateur : $\frac{6}{4}$

Valeur du temps : *une blanche pointée*, ou *trois noires*, ou toute autre représentation de la *blanche pointée*.

Valeur remplissant la mesure : *une ronde pointée.*

3°, MESURE A SIX-HUIT.

Signe indicateur : $\frac{6}{8}$

Valeur du temps : *une noire pointée*, ou *trois croches*, etc.

Valeur remplissant la mesure : *une blanche pointée.*

4°, MESURE A NEUF-HUIT.

Signe indicateur : $\frac{9}{8}$

Valeur du temps : *une noire pointée*, ou *trois croches*, etc.

Valeur remplissant la mesure : *une blanche pointée*, suivie d'une *noire pointée.*

5°, MESURE A NEUF-SEIZE (*peu usitée*).

Signe indicateur : $\frac{9}{16}$

Valeur du temps : *une croche pointée*, ou *trois doubles croches*, etc.

Valeur remplissant la mesure : *une noire pointée*, suivie d'une *croche pointée.*

171. On employait autrefois des mesures nommées *doubles*, formées de valeurs *doubles* de celles qui forment les mesures *simples*.

Ces mesures sont :

La mesure *double* à quatre temps. Le temps est formé d'une *blanche*. On l'indique par les deux nombres $\frac{4}{2}$, *quatre demies*, c'est-à-dire *quatre moitiés* de la ronde, *quatre blanches*. On la nomme mesure à *quatre-deux*.

La mesure *double* à deux temps, nommée mesure à *deux-un*, c'est-à-dire *deux entiers, deux rondes*. Le temps est formé d'une *ronde*; on l'indique ainsi $\frac{2}{1}$.

La mesure *double* à trois temps se nomme mesure à *trois-deux*, c'est-à-dire *trois demies, trois blanches*. Le temps est formé d'une *blanche*; on l'indique par $\frac{3}{2}$.

Chacune de ces mesures *doubles* a sa mesure *composée*. La règle est la même que pour les mesures *simples*.

La mesure *double* à quatre temps, *composée*, se nomme mesure à *douze-quatre*, et s'indique par $\frac{12}{4}$. Le temps est formé de *trois noires*.

La mesure *double* à deux temps, *composée*, se nomme mesure à *six-deux*, et s'indique par $\frac{6}{2}$. Le temps est formé de *trois blanches*.

La mesure *double* à trois temps, *composée*, se nomme mesure à *neuf-quatre* et s'indique par $\frac{9}{4}$. Le temps est formé de *trois noires*.

Ces mesures, qui ne diffèrent de celles que vous connaissez que parce qu'elles nécessitent l'emploi de valeurs doubles, sont aujourd'hui presque inusitées. Nous n'en donnerons pas d'exemples (*a*).

(Le maître fera remarquer aux élèves que les mesures à *deux-quatre* et à *trois-huit* ne peuvent avoir de mesures *doubles*. Le double de la première serait la mesure ordinaire à deux temps. Le double de la seconde serait la mesure à *trois-quatre*.)

(*a*) On employait, pour remplir la totalité des deux mesures doubles $\frac{4}{2}$ et $\frac{2}{1}$, une note nommée *carrée*, à cause de sa forme, qui vaut deux rondes. On en verra un exemple à la fin de la leçon n° 245, qui fait partie des exercices pratiques pour l'étude de la 4ᵉ partie.

Le maître, après avoir fait étudier aux élèves les EXEMPLES qui se trouvent dans le texte de cette troisième partie, leur fera chanter les leçons contenues dans les Exercices pratiques.

VINGT-DEUXIÈME LEÇON.

DE QUELQUES EXCEPTIONS AUX RÈGLES GÉNÉRALES DE LA MESURE.

LE TRIOLET. — LE SIXAIN. — LE POINT D'ORGUE. — LE POINT D'ARRÊT.

172. On rencontre souvent des groupes de trois notes, au-dessus ou au-dessous desquels se trouve un 3, et des groupes de six notes, au-dessus ou au-dessous desquels se trouve un 6.

(Le maître montrera aux élèves des exemples de ces diverses figures.)

173. Les groupes de *trois* notes accompagnés d'un 3 se nomment *triolets*.

174. Les groupes de *six* notes accompagnés d'un 6 se nomment *sixains* (a).

Les *triolets* et les *sixains* forment des exceptions aux règles générales de la mesure; nous allons faire connaître en quoi consistent ces exceptions.

LES TRIOLETS.

175. Vous savez que dans une mesure simple, le temps se divise en deux parties; cependant il arrive fréquemment que dans un morceau écrit en mesure simple, la mélodie exige qu'un temps ou plusieurs temps soient composés de *trois* notes égales en valeur, comme dans une mesure composée.

Ces *trois* notes d'égale valeur, introduites dans une mesure simple pour ne former qu'un temps, forment ce qu'on nomme un *triolet*.

Le *triolet* est donc un groupe de *trois* notes d'égale valeur, lesquelles ne comptent que pour deux.

En un mot, le *triolet* est un temps d'une mesure composée, transporté dans une mesure simple.

176. Il y a, par conséquent, des *triolets* valant un temps, formés de noires, de croches, de doubles croches.

Dans la mesure à *deux temps*, le temps est formé de deux noires, le *triolet* sera formé de *trois noires*; — il sera de *trois croches* dans la mesure à *quatre temps*, dans la mesure à *deux-quatre*, et dans la mesure à *trois-quatre*, — et de *trois doubles croches* dans la mesure à *trois-huit*.

Diverses formations de triolets.

177. On place un 3 au-dessus ou au-dessous du *triolet*, quelle que soit la valeur des notes qui le composent, pour avertir le lecteur qui, sans cette précaution, pourrait hésiter ou se tromper.

(a) On les nomme aussi *sextolets, sixtolets, sixtiolets;* nous avons préféré *sixains*.

TROISIÈME PARTIE.

EXEMPLES DE TRIOLETS.

Triolets de noires. — Mesure à deux temps.

Triolets de croches. — Mesure à quatre temps.

Triolets de croches. — Mesure à deux-quatre.

Triolets de croches. — Mesure à trois-quatre.

Triolets de doubles croches. — Mesure à trois-huit.

178. Quelquefois le *triolet* remplace deux notes qui ne forment que la moitié d'un temps ; le *triolet*, dans ce cas, ne vaut qu'un demi-temps.

Triolets ne valant qu'un demi-temps.

Dans la mesure à trois-huit, le *triolet* d'un demi-temps est formé de trois triples croches.

LES SIXAINS.

Non-seulement ou rencontre dans le cours d'un morceau écrit en mesure simple, des *triolets*, groupes de trois notes d'égale valeur, ne comptant que pour deux notes, et formant un temps, ou une fraction de temps,

179. Mais on peut y rencontrer aussi des groupes de six notes, ne comptant que pour quatre notes, et ne formant qu'un temps.

Ces groupes sont des *sixains* (174).

Le *sixain* est donc un groupe de *six* notes d'égale valeur, lesquelles ne comptent que pour quatre.

C'est, comme le *triolet*, un temps d'une mesure composée, transporté dans une mesure simple.

180. Il y a des *sixains* de croches, des *sixains* de doubles croches, et des *sixains* de triples croches.

Dans la mesure à *deux temps*, le temps est formé de quatre croches, le *sixain* sera formé de *six croches*; — il sera de *six doubles croches* dans la mesure à *quatre temps*, dans la mesure à *deux-quatre*, et dans la mesure à *trois-quatre*, — et de six *triples croches* dans la mesure à *trois-huit*.

On place un 6 au-dessus ou au-dessous du groupe de six notes qui forme le *sixain*.

EXEMPLES DE SIXAINS.

Sixains de croches. — Mesure à deux temps.

Sixains de doubles croches. — Mesure à quatre temps.

Sixains de doubles croches. — Mesure à deux-quatre.

Sixains de doubles croches. — Mesure à trois-quatre.

Sixains de triples croches. — Mesure à trois-huit.

Triolets et sixains réunis dans un même exemple.

Les *silences*
entrent
dans
la formation
des *triolets*
et des *sixains*.

181. On voit, par la composition du *triolet* qui forme le quatrième temps de la quatrième mesure de l'exemple ci-dessus, qu'un silence peut, dans un *triolet*, tenir la place d'une note, pourvu qu'il soit d'une valeur égale à celle de la note qu'il remplace ; les *triolets* et les *sixains* peuvent recevoir toutes les combinaisons de notes et de silences qui forment la valeur des trois ou des six notes dont ils sont composés.

EXEMPLES DE TRIOLETS ET DE SIXAINS AVEC DIVERSES COMBINAISONS DE NOTES ET DE SILENCES.

182. Nous ajouterons que dans toutes les espèces de mesures, simples et composées, on rencontre quelquefois des temps formés d'un nombre de notes plus grand que le nombre nécessaire pour former un temps régulier ; cette irrégularité est ordinairement signalée à l'attention du lecteur par un chiffre qui indique le nombre de notes employées dans ce temps.

Ainsi, l'on peut rencontrer des temps formés de *cinq* ou de *sept doubles croches*, de *neuf* ou de *dix triples croches* ; chaque groupe formant un temps sera accompagné d'un 5, d'un 7, d'un 9, ou d'un 10.

Mais ces exemples sont rares ; l'emploi du *triolet* et du *sixain* est, au contraire, d'un usage fréquent.

183. On doit exécuter les *triolets* et les *sixains* avec précision, mais sans sécheresse, sans affectation, afin qu'ils ne produisent pas un contraste trop prononcé avec les temps *simples* au milieu desquels ils sont introduits, et qu'ils se fondent, pour ainsi dire, avec eux dans l'ensemble de la mesure.

(Le maître exercera les élèves par l'étude des leçons sur les triolets et les sixains. — Pl. XXIV, XXV et XXVI.)

POINT D'ORGUE. — POINT D'ARRÊT.

184. Il faut connaître un signe qui suspend la marche de la mesure, et que l'on figure ainsi ⌒

Placé au-dessus ou au-dessous d'une note, il annonce qu'il faut en prolonger la durée au delà de sa valeur, et soutenir le son, en se conformant à l'indication donnée par le maître ou par le chef d'orchestre.

On le nomme *point d'orgue*.

On le nomme *point d'arrêt* lorsqu'il est placé au-dessus ou au-dessous d'un silence. Il indique alors qu'il faut prolonger la durée de ce silence (*a*).

(*a*) Il arrive souvent que le sens des paroles, ou l'expression qu'il faut donner à la mélodie, exige que l'allure du mouvement soit animée ou ralentie. Ces modifications du mouvement sont indiquées sur la musique.

EXEMPLES DE POINTS D'ORGUE ET DE POINTS D'ARRÊT.

VINGT-TROISIÈME LEÇON.

Ce qui a été enseigné dans les huit leçons précédentes, XV, XVI, XVII, XVIII, XIX, XX, XXI et XXII, se résume dans les *dix-huit règles* suivantes :

A.   Chanter *en mesure*, c'est, en donnant à chaque son la juste intonation, lui donner la *valeur* indiquée par la figure de la *note*, et la *durée*, en se conformant à l'indication du *mouvement*.

B.   Les sept figures de notes, *ronde, blanche, noire, croche, double croche, triple croche* et *quadruple croche*, ont une valeur double l'une de l'autre, et la ronde est le signe de la plus grande valeur.

C.   Les sept figures de silences, *pause, demi-pause, soupir, demi-soupir, quart de soupir* et *seizième de soupir*, ont une valeur correspondante aux sept figures de notes. Par exception, cependant, la *pause* exprime toujours le silence d'une mesure, quelle que soit la composition de cette mesure.

D.   Les différentes figures de notes et de silences font connaître la *valeur*; c'est le *mouvement* indiqué qui détermine la *durée*.

E.   Le *mouvement* peut être *lent, modéré* ou *vif*, et l'on se sert habituellement, pour indiquer ces trois sortes de mouvements, des mots italiens suivants: *largo, larghetto, adagio*, pour les mouvements lents; — *moderato, andante, andantino*, pour les mouvements modérés; — *allegro, presto, prestissimo*, pour les mouvements vifs.

F.   Tout morceau de musique est divisé en *mesures* dont chacune contient une somme égale de *valeurs*. Chaque mesure se divise en *temps*.

G.   La mesure peut se diviser en deux, en trois ou en quatre temps.

H.   Il y a donc trois espèces de mesures : la mesure à *deux temps* ou *binaire*, à *trois temps* ou *ternaire*, — à *quatre temps* ou *quaternaire*. Ces trois espèces pourraient se réduire à deux : *binaire* et *ternaire*.

I.   Le chef d'orchestre ou le maître de musique bat la mesure, c'est-à-dire qu'il indique la durée de chaque temps par un signe de la main.

J.   Il y a des mesures *simples* et des mesures *composées*, et chaque mesure simple a sa mesure composée.

K.   Les mesures simples sont celles dans lesquelles le temps se divise en deux parties. Dans les mesures composées le temps se divise en trois parties.

L.   Il y a cinq mesures simples : la mesure à *quatre temps*, la mesure à *deux temps*, et la mesure à *deux-quatre*, — la mesure à *trois-quatre*, et la mesure à *trois-huit*.

M.   Les cinq mesures composées sont : la mesure à *douze-huit*, — la mesure à *six-quatre* et la mesure à *six-huit*, — la mesure à *neuf-huit*, et la mesure à *neuf-seize*.

N.   Pour former la mesure *composée* d'une mesure *simple*, il faut ajouter un *point* à la figure de note qui représente le temps dans la mesure simple.

O.   On employait autrefois des mesures *doubles*, simples et composées ; ces mesures sont formées de valeurs doubles de celles qui composent les mesures usuelles.

P.   Dans toutes les mesures on emploie la *liaison* ou *syncope*, qui sert à *lier* deux ou plusieurs sons, et le *point* qui augmente une note ou un silence de la moitié de sa valeur.

Q.   On rencontre souvent dans une *mesure simple* un *temps* de *mesure composée*. Ce temps se nomme *triolet* lorsqu'il est formé de *trois* notes au lieu de *deux*, et *sixain* lorsqu'il est formé de *six* notes au lieu de *quatre*.

R.   Le *point d'orgue* prolonge la durée d'une *note*. Placé au-dessus d'un *silence*, il reçoit le nom de *point d'arrêt*, et prolonge la durée du silence.

Vous avez appris à chanter en mesure, c'est-à-dire, à donner à chaque *figure* de note ou de silence sa *valeur* et sa *durée* : c'est le troisième degré de la lecture musicale.

QUATRIÈME PARTIE.

LA TONALITÉ.

VINGT-QUATRIÈME LEÇON.

Vous avez appris à donner à chaque note le son indiqué par la place qu'elle occupe sur la portée, et par la clef placée au commencement du morceau ;

Vous connaissez le nombre et la disposition des tons et des demi-tons qui composent la gamme, le nom des intervalles, les différences qui les caractérisent, les modifications qu'ils peuvent recevoir ;

Vous savez donner à chaque son la durée exprimée par la valeur de la note, conformément à l'indication de la mesure binaire, ternaire ou quaternaire, et à celle du mouvement lent, modéré ou vif ;

Vous avez pratiqué les cinq mesures simples et leurs composées ; on vous a fait connaître les mesures doubles et leurs composées ;

Nous allons maintenant étudier les règles de la *tonalité*.

185. Nous avons dit (10ᵐᵉ leçon), en donnant le modèle d'une gamme que nous avons commencée par le son *do*, que cette gamme aurait pu commencer par tout autre son.

Les règles de la *tonalité* enseignent à former des gammes commençant par *tous les sons*, pour pouvoir chanter dans *tous les tons*.

186. Car le mot *ton* a, en musique, une acception que nous n'avons pas encore fait connaître.

Nous ne l'avons employé jusqu'ici que comme *mesure de distance*, comme élément d'analyse pour les intervalles, opposé à *demi-ton*, et exprimant la distance qui sépare *do* de *ré*, *fa* de *sol*, etc.

187. Il signifie encore : *l'ensemble des sons qui forment une gamme.*

Chanter une *gamme*, c'est faire entendre tous les sons qui composent cette gamme dans leur ordre naturel, et conséquemment par *degrés conjoints*.

Chanter dans un *ton*, c'est faire entendre une mélodie formée des sons qui composent cette gamme, et procédant par *degrés disjoints* et par *degrés conjoints.*

Le mot *ton* dans une acception nouvelle.

6.

188. Toute gamme porte le nom de la note par laquelle elle commence, et c'est par le nom de cette première note que l'on désigne le *ton* ou la *tonalité* (a) de cette gamme.

Ainsi, si l'on commence, par exemple, une gamme par la note *fa* (en se conformant aux règles que nous allons faire connaître), cette gamme sera la gamme du ton de *fa*.

189. Tous les exemples que nous avons donnés jusqu'ici sont dans le *ton* d'*ut*, puisqu'ils sont formés des sept sons que vous connaissez, et qui composent la gamme d'*ut*, ou du *ton* d'*ut*.

Mais les effets de la musique seraient trop bornés, et deviendraient bientôt monotones, si tous les chants devaient être formés de sons puisés uniquement dans la gamme d'*ut*.

Il est nécessaire d'ailleurs qu'une mélodie puisse être chantée par tous les genres de voix; il faut donc des *tonalités* différentes, graves et aiguës, afin qu'il soit possible d'approprier à la voix de basse-taille ou de contralto, par exemple, un air écrit pour un soprano ou pour un ténor.

190. Chacun des sons qui composent la gamme d'*ut*, chacun des sons nouveaux que l'étude des différentes gammes révélera plus tard, peut devenir le point de départ d'une gamme.

Chacune de ces gammes devra, comme la gamme du *ton* d'*ut* que nous avons donnée pour modèle, se composer de cinq tons et de deux demi-tons, placés dans l'ordre (64) que nous rappellerons encore.

Un ton, un ton, un demi-ton, un ton, un ton, un ton, un demi-ton.

$$1^{er} \text{ degré} - 2^e - 3^e - 4^e - 5^e - 6^e - 7^e - 8^e$$
$$\text{ton, ton, } \tfrac{1}{2}\text{ton, ton, ton, ton, } \tfrac{1}{2}\text{ton.}$$

191. Or, il est certain que si l'on commençait une gamme par tout autre son que le son *do*, en employant uniquement les sons contenus dans la gamme que vous connaissez, on ne trouverait plus cet ordre qui frappe et saisit l'oreille, et qui constitue le chant de la gamme.

Commencez une gamme par *ré*, par *mi*, par *fa*, etc., vous rencontrerez tantôt un *demi-ton* à la place où l'oreille demande un *ton*, tantôt un *ton* là où il ne faudrait qu'un *demi-ton*.

Il faut donc des sons nouveaux pour former des gammes nouvelles.

(a) Le mot *tonalité* a, comme le mot *mesure* (96, obs.), deux significations, l'une restreinte, l'autre étendue. On peut l'employer comme synonyme du mot *ton* dans l'acception qu'il reçoit ici, l'appliquer à chaque gamme en particulier, et dire, par exemple : Chanter dans la *tonalité* de *fa* ou de *sol*, etc.; mais il signifie aussi, dans un sens général (185), *l'ensemble des règles qui enseignent à former des gammes dans tous les tons.* Ainsi l'on dira : Pour trouver la gamme du *ton* de *fa*, ou du *ton* de *la*, il faut connaître les règles de la *tonalité*.

Ce mot comprend encore, dans son acception la plus étendue (comme on le verra dans cette quatrième partie), toutes les conséquences qui dérivent de la *mobilité* des sons, résultant des *altérations*.

192. Chercher à former des gammes nouvelles, c'est, par conséquent, aller à la découverte de sons nouveaux.

Nous allons chercher ces sons nouveaux. L'oreille, et le sentiment musical qui la guide, vous en feront facilement deviner l'intonation. Ils sembleront venir d'eux-mêmes au-devant de vous, ils se placeront, comme par une sorte d'attraction, à la place qui leur appartient, et vous saurez bientôt les reconnaître et les chanter, comme vous savez reconnaître et chanter les sons *principaux* que vous avez pratiqués.

Nous les avons nommés *principaux* (42), parce qu'ils donnent naissance aux sons *nouveaux*, que nous allons chercher ensemble.

En effet, ces sons nouveaux ne peuvent être obtenus qu'en *altérant* l'intonation des sons *principaux*.

193. Car les sons *principaux*, qui composent la gamme d'*ut*, sont mobiles. Chacun d'eux peut être élevé ou abaissé d'un *demi-ton*. La mobilité des sons donne le moyen de former tous les tons et tous les demi-tons nécessaires à la composition de gammes nouvelles.

Mobilité des sons, obtenue à l'aide des altérations.

194. On nomme *altération* cette modification qui consiste à élever ou à abaisser d'un *demi-ton* un son quelconque.

195. C'est au moyen des signes nommés *accidents* ou *signes accidentels*, dont nous avons fait connaître dès les premières leçons (16) le nom et la figure, et qui, comme nous l'avons dit (9), indiquent qu'il faut modifier, *altérer* le son des notes, que l'on écrit les *altérations* que peuvent subir les *sons principaux*.

Les *accidents* sont donc les *instruments de la tonalité*, puisque c'est en les employant qu'on écrit toutes les *altérations* nécessaires à la formation des différents *tons*.

VINGT-CINQUIÈME LEÇON.

Les *accidents* sont donc les signes employés dans l'écriture musicale pour indiquer les modifications diverses que peuvent recevoir les sons.

Nous rappellerons que ces signes sont au nombre de trois, et qu'ils se placent avant la note dont ils doivent modifier le son (16).

Nous en reproduisons la figure et le nom :

♯ dièse — ♭ bémol — ♮ bécarre.

196. De ces trois signes, les deux premiers seulement, le *dièse* et le *bémol*, indiquent l'*altération*; le troisième signe, le *bécarre*, au contraire, annule l'*altération* produite par l'emploi d'un des premiers signes. Destiné à détruire l'effet du *dièse* et du *bémol*, il les *efface* en quelque sorte, et avertit que la note précédemment altérée doit être rendue à son intonation naturelle (*a*).

197. Le *dièse* ♯ indique que la note dont il est suivi doit être, dans son intonation, *élevée* d'un *demi-ton*.

Ainsi, par exemple, si vous rencontrez un *fa dièse*, c'est-à-dire précédé d'un ♯, ce *fa dièse* devra être chanté un *demi-ton plus haut* que vous n'auriez chanté le *fa naturel*.

Le *fa dièse* se trouvera donc éloigné du *mi*, d'un *ton entier*, et il sera rapproché du *sol*, dont il ne sera plus qu'à la distance d'un *demi-ton*.

Pour se rendre compte de l'effet que produira ce *dièse* appliqué au *fa*, il est bon de partir du *mi*, et de passer par le *fa* naturel avant d'atteindre le *fa dièse*; la voix s'élèvera ainsi, par trois demi-tons consécutifs, d'abord du *mi* au *fa* naturel, puis du *fa* naturel au *fa dièse*, puis enfin du *fa dièse* au *sol*. Cette progression s'écrira ainsi :

A

Si l'on veut redescendre par le même chemin, c'est-à-dire ramener la voix

(*a*) Le *bécarre* rend à une note son *intonation naturelle*, c'est-à-dire l'*intonation* qu'on donne à cette note dans la gamme d'*ut*; par conséquent, lorsqu'il vient détruire un des *dièses* ou des *bémols* placés à la clef, et qui constituent une *tonalité* (comme on le verra plus tard), il introduit dans la phrase musicale un son *accidentel*, étranger à la gamme produite par les *dièses* ou par les *bémols* placés à la clef. Il produit donc, dans ce cas, une véritable *altération*. Voilà pourquoi on le place parmi les signes de l'*altération*.

du *fa dièse* au *fa naturel*, il faudra que le *bécarre* vienne effacer l'action du *dièse*, et annoncer que le *fa* est rendu à son intonation naturelle.

B

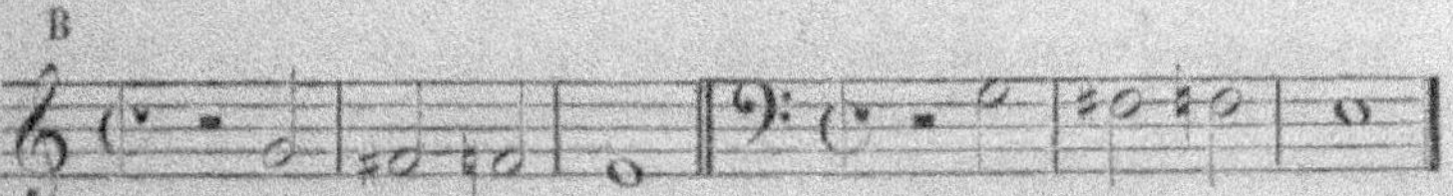

(Le maître chantera et fera chanter les deux exemples A et B.)

Vous pouvez maintenant franchir l'intervalle d'un ton qui sépare le *mi* du *fa dièse*, en montant et en descendant.

C

198. En nous élevant, dans l'exemple A, du *fa naturel* au *fa dièse*, puis du *fa dièse* au *sol*, et en revenant par le même chemin, dans l'exemple B, nous avons divisé en deux parties, c'est-à-dire en deux *demi-tons*, à l'aide du *fa dièse*, l'intervalle d'un *ton* qui sépare le *fa* de *sol*.

Division du ton en deux demi-tons par le dièse.

199. Tous les intervalles d'un *ton*, que renferme la gamme du ton d'*ut*, peuvent de même, par l'emploi du dièse, être divisés en deux *demi-tons*, comme on le voit dans l'exemple suivant :

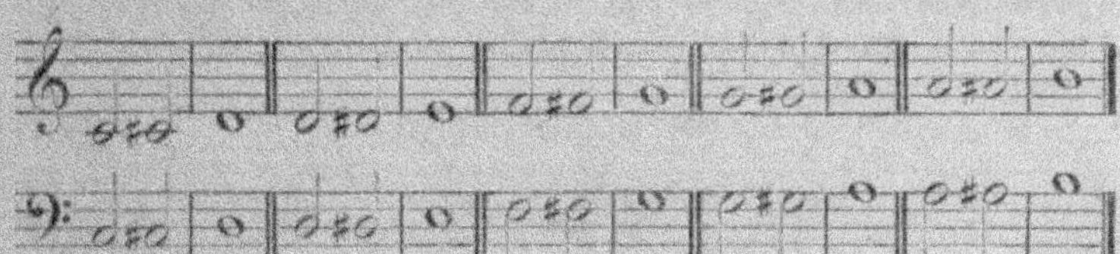

200. L'emploi du *dièse*, en élevant une note d'un *demi-ton* au-dessus de son intonation naturelle, fournit donc le moyen de diviser les *tons* en deux *demi-tons*.

Et de changer les *demi-tons* en *tons*, comme on l'a vu dans l'exemple C, où les deux notes MI—FA forment un ton par l'emploi du *dièse* appliqué au FA.

Il est évident que le *demi-ton* SI — DO peut, comme le *demi-ton* MI — FA, être changé en *ton*. Il faudra, pour cela, diéser le *do*.

EFFET DU BÉMOL.

201. Le *bémol* ♭ indique, dans l'intonation de la note dont il est suivi, une *altération* en sens inverse de l'*altération* produite par le *dièse*, c'est-à-dire que le son de la note à laquelle le *bémol* s'applique devra être abaissé d'un *demi-ton*.

Si vous rencontrez, par exemple, un *si bémolisé*, c'est-à-dire précédé d'un ♭, ce *si bémol* devra être chanté un *demi-ton plus bas* que vous n'auriez chanté le *si naturel*.

Le *si bémol* se trouvera donc éloigné de l'*ut* d'un ton entier, et il sera rapproché du *la*, dont il ne sera plus qu'à la distance d'un *demi-ton*.

Pour se rendre compte de l'effet que produira ce *bémol* appliqué au *si*, il est bon de partir du *do*, et de passer par le *si naturel* avant d'atteindre le *si bémol*. La voix s'abaissera ainsi par trois *demi-tons* consécutifs, d'abord de l'*ut* au *si naturel*, puis du *si naturel* au *si bémol*, puis enfin du *si bémol* au *la*. Cette progression descendante s'écrira ainsi :

D

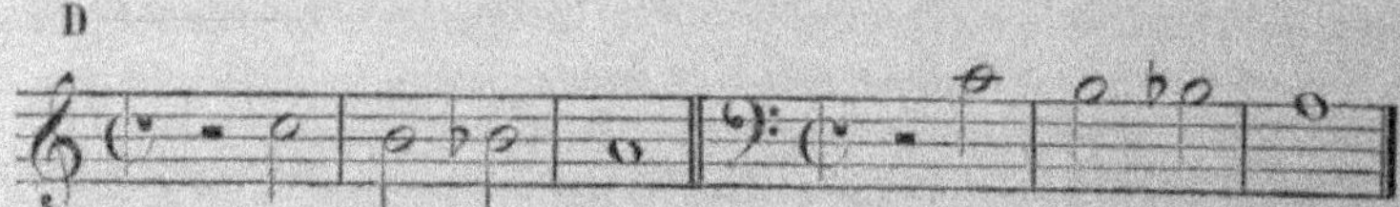

Si l'on veut remonter par le même chemin, c'est-à-dire ramener la voix du *si bémol* au *si naturel*, il faudra que le *bécarre* détruise l'effet du *bémol*.

Vous pouvez maintenant franchir l'intervalle d'un *ton* qui sépare l'*ut* du *si bémol*, en descendant et en montant.

F

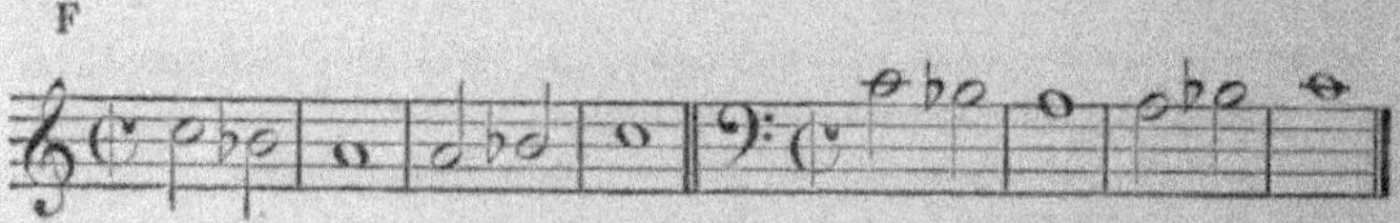

Division du *ton* par le *bémol*.

202. Nous avons, dans les exemples D et E, divisé en deux parties, c'est-à-dire en deux *demi-tons*, à l'aide du *si bémol*, l'intervalle d'un *ton* qui sépare *la* de *si*.

203. Tous les intervalles d'un *ton*, que renferme la gamme du ton d'*ut*, peuvent de même, par l'emploi du *bémol*, être divisés en *demi-tons*.

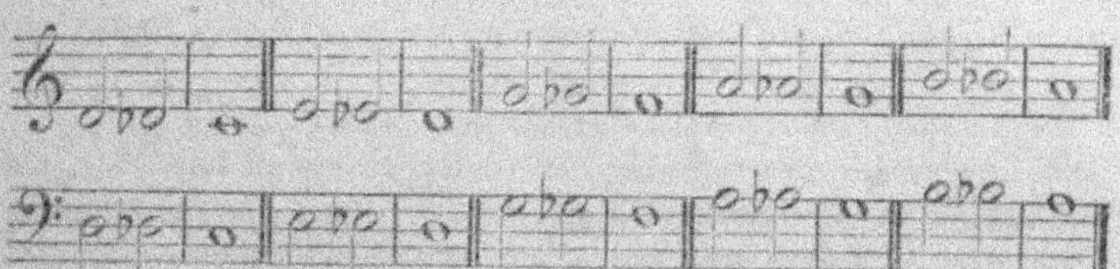

204. On peut donc, par l'emploi du *bémol*, comme par l'emploi du *dièse*, diviser le ton en deux parties.

Et changer les *demi-tons* en *tons*, ainsi qu'on l'a vu par l'exemple F, où les deux notes SI — UT forment un ton par l'emploi du *bémol* appliqué au SI.

Il est évident que le *demi-ton* MI — FA peut, comme le *demi-ton* SI — UT, être changé en *ton*. Il faudra pour cela *bémoliser* le *mi*.

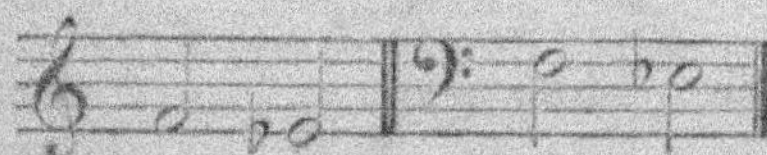

Nous terminerons cette leçon en vous faisant connaître les différentes manières dont on place les *signes accidentels* dans l'écriture musicale.

205. On trouve très fréquemment dans les livres de musique un ou plusieurs *dièses*, un ou plusieurs *bémols* placés au commencement d'un morceau, après la clef, avant le signe de la mesure. ^{Pourquoi on place des dièses ou des bémols après la clef.}

Chacun de ces *dièses* ou de ces *bémols* est placé comme serait placée une note, sur une ligne ou dans un interligne.

206. Ces *dièses* ou ces *bémols* indiquent : que pendant toute la durée du morceau, les notes écrites sur les mêmes lignes ou dans les mêmes interlignes que les *dièses* ou les *bémols* placés à la *clef*, devront être chantées comme si chacune d'elles était précédée d'un *dièse* ou d'un *bémol*, selon le genre des *signes accidentels* qui suivent la *clef*.

Supposons qu'un morceau ait à la *clef* trois dièses, *fa*, *ut*, *sol*, ou trois bémols, *si*, *mi*, *la* :

Dans le premier cas, tous les *fa*, tous les *ut*, tous les *sol* que l'on rencontrera dans le courant du morceau seront *diésés*, quoique la note dont le son se trouve ainsi élevé d'un *demi-ton* ne soit pas précédée d'un dièse.

Dans le second cas, tous les *si*, tous les *mi*, tous les *la* seront *bémols*, quoique la note dont le son est ainsi abaissé d'un *demi-ton* ne soit pas précédée d'un bémol.

207. Si le besoin de la mélodie exige qu'une de ces notes, ainsi altérées dès le commencement du morceau, retrouve son intonation naturelle, un *bécarre* placé avant la note viendra détruire, ou plutôt suspendre l'effet du signe placé à la clef. Car l'effet de ce *bécarre* ne sera valable que pour une seule mesure, et lorsque la note reparaîtra dans une des mesures suivantes, elle devra être ^{Effet du bécarre.}

exécutée conformément à l'*altération* indiquée *à la clef*, à moins qu'elle ne soit encore précédée du *bécarre*.

208. Lorsque, dans le courant d'un morceau, on rencontre au commencement d'une mesure, un ou plusieurs *bécarres* disposés comme les *dièses* ou les *bémols* placés au commencement du morceau, ces *bécarres* indiquent que ces *dièses* ou ces *bémols* sont supprimés jusqu'à indication contraire.

209. Lorsqu'un *dièse* ou un *bémol* qui n'est pas *à la clef* paraît dans le courant d'un morceau de musique, son effet n'est valable que pour la durée de la mesure où il se trouve placé.

Si cette *altération* doit disparaître dans le courant de cette même mesure, il faudra que le *bécarre* vienne la détruire. Exemple :

Dans ces exemples, les trois premiers *fa* de la première mesure sont *dièses*, les trois premiers *si* de la troisième mesure sont *bémols*. Le *bécarre* rend au quatrième *fa* de la première mesure et au quatrième *si* de la troisième leur intonation naturelle.

Vous verrez, dans les leçons suivantes, comment, par l'emploi des *dièses* ou des *bémols*, on forme des gammes commençant par tous les degrés, et semblables, pour la disposition des *tons* et des *demi-tons*, à la gamme du *ton* d'*ut*, que nous avons donnée comme modèle.

(On solfiera les exercices sur le dièse, le bémol et le bécarre. — Planche XXVII.)

VINGT-SIXIÈME LEÇON.

NOUVEL EXAMEN DE LA GAMME. — LES TÉTRACORDES. — NOMS GÉNÉRAUX DONNÉS
AUX DEGRÉS DE LA GAMME. — L'ACCORD PARFAIT, MÉLODIQUE OU HARMONIQUE.

Il est nécessaire, avant de chercher à former ces gammes nouvelles, d'examiner encore, et pour ainsi dire de plus près, la composition, la structure de la gamme du ton d'*ut*.

Nous allons la remettre sous vos yeux.

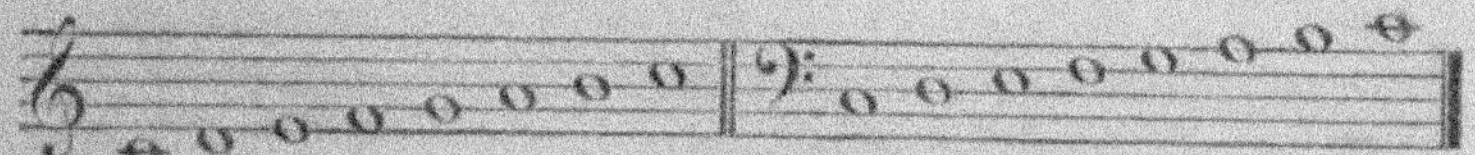

240. Il est facile de reconnaître que cette gamme se divise en deux parties parfaitement semblables, en deux demi-gammes, c'est-à-dire en deux séries de quatre sons, disposés de la même manière dans chacune des deux séries.

Division de la gamme en deux parties égales.

1re série ou 1re demi-gamme :

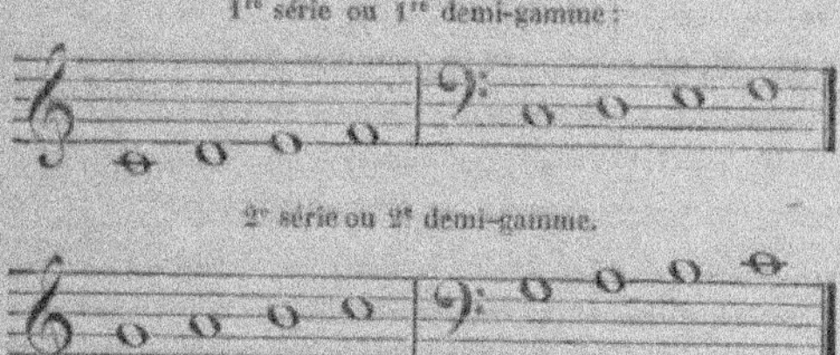

2e série ou 2e demi-gamme.

En effet, on trouve dans chacune de ces deux demi-gammes deux tons consécutifs suivis d'un *demi-ton*.

211. On nomme *tétracorde* chacune de ces deux demi-gammes.

Chacune de ces divisions forme un tétracorde.

Toute gamme (puisque les gammes nouvelles seront faites sur le modèle de la gamme d'*ut*), toute gamme devra donc être composée de deux *tétracordes* parfaitement semblables dans leur composition.

212. La note par laquelle commence le premier *tétracorde* se nomme *tonique*, ou *note tonale*, parce qu'elle donne son nom à la gamme (188).

La note par laquelle commence le second *tétracorde* se nomme *dominante*.

213. Car chaque degré de la gamme a reçu une désignation qui caractérise d'une manière générale, sa position, sa fonction, son grade, pour ainsi dire.

Noms généraux donnés aux degrés de la gamme.

Et de même que dans une compagnie de soldats on désigne les hommes par leur grade, par la fonction qu'ils remplissent, par la place qu'ils occupent dans les rangs, plutôt que par leur nom propre,

Et comme les désignations employées à cet effet sont claires, distinctes, et s'appliquent à tous les hommes exerçant des fonctions semblables dans des compagnies différentes ;

De même aussi on peut caractériser d'une manière générale l'emploi, la fonction de chacun des degrés d'une gamme quelconque, sans être obligé de dire le nom des notes, en employant les désignations suivantes :

DEGRÉS DE LA GAMME.		DÉSIGNATIONS GÉNÉRALES.
1ᵉʳ tétracorde.	1ᵉʳ degré, chef du 1ᵉʳ tétracorde.	TONIQUE.
	2ᵉ	*Su-tonique.*
	3ᵉ	MÉDIANTE.
	4ᵉ	*Sous-dominante.*
2ᵉ tétracorde.	5ᵉ degré, chef du 2ᵉ tétracorde.	DOMINANTE.
	6ᵉ	*Su-dominante.*
	7ᵉ	NOTE SENSIBLE.
	8ᵉ	*Octave* de la *tonique* ou simplement TONIQUE.

Chacune de ces désignations exprime la fonction que remplit le degré de la gamme auquel elle s'applique.

La tonique. 214. Le *premier degré* de la gamme, *chef du premier tétracorde*, est appelé *tonique*, parce que la note qui commence une gamme donne son nom à cette gamme, en désigne le *ton*, la *tonalité*, comme il a été dit (188).

La médiante. 215. Le nom de note *médiante* donné à la note qui occupe le troisième degré d'une gamme signifie note *moyenne*, qui tient le *milieu*.

Ce nom exprime la position de cette note dans l'*accord parfait*.

L'accord parfait. Le *premier*, le *troisième* et le *cinquième* degré d'une gamme, exécutés ensemble, ou l'un après l'autre, forment ce qu'on nomme un *accord parfait*.

La note qui occupe le troisième *degré* tient donc le *milieu*, occupe la place *intermédiaire* entre le *premier* et le *cinquième* degré dans la formation de l'*accord parfait*, dont la *tonique* est le point de départ. De là son nom de *médiante* (a).

La dominante. 216. La note qui occupe le *cinquième* degré porte le nom de *dominante*, parce qu'elle remplit une fonction importante dans la gamme, dont elle commence le second *tétracorde*, qu'elle semble *dominer*, et dans l'*accord parfait*. Dans le discours musical, la *dominante* détermine les repos, et prépare la conclusion des phrases. Lorsqu'on exécute de la musique d'ensemble, c'est surtout dans la partie inférieure, dans la *basse*, que l'effet de la *dominante* se fait sentir.

La note sensible. 217. Le *septième* degré a reçu le nom de *note sensible*, ou simplement *sensible*, parce que la note qui occupe ce degré, par sa tendance naturelle à se porter vers la *tonique*, dont elle n'est éloignée que d'un *demi-ton*, fait *sentir* la tonalité, l'oreille n'étant satisfaite que lorsque la *note sensible* a accompli sa marche

(a) Voyez plus loin le § 363 (34ᵉ leçon).

vers la *tonique*. Nous avons déjà dit (43) que le *septième* degré semble appeler le *huitième* son de la gamme, c'est-à-dire l'*octave* de la *tonique*.

Les noms de *su-tonique*, *sous-dominante* et *su-dominante* donnés aux autres degrés s'expliquent d'eux-mêmes.

OBSERVATIONS SUR L'ACCORD PARFAIT.

On ajoute ordinairement aux trois sons qui composent l'*accord parfait* (*tonique*, *médiante*, *dominante*) l'*octave* de la *tonique*.

L'accord parfait d'*ut*, par exemple, formera donc la mélodie suivante :

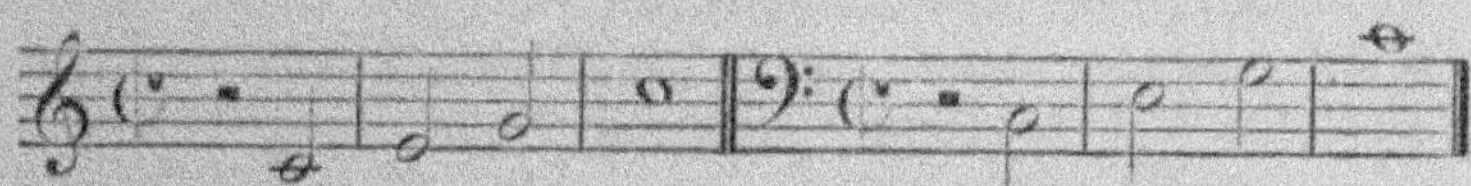

(Le maître fera chanter cet exemple.)

ou bien il formera l'ensemble suivant, si l'on fait entendre les quatre sons à la fois :

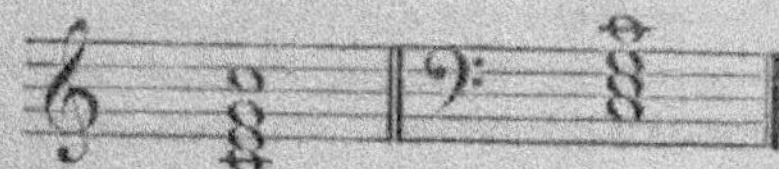

(Le maître fera chanter ces quatre sons à la fois.)

Lorsqu'on fait entendre, comme vous venez de le faire, ces quatre sons à la fois, ou lorsqu'on les exécute ensemble, soit sur un seul instrument, soit par la réunion de plusieurs instruments, l'*accord parfait* est exécuté *harmoniquement*.

Car on nomme *harmonie* l'exécution simultanée de plusieurs sons. Lorsque vous chantez un chœur, vous exécutez de l'*harmonie*.

VINGT-SEPTIÈME LEÇON.

LES GAMMES NOUVELLES SONT PRODUITES PAR LE DÉPLACEMENT DES TÉTRACORDES. — APPLICATION DE CE PRINCIPE A LA GAMME D'*Ut*. — GAMMES PRODUITES PAR LE DÉPLACEMENT DES DEUX TÉTRACORDES FORMANT LA GAMME D'*Ut*. — PRODUCTION DU PREMIER BÉMOL ET DU PREMIER DIÈSE.

Nous avons dit dans la leçon précédente :

Que la gamme se décompose en deux séries, ou demi-gammes, de *quatre sons* chacune ;

Que chacune de ces séries ou demi-gammes forme un *tétracorde* ;

Et que ces deux *tétracordes* sont construits de la même manière, chacun d'eux étant composé de deux *tons consécutifs* suivis d'un *demi-ton*.

218. Puisque ces deux *tétracordes* sont parfaitement semblables, qu'ils sont, pour ainsi dire, jetés dans le même moule, l'un étant l'image exacte de l'autre, il s'ensuit qu'un *tétracorde initial* (ou premier *tétracorde* d'une gamme) peut devenir le second *tétracorde* (ou *tétracorde final*) d'une gamme, dont il faudra trouver le premier *tétracorde*.

219. Ainsi, le premier *tétracorde* de la gamme du ton d'*ut*

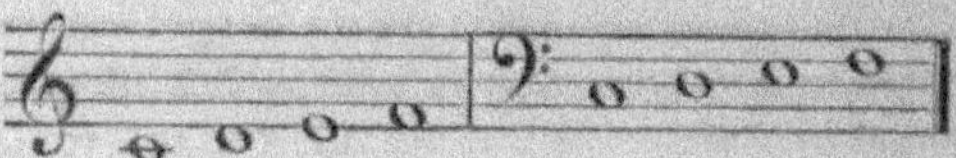

peut devenir le deuxième *tétracorde* d'une gamme encore inconnue, mais que nous trouverons tout à l'heure.

220. De même le deuxième *tétracorde*

peut servir de premier *tétracorde* à une gamme encore inconnue, mais que nous trouverons aussi.

221. C'est donc la gamme même qui, par sa composition, donne et enseigne le moyen de composer des gammes nouvelles.

222. Les gammes naissent donc les unes des autres ; et toute gamme porte en elle-même le germe de deux autres gammes, puisque chacun de ses deux *tétracordes* peut entrer dans la composition d'une gamme nouvelle.

223. Appliquons ces principes à la gamme du ton d'*ut*, et voyons quels résultats nous obtiendrons.

Rappelons-nous que la note du premier *tétracorde* (ou tétracorde initial) se nomme *tonique*;

Et que la première note du deuxième *tétracorde* (ou tétracorde final) se nomme *dominante*.

Remarquons aussi que chacun de ces deux *tétracordes* embrasse l'étendue d'une *quarte mineure, ut … fa — sol … ut*, et qu'ils se succèdent par *degrés conjoints*, à la distance d'une *seconde majeure*, ou d'*un ton, fa — sol*.

224. Écrivons de nouveau les deux *tétracordes* qui forment la gamme du ton d'*ut*.

Une quarte mineure forme l'étendue de chacun des deux tétracordes et ils se succèdent par degrés conjoints à la distance d'une 2ᵉ maj.

Premier tétracorde.　　　　　　　Deuxième tétracorde.

Tonique.　　　　　　　Dominante.

Considérons maintenant le premier *tétracorde, ut, ré, mi, fa*, comme le *tétracorde final* d'une gamme encore inconnue, et cherchons à composer le *tétracorde* qui devra commencer cette gamme inconnue.

Il est évident que les quatre notes qui formeront ce *tétracorde* nouveau sont : *fa, sol, la, si*.

Écrivons donc ces quatre notes *fa, sol, la, si*, avant le *tétracorde ut, ré, mi, fa* (que nous transportons une octave plus haut).

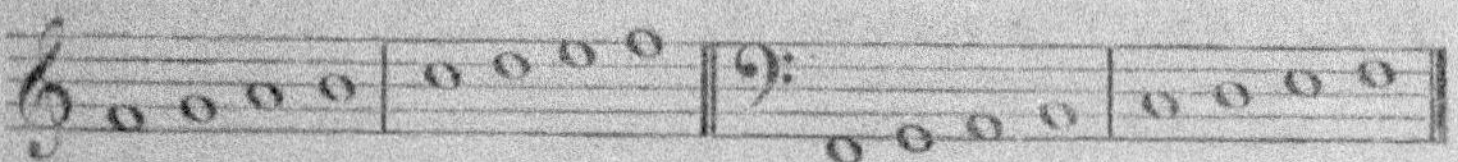

225. Si nous essayons de chanter ces huit notes, nous n'y trouverons pas *l'ordre qui frappe et saisit l'oreille, et qui constitue le chant de la gamme* (191).

(Le maître chantera ou jouera les quatre premières notes.)

Notre oreille, d'accord avec la règle, n'admettra pas pour un *tétracorde* régulier (*a*), utile à la formation d'une gamme, ces quatre sons, FA, SOL, LA, SI.

Ils excèdent d'un *demi-ton* l'étendue d'une *quarte mineure*, puisqu'ils forment *trois tons* consécutifs, et qu'ils embrassent, par conséquent, l'étendue d'une *quarte majeure* ou *triton*.

Cet excès d'un demi-ton est produit par le SI, qui est à la distance d'un ton du LA, tandis qu'il ne devrait en être éloigné que d'un demi-ton.

Le SI a donc conservé toute sa puissance de note sensible, et tend à s'élever

___

(*a*) Le mot *tétracorde* signifie *quatre sons*. Toute succession de sons conjoints embrassant l'étendue d'une *quarte*, quelle qu'elle soit, forme donc un *tétracorde*, mais nous n'avons appliqué ce mot qu'aux deux moitiés d'une gamme, dont chacune embrasse l'étendue d'une quarte mineure.

vers l'UT, première note du second *tétracorde*, parce qu'il n'est éloigné de cet UT que d'un demi-ton, tandis que les deux *tétracordes* doivent être séparés par un ton (223).

Il faudra, pour faire de ces quatre sons un *tétracorde* régulier, utile à la formation d'une gamme, rapprocher le SI du LA, afin qu'il y ait un *demi-ton* du troisième au quatrième degré, et un *ton* entre les deux *tétracordes*.

226. Nous sommes donc amenés à faire usage du *bémol*, pour affaiblir le SI, c'est-à-dire : diminuer la distance qui le sépare du LA, augmenter celle qui le sépare de l'UT, et détruire sa qualité de note sensible. Nous obéirons ainsi, et comme involontairement, à la *loi de la gamme* ; car on devine en quelque sorte l'intonation de ce SI bémol, *et il semble venir de lui-même au-devant de nous pour se fixer, par une sorte d'attraction, à la place qui lui appartient* (192).

Nous obtiendrons, par l'emploi du *si bémol*, une gamme régulière, composée des deux *tétracordes réguliers* que voici :

Gamme de fa, produite : par le déplacement du 1er tétracorde d'*ut*, devenant le 2e de *fa*, et par l'emploi du *si* bémol.

1er tétracorde (nouveau).   2e tétracorde.

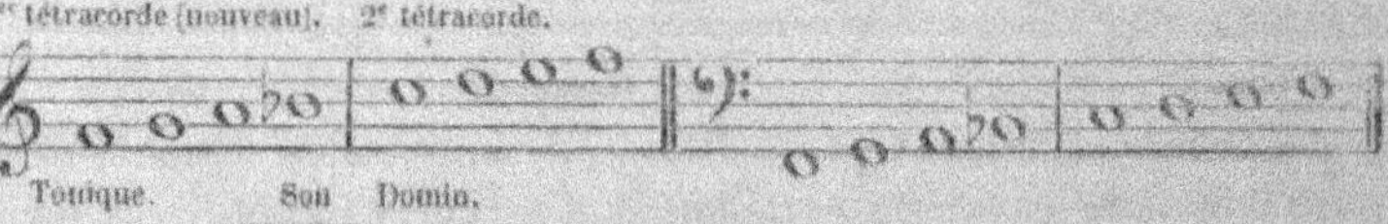

227. Cette gamme sera la gamme du ton de *fa*, puisque toute gamme porte le nom de la note par laquelle elle commence (188).

228. La *tonique* de cette gamme nouvelle est située une *quinte majeure au-dessous*, ou bien une *quarte mineure au-dessus* d'*ut*, tonique de la gamme précédente. Suivant la loi des renversements (28), descendre d'une *quinte majeure* équivaut à monter d'une *quarte mineure*.

Changement de fonctions des notes de la gamme d'*ut*, passant dans la gamme de *fa*.

229. Dans cette gamme de *fa*, le premier *tétracorde* de la gamme du ton d'*ut* a passé à la fonction de deuxième *tétracorde*.

Fa, sous-dominante du ton d'*ut*, est devenu *tonique*.

Le *si naturel*, abaissé d'un *demi-ton* par l'emploi du *bémol*, perd sa qualité de note sensible d'*ut*, et devient *sous-dominante* de la gamme nouvelle.

Enfin, l'*ut* qui commençait le premier *tétracorde*, perd sa qualité de *tonique*, commence le deuxième *tétracorde*, et devient *dominante*.

230. Pour opérer ces changements, nous avons pris les quatre premiers sons de la gamme d'*ut*, nous en avons fait la seconde moitié d'une gamme encore inconnue ; nous avons cherché le *commencement*, c'est-à-dire le premier *tétracorde* de cette gamme inconnue.

Pour former ce premier *tétracorde*, nous avons été amenés, contraints pour ainsi dire, à chercher, à trouver, à employer un son encore inconnu, placé entre le *la* et le *si*. Ce son *nouveau*, c'est le *si* abaissé d'un *demi-ton*, c'est-à-dire le *si bémol*.

La gamme du ton d'*ut* portait en elle-même, dans son *premier tétracorde*, préparé, destiné à la fonction de *deuxième tétracorde*, le germe de ce son *nouveau*, qui vient de nous être révélé, et qui est le son caractéristique de la gamme *nouvelle* que nous venons de découvrir.

231. Prenons maintenant le deuxième *tétracorde* de la gamme d'*ut*: *sol, la, si, ut*, pour *tétracorde* initial d'une gamme encore inconnue, et composons le *tétracorde* qui devra terminer cette gamme inconnue.

Il sera formé des notes : *ré, mi, fa, sol*.

Écrivons les notes, *ré, mi, fa, sol*, après le *tétracorde*: *sol, la, si, do*.

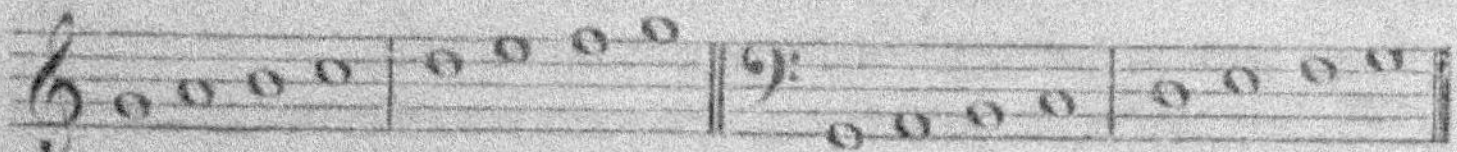

232. Si nous chantons ces huit notes, nous n'y trouverons pas non plus *l'ordre qui frappe et saisit l'oreille, et qui constitue le chant de la gamme.*

(Le maître chantera ou jouera cet exemple.)

L'oreille, toujours d'accord avec la règle, n'acceptera pas le FA, qui ne forme qu'un *demi-ton* avec le MI, tandis que c'est un *ton* que l'oreille réclame.

Il faudra, pour faire des quatre dernières notes de cet exemple un *tétracorde* régulier, utile à la formation d'une gamme, éloigner le FA du MI, et le rapprocher du SOL, afin qu'il y ait un *ton* du sixième au septième degré, et un *demi-ton* du septième degré, *note sensible*, à l'octave de la *tonique*.

Car ce qui choque dans cette suite de sons, ce qui blesse et afflige l'oreille, c'est l'absence de la *note sensible*, de cette note qui fait *sentir la tonalité*, et qui appelle le huitième son.

233. Il ne s'agira donc plus d'affaiblir un son par l'emploi du *bémol*, comme nous avons dû le faire pour former la gamme de *fa*. Nous serons au contraire conduits à faire usage du *dièse*, pour fortifier le FA, le mettre à distance du sixième degré, dont il est trop près, le rapprocher du huitième degré, vers lequel il tend, l'élever enfin à la qualité, à la puissance de *note sensible*. Nous obéirons encore cette fois à la *loi de la gamme*, nous devinerons l'intonation de ce FA dièse, il semble *venir de lui-même au-devant de nous, pour se fixer par une sorte d'attraction à la place qui lui appartient.*

Nous obtiendrons par l'emploi du *fa dièse* une gamme régulière, composée des deux *tétracordes réguliers* que voici :

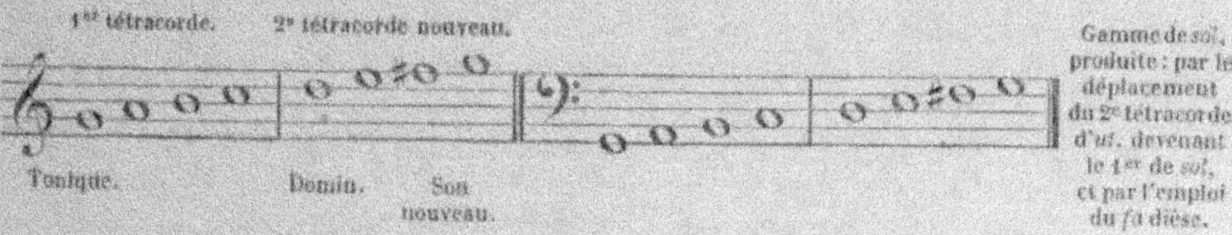

234. Cette gamme sera la gamme du ton de *sol*, puisque toute gamme porte le nom de la note par laquelle elle commence.

235. La *tonique* de cette gamme est située une *quinte majeure* au-dessus, ou bien une *quarte mineure* au-dessous d'*ut*, *tonique* de la gamme précédente.

236. Dans cette gamme de *sol*, le deuxième *tétracorde* de la gamme d'*ut* est devenu premier *tétracorde*. *Sol*, dominante du ton d'*ut*, est devenu *tonique*.

Le *fa naturel*, *sous-dominante* du ton d'*ut*, élevé d'un *demi-ton* par l'emploi du *dièse*, devient *note sensible* de la gamme nouvelle.

L'*ut* a perdu sa qualité de *tonique*, et devient *dominante*.

237. Pour opérer ces changements, nous avons pris les quatre derniers sons de la gamme d'*ut*, nous en avons fait la première moitié d'une gamme, encore inconnue; nous avons cherché la *fin*, c'est-à-dire le second *tétracorde* de cette gamme inconnue.

Pour former ce second *tétracorde*, nous avons été amenés, contraints pour ainsi dire, à chercher, à trouver, à employer un son encore inconnu, placé au delà du *fa naturel*, à égale distance du *fa* et du *sol*. Ce son *nouveau* est le *fa dièse*.

La gamme du ton d'*ut* portait donc, dans son *second tétracorde*, préparé, destiné à devenir *premier tétracorde*, le germe de ce son nouveau, *fa dièse*, caractéristique de la gamme de *sol* que nous venons de découvrir, comme elle portait dans son *premier tétracorde* le germe du *si bémol*.

Nous avons vu apparaître dans cette leçon le *premier bémol* et le *premier dièse*.

De la gamme de *fa* naîtront les gammes formées par l'emploi successif des *bémols*, jusqu'à ce que les sept notes *do*, *ré*, *mi*, *fa*, *sol*, *la*, *si*, aient été bémolisées.

De la gamme de *sol* naîtront les gammes formées par l'emploi successif des *dièses*, jusqu'à ce que les sept notes aient été diésées.

VINGT-HUITIÈME LEÇON.

Nous voici donc en possession de deux sons nouveaux, le *si bémol* et le *fa
dièse*, caractérisés dans l'écriture musicale par des signes que nous n'avions
pas encore employés ;

Et de deux gammes nouvelles, la gamme de *fa* et la gamme de *sol*, devant
toutes deux leur origine à la gamme d'*ut* et tenant à cette gamme par les *tétracordes* qui leur sont communs.

Toutes les gammes devant être semblables dans leur composition, il est certain qu'en demandant aux gammes de *fa* et de *sol* ce que nous avons demandé
à la gamme d'*ut*, nous obtiendrons, par le déplacement des tétracordes, la production de sons nouveaux, indispensables à la formation de gammes nouvelles.

238. Commençons par la gamme de *fa*, née du premier tétracorde d'*ut*.
Cherchons les gammes nouvelles qui seront produites par le déplacement de
ses deux tétracordes.

Écrivons, en les séparant, les deux moitiés, les deux tétracordes de la
gamme de *fa*.

(Le maître fera écrire sur le tableau par un des élèves ces deux tétracordes.)

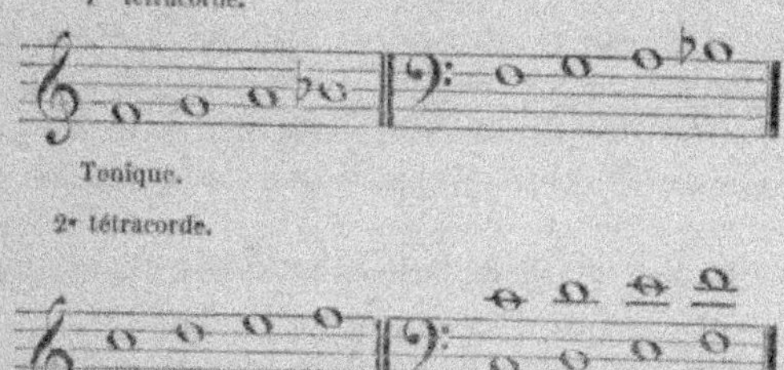

Faisons du premier tétracorde *fa, sol, la, si bémol*, le deuxième tétracorde
d'une gamme encore inconnue, dont il nous faut trouver le premier tétracorde.

239. Nous avons, dans la leçon précédente, en partant de la tonique *ut*, *des-
cendu d'une quinte majeure* pour trouver la tonique *fa*.

Descendons d'une *quinte majeure* au-dessous de *fa* pour trouver la *tonique*
d'une gamme nouvelle.

Si *bémol* sera cette tonique.

240. Ainsi c'est le son nouveau introduit dans la gamme de *fa* qui sera la
tonique de la *gamme* que nous cherchons.

Commençons donc par le son *si bémol*, un tétracorde qui sera le premier de la gamme que nous voulons former. Il sera composé des quatre sons *si bémol*, *ut*, *ré*, *mi*.

Mais de même qu'en opérant sur la gamme d'*ut* pour former la gamme de *fa*, nous avons dû détruire la note sensible *si*, l'abaisser d'un *demi-ton* pour diminuer le *triton* composé des trois tons consécutifs FA — SOL; SOL — LA; LA — SI naturel, et former le premier tétracorde de la gamme de *fa*;

De même, en opérant sur la gamme de *fa* pour former la gamme de *si bémol*, nous devrons détruire la note sensible *mi*, et l'abaisser d'un *demi-ton*, pour diminuer le *triton* composé des trois tons consécutifs SI *bémol* — UT; UT — RÉ; RÉ — MI naturel, et former le premier tétracorde de la gamme de *si bémol*.

(Le maître fera la démonstration par la voix ou sur l'instrument.)

241. Le premier tétracorde de la gamme que nous cherchons sera donc formé des sons *si bémol*, *ut*, *ré*, *mi bémol*.

Et la gamme nouvelle, produite par le déplacement du premier tétracorde de la gamme du ton de *fa*, sera formée ainsi :

Gamme
de si bémol,
produite par le
déplacement
du
1er tétracorde
de fa,
devenant
le 2e
de si bémol,
et par l'emploi
des deux bémols
si, mi.

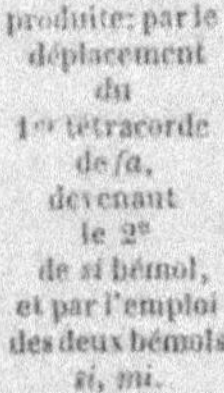

1er tétracorde (nouveau).   2e tétracorde.

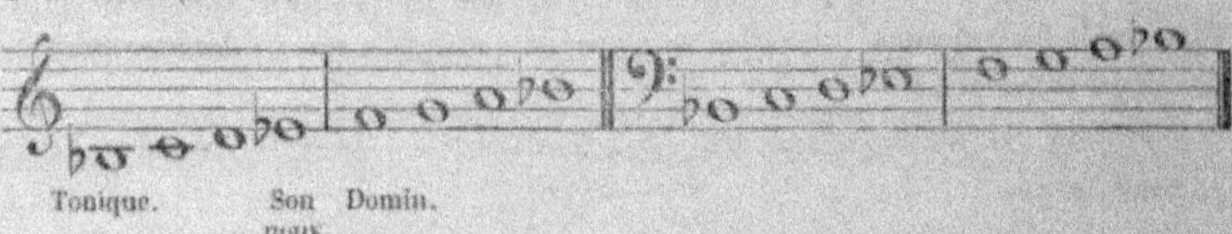

Tonique.   Son Domin.
                  nouv.

Cette gamme sera celle du ton de *si bémol*.

Nous avons donc trouvé un son nouveau, un *bémol nouveau*, MI *bémol*.

242. Quant au deuxième tétracorde de la gamme de *fa* : *do*, *ré*, *mi*, *fa*, si nous voulons en faire un premier tétracorde, nous n'aurons pas à chercher longtemps la gamme à laquelle il appartiendrait en qualité de premier tétracorde.

Nous savons que *do*, *ré*, *mi*, *fa*, forment le premier tétracorde de la gamme d'*ut*.

Nous rentrerions donc par ce tétracorde dans le sein de la gamme d'*ut*, d'où nous sommes issus; la gamme de *fa* rendrait à la gamme d'*ut* le tétracorde qu'elle en a reçu, et l'*ut* reprendrait sa qualité de *tonique*.

Continuons à chercher des gammes nouvelles et des bémols nouveaux, en suivant le chemin qui nous est tracé.

243. Descendons une *quinte majeure* au-dessous de la *tonique si bémol*, que nous venons de trouver; — ou bien, ce qui revient au même (240), prenons pour point de départ le *mi bémol* qui vient de se produire, — et formons un tétracorde dont *mi bémol* sera le chef.

244. Introduisons dans ce tétracorde initial un son nouveau, c'est-à-dire, abaissons d'un demi-ton le *la* pour lui enlever sa puissance de *note sensible*.

245. Empruntons à la gamme de *si bémol* son premier tétracorde pour en faire le second de cette gamme nouvelle,

246. Nous aurons formé la gamme du ton de *mi bémol*, qui comptera *trois bémols*, le *si* et le *mi*, déjà connus, et le LA, nouveau.

1ᵉʳ tétracorde (nouveau).   2ᵉ tétracorde.

Tonique.   Son nouv.   Domin.

Gamme de *mi* bémol, produite : par le déplacement du 1ᵉʳ tétracorde de *si* bémol, devenant le 2ᵉ de *mi* bémol, et par l'emploi des trois bémols *si*, *mi*, *la*.

Observation.

[Nous n'avons pas, dans cette série de gammes par *bémols*, à nous préoccuper de la gamme que donnerait un *deuxième tétracorde*, employé comme *tétracorde initial*. Nous rentrerions toujours, comme on l'a vu plus haut (242) dans le sein de la gamme précédente.

Ainsi le deuxième tétracorde *si bémol*, *ut*, *ré*, *mi bémol*, de la gamme du ton de *mi bémol*, redeviendrait le premier de la gamme de *si bémol*.

Nous n'aurons donc plus, dans cette leçon, à nous occuper des *seconds tétracordes*.]

247. En continuant cette étude, on arrive aux résultats suivants :

La gamme de *mi bémol* produira la gamme de   LA BÉMOL.

{ Tétracorde initial, nouveau, la ♭, si ♭, ut, ré ♭ (qui sera le tétrac. final de la gamme suivante).
{ Son nouveau, ré *bémol*. — 2ᵉ tétracorde, mi ♭, fa, sol, la ♭.

La gamme de *la bémol* produira la gamme du ton de   RÉ BÉMOL.

{ Tétracorde initial, nouveau ; ré ♭, mi ♭, fa, sol ♭ (qui sera le tétrac. final de la gamme suivante).
{ Son nouveau, sol *bémol*. — 2ᵉ tétracorde, la ♭, si ♭, ut, ré ♭.

La gamme de *ré bémol* produira la gamme du ton de   SOL BÉMOL.

{ Tétracorde initial, nouveau, sol ♭, la ♭, si ♭, ut ♭ (qui sera le tétrac. final de la gamme suiv.).
{ Son nouveau, ut *bémol*. — 2ᵉ tétracorde, ré ♭, mi ♭, fa, sol ♭.

Enfin, la gamme de *sol bémol* produira la gamme du ton de   UT BÉMOL.

{ Tétracorde initial, nouveau, ut ♭, ré ♭, mi ♭, fa ♭.
{ Son nouveau, fa *bémol*. — 2ᵉ tétracorde, sol ♭, la ♭, si ♭, ut ♭.

(Le maître fera les démonstrations nécessaires, et fera noter ces gammes par les élèves.)

248. Nous avons vu paraître successivement, bémolisés, et dans l'ordre suivant, le *si*, le *mi*, le *la*, le *ré*, le *sol*, le *do* et le *fa*.

Les sept notes de la gamme étant bémolisées, il n'est plus possible de former de gamme nouvelle par l'emploi des bémols.

249. Les sept gammes produites par l'emploi successif des sept *bémols* se sont présentées dans l'ordre suivant :

1° Gamme   de *fa* . . . . avec un bémol :   si.
2°   —   de *si* bémol .   deux bémols : si, mi.
3°   —   de *mi* bémol .   trois   —   si, mi, la.
4°   —   de *la* bémol .   quatre —   si, mi, la, ré.
5°   —   de *ré* bémol .   cinq   —   si, mi, la, ré, sol.
6°   —   de *sol* bémol.   six   —   si, mi, la, ré, sol, ut.
7°   —   d'*ut* bémol .   sept   —   si, mi, la, ré, sol, ut, fa.

250. Chacune de ces gammes conserve le bémol ou les bémols qui ont servi à constituer la gamme précédente, et prend un bémol nouveau, invariablement placé sur la sous-dominante.

251. Ces gammes se succèdent, comme on vient de le voir, à la distance d'une *quinte majeure inférieure*, ou d'une *quarte mineure supérieure* (82), *fa, si bémol, mi bémol, la bémol, ré bémol, sol bémol, ut bémol*.

Et les bémols qui servent à former ces gammes se succèdent à une distance semblable, *si, mi, la, ré, sol, ut, fa*.

DE L'ARMURE DE LA CLEF.

252. Nous avons parlé (206) des dièses et des bémols placés au commencement d'un morceau, après la clef, avant le signe de la mesure, et qui avertissent :

« Que pendant la durée du morceau, les notes écrites sur les mêmes lignes, ou dans les mêmes interlignes que ces dièses ou ces bémols placés à la clef, devront être chantées comme si chacune d'elles était précédée d'un dièse ou d'un bémol, selon le genre des signes accidentels qui suivent la clef. »

253. Ces dièses ou ces bémols forment ce qu'on appelle l'*armure de la clef*.

254. L'*armure de la clef* se compose des bémols ou des dièses qui constituent la gamme du ton dans lequel le morceau est écrit.

L'*armure de la clef* révèle donc la tonalité du morceau, et dit au lecteur : « Ce morceau est en *sol*, en *mi* bémol, en *fa* dièse, etc. »

Mais nous n'avons à nous occuper dans cette leçon que des tonalités formées par l'emploi des bémols.

ARMURE DE LA CLEF DANS LES TONS BÉMOLISÉS.

255. Si vous trouvez au commencement d'un morceau un seul bémol, il est certain, conformément à ce que vous avez vu jusqu'ici, que le morceau sera dans le ton de *fa* (a), et que le bémol sera écrit sur la ligne du si, puisqu'il n'existe qu'une seule gamme ne comptant qu'un bémol, que cette gamme est la gamme de *fa*, et que ce bémol ne peut être que le si.

(a) Voyez plus loin la 34ᵉ leçon.

(Après la page 136.)

(A) La note sensible n'est baissée d'une octave dans cet exemple et dans quelques autres, que pour rester dans les limites de voix ordinaires.

(Après la page 156.)

GAMMES MAJEURES
avec leurs tons relatifs mineurs.

La présence de ce *si bémol*, placé en tête d'un morceau, suffit donc pour avertir :

Que ce morceau (sauf une exception que la 34e leçon fera connaître) est en *fa*, dans le ton, dans la tonalité de *fa*, c'est-à-dire : que tous les sons qui entrent dans la composition du morceau sont tirés de la gamme de *fa*, et que par conséquent tous les *si* sont bémols, à l'exception de ceux qui seraient précédés d'un bécarre.

256. Si la clef est armée de deux bémols, le morceau est dans le ton de *si bémol*, et les deux bémols seront nécessairement si et mi, puisqu'il n'y a que la gamme de *si bémol* qui comporte deux bémols, lesquels ne peuvent être que si et mi.

La présence de ces deux bémols placés en tête d'un morceau avertit donc (sauf l'exception que nous venons de signaler) : que le morceau est en *si bémol*, et que tous les *si* et les *mi* compris dans ce morceau sont bémols, excepté les *si* et les *mi* qui seraient précédés d'un bécarre.

257. Il est inutile d'étendre plus loin cette démonstration. Nous nous bornerons à donner le tableau de l'*armure de la clef* dans les tons bémolisés.

Ton de *fa*. de *si* bémol. de *mi* bémol. de *la* bémol. de *ré* bémol. de *sol* bémol. d'*ut* bémol.

258. Il faut remarquer, comme moyen de connaître d'un coup d'œil le ton, la tonalité d'un morceau bémolisé, que l'avant-dernier des bémols qui arment la clef est toujours placé sur la *note tonale*, sur la *tonique*. 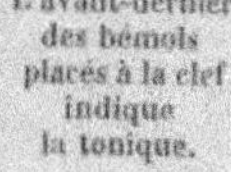 L'avant-dernier des bémols placés à la clef indique la tonique.

Prenons pour exemple le ton de *si bémol*, avec deux bémols à la clef ; l'avant-dernier bémol, *si*, est la *tonique*. — Ou bien le ton de *la bémol*, avec quatre bémols ; l'avant-dernier bémol, *la*, est la *tonique*.

259. Il suffit donc de regarder l'avant-dernier des bémols placés à la clef pour connaître le ton du morceau.

Nous allons, dans la leçon suivante, chercher les gammes qui donnent naissance aux dièses, en commençant par la gamme de *sol*, que nous avons vue sortir du deuxième tétracorde de la gamme d'*ut*.

VINGT-NEUVIÈME LEÇON.

LES SEPT GAMMES ISSUES DU SECOND TÉTRACORDE DE LA GAMME D'UT PAR L'EMPLOI
DES DIÈSES. — ARMURE DE LA CLEF DANS LES GAMMES DIÉSÉES.

Nous avons dit dans la leçon précédente :

« En demandant aux gammes de *fa* et de *sol* ce que nous avons demandé
à la gamme d'*ut*, nous obtiendrons, par le déplacement des tétracordes, la
production de sons nouveaux, indispensables à la formation de gammes nouvelles. »

Nous avons commencé par la gamme de *fa*, née du premier tétracorde d'*ut*
et pourvue d'un bémol, et nous avons vu naître successivement les bémols *mi*,
la, *ré*, *sol*, *ut*, *fa*, lesquels avec le *si* bémol, déjà employé dans la gamme de
fa, forment les sept bémols.

Nous allons maintenant chercher quelles gammes nouvelles sortiront de la
gamme de *sol*, née du deuxième tétracorde d'*ut*, et pourvue du *fa dièsé*.

260. Écrivons, en les séparant, les deux moitiés, les deux tétracordes de
la gamme de *sol*.

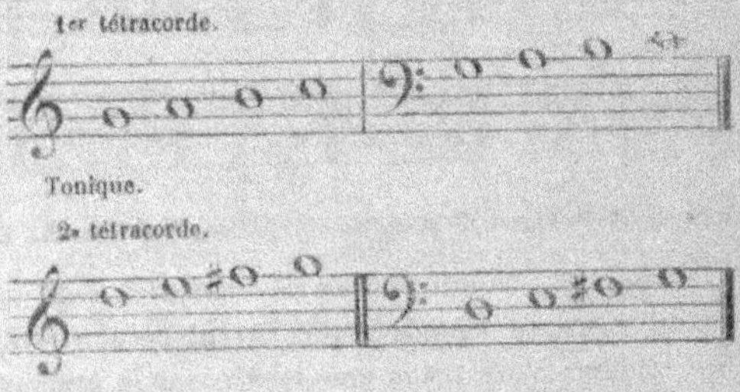

Si nous voulons faire du premier tétracorde *sol*, *la*, *si*, *do*, le tétracorde final
d'une gamme, nous n'aurons pas à chercher longtemps la gamme à laquelle il
appartiendrait en cette qualité de tétracorde final.

Nous savons que *sol*, *la*, *si*, *do*, forment le deuxième tétracorde de la gamme
d'*ut*. Nous rentrerions donc par ce tétracorde dans le sein de la gamme d'*ut*;
la gamme de *sol* rendrait à la gamme d'*ut* le tétracorde qu'elle en a reçu,
et l'*ut* reprendrait sa qualité de *tonique*.

Nous n'avons donc pas, dans cette série de gammes par *dièses*, à nous préoccuper de la gamme que donnerait un premier tétracorde employé comme tétracorde final. Nous rentrerions toujours, comme on vient de le voir, dans le sein
de la gamme précédente.

Nous ne nous occuperons que des seconds tétracordes et des gammes qu'ils
forment, en les employant comme premiers tétracordes.

261. Faisons donc du deuxième tétracorde de la gamme de *sol*: *ré, mi, fa dièse, sol*, le tétracorde initial d'une gamme encore inconnue dont il nous faudra trouver le tétracorde final.

Les quatre sons qui devront former ce tétracorde final sont *la, si, ut, ré*.

Mais de même que nous avons dû, en formant la gamme de *sol*, fortifier le *fa naturel*, le diéser, afin de l'éloigner du *mi*, dont il était trop près, le rapprocher du *sol*, l'élever à la puissance de *note sensible*;

De même nous devrons, dans ce tétracorde nouveau, diéser l'*ut*, afin de l'éloigner du *si*, dont il est trop près, le rapprocher du *ré*, l'élever à la puissance de *note sensible*.

(Le maître fera la démonstration.)

Le tétracorde final de la gamme que nous cherchons sera donc formé des quatre sons *la, si, ut dièse, ré*,

Et la gamme nouvelle, sortie du dixième tétracorde de la gamme du ton de *sol*, sera formée comme il suit :

Gamme de *ré*, produite : par le déplacement du 2e tétracorde de sol, devenant le 1er de *ré*, et par l'emploi des deux dièses *fa, ut*.

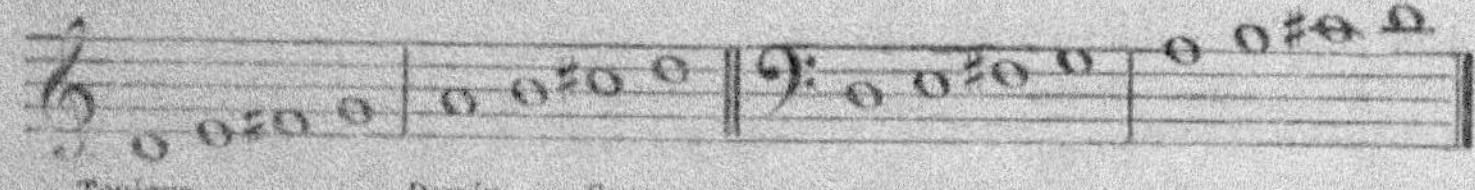

Cette gamme sera celle du ton de *ré*.

Nous avons donc trouvé un son nouveau, un *dièse nouveau*, l'*ut dièse*.

Suivons le chemin tracé.

262. Prenons pour point de départ la dominante de la gamme que nous venons de trouver, faisons suivre le tétracorde dont elle est le chef d'un tétracorde nouveau, nous formerons une gamme nouvelle.

Nous devrons toujours, dans le tétracorde nouveau, introduire un son nouveau, c'est-à-dire élever d'un demi-ton le quatrième degré de ce tétracorde pour en former la note sensible de la gamme naissante.

263. Prenant donc pour tonique la dominante de la gamme du ton de *ré*, c'est-à-dire le son *la*, nous formerons la gamme du ton de *la*.

Cette gamme amènera un son nouveau, un *dièse nouveau*, le *sol. dièse*.

Et elle comptera *trois* dièses, le *fa* et l'*ut* déjà connus, et le *sol.* nouveau.

Gamme de *la*, produite : par le déplacement du 2e tétracorde *ré*, devenant le 4e de *la* ; et par l'emploi des trois dièses *fa, ut, sol*.

264. Cette gamme de *la* produira la gamme du ton de MI.

{ Tétracorde final, nouveau, si, ut ♯, ré ♯, mi (qui sera l'initial de la gamme suivante).
{ Son nouveau, *ré dièse.* — 1ᵉʳ tétracorde, mi, fa ♯, sol ♯, la.

La gamme de *mi* produira la gamme du ton de SI.

{ Tétracorde final, nouveau, fa ♯, sol ♯, la ♯, si (qui sera l'initial de la gamme suivante).
{ Son nouveau, *la dièse.* — 1ᵉʳ tétracorde si, ut ♯, ré ♯, mi, fa ♯.

La gamme de *si* produira la gamme du ton de FA DIÈSE.

{ Tétracorde final, ut ♯, ré ♯, mi ♯, fa ♯ (qui sera l'initial de la gamme suivante).
{ Son nouveau, *mi dièse.* — 1ᵉʳ tétracorde, fa ♯, sol ♯, la ♯, si.

Enfin, la gamme de *fa dièse* produira la gamme du ton de UT DIÈSE.

{ Tétracorde final, sol ♯, la ♯, si ♯, ut ♯.
{ Son nouveau, *si dièse.* — 1ᵉʳ tétracorde ut ♯, ré ♯, mi ♯, fa ♯.

(Le maître fera noter ces gammes.)

265. Nous avons vu paraître successivement, diésés, et dans l'ordre suivant : le *fa,* l'*ut,* le *sol,* le *ré,* le *la,* le *mi* et le *si.*

Les sept notes de la gamme étant diésées, il n'est plus possible de former de gamme nouvelle par l'emploi des dièses.

266. Les sept gammes produites par l'emploi successif des sept dièses se sont présentées dans l'ordre suivant :

1ᵉ Gamme	de *sol*	avec un dièse :	fa.	
2ᵉ —	de *ré*	deux dièses :	fa, ut.	
3ᵉ —	de *la*	trois —	fa, ut, sol.	
4ᵉ —	de *mi*	quatre —	fa, ut, sol, ré.	
5ᵉ —	de *si*	cinq —	fa, ut, sol, ré, la.	
6ᵉ —	de *fa* dièse .	six —	fa, ut, sol, ré, la, mi.	
7ᵉ —	d'*ut* dièse . .	sept —	fa, ut, sol, ré, la, mi, si.	

Chacune de ces gammes conserve le dièse ou les dièses qui ont servi à constituer la gamme précédente, et prend un dièse nouveau, invariablement placé sur la note sensible.

Ces gammes se succèdent, comme on vient de le voir, à la distance d'une quinte majeure supérieure ou d'une quarte mineure inférieure (82) *sol, ré, la, mi, si, fa dièse, ut dièse.*

Et les dièses qui servent à former ces gammes se succèdent à une distance semblable, *fa, ut, sol, ré, la, mi, si.*

OBSERVATION SUR L'ORDRE DE PRODUCTION DES DIÈSES ET DES BÉMOLS.

[Il faut remarquer que les bémols et les gammes *par bémols,* — que les dièses et les gammes *par dièses,* — se succèdent par une marche en sens contraire ; les bémols *descendant* de quinte en quinte, ou *montant* de quarte en quarte, — les dièses *montant* de quinte en quinte, ou *descendant* de quarte en quarte.

La succession des bémols et celle des dièses forment deux progressions en sens inverse l'une de l'autre; la note *si*, qui est bémolisée la *première*, étant la *dernière* des notes diésées, et la note *fa*, *premier dièse*, étant le *dernier* bémol.

Bémols { *Si, mi, la, ré, sol, ut, fa.* }
Dièses { *Fa, ut, sol, ré, la, mi, si.* }

Nous allons faire connaître comment les dièses placés à la clef indiquent le ton.

ARMURE DE LA CLEF DANS LES TONS DIÉSÉS.

267. Si l'on trouve au commencement d'un morceau un seul dièse, il est certain, conformément à ce que vous avez vu jusqu'ici, que le morceau sera dans le ton de *sol* (a), et que le dièse sera écrit sur la ligne du *fa*, puisqu'il n'existe qu'une seule gamme ne comportant qu'un dièse, que cette gamme est la gamme de *sol*, et que ce dièse ne peut être que le FA.

La présence de ce *fa dièse*, placé en tête d'un morceau, suffit donc pour avertir :

Que ce morceau (sauf l'exception que la 34e leçon fera connaître) est en *sol*, c'est-à-dire que tous les sons qui entrent dans la composition du morceau sont tirés de la gamme de *sol*, et que par conséquent tous les *fa* sont dièsés, à l'exception de ceux qui seraient précédés d'un bécarre.

268. Si la clef est armée de deux dièses, le morceau est dans le ton de *ré*, et les deux dièses sont nécessairement *fa* et *ut*, puisqu'il n'y a que la gamme de *ré* qui comporte deux dièses, lesquels ne peuvent être que FA et UT.

La présence de ces deux dièses, placés en tête d'un morceau, nous avertit donc, sauf l'exception signalée, que le morceau est en *ré*, et que tous les *fa*, tous les *ut* compris dans ce morceau sont dièses, excepté les *fa* et les *ut* qui seraient précédés d'un bécarre.

Nous n'étendrons pas non plus cette démonstration. Voici le tableau de l'*armure de la clef* dans les tons dièsés.

Comment
on connaît
la tonalité
d'un morceau
diésé.

Ton de *sol*.   de *ré*.   de *la*.   de *mi*.   de *si*.   de *fa* dièse.   d'*ut* dièse.

269. Il faut remarquer, comme moyen de connaître d'un coup d'œil le ton d'un morceau dièsé, que le dernier des dièses qui arment la clef est toujours placé sur la note sensible.

Prenons pour exemple le ton de *ré*, avec deux dièses à la clef; le dernier

Le dernier des dièses placés à la clef indique la note sensible.

dièse, *ut*, est la note sensible. — Ou bien le ton de *si*, avec cinq dièses, le dernier dièse, *la*, est la note sensible.

270. Il suffit donc de monter d'un demi-ton au-dessus du dernier dièse placé à la clef pour connaître le ton du morceau.

271. Ainsi dès le commencement d'un morceau de musique, on connaît, — par la clef : le genre de voix pour lequel le morceau est composé ; — par l'armure de la clef : le ton du morceau ; par le signe de mesure : la mesure employée : — par l'indication qui l'accompagne : le mouvement lent, modéré ou rapide.

272. Il est inutile d'ajouter que lorsqu'il n'y a au commencement d'un morceau ni bémol ni dièse, le morceau est dans le ton d'*ut*, qui n'a besoin d'aucune indication de ce genre, puisque toutes les notes sont naturelles.

Nous avons parcouru la double série :
Des gammes formées par les bémols,
Des gammes formées par les dièses.

(On solfiera les leçons et exercices sur les tonalités produites par l'emploi des bémols et par l'emploi des dièses. — Planche XXVIII et suiv.)

(après la page 112.)

Gammes bémolisées produites par le 1.er tétracorde d'UT.

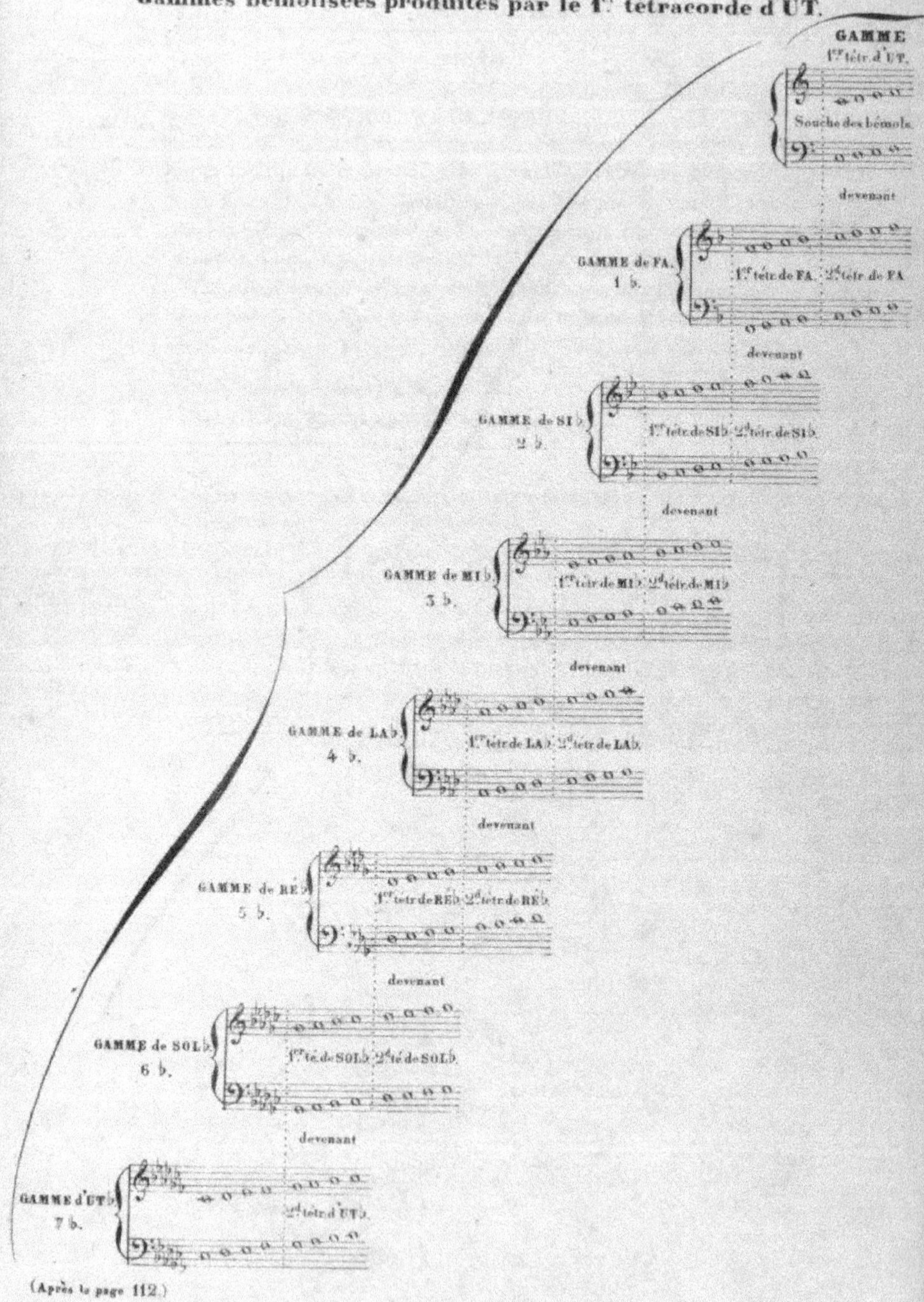

(Après la page 112.)

LEURS TÉTRACORDES COMMUNS.

Gammes dièsées produites par le 2.d tétracorde d'UT.

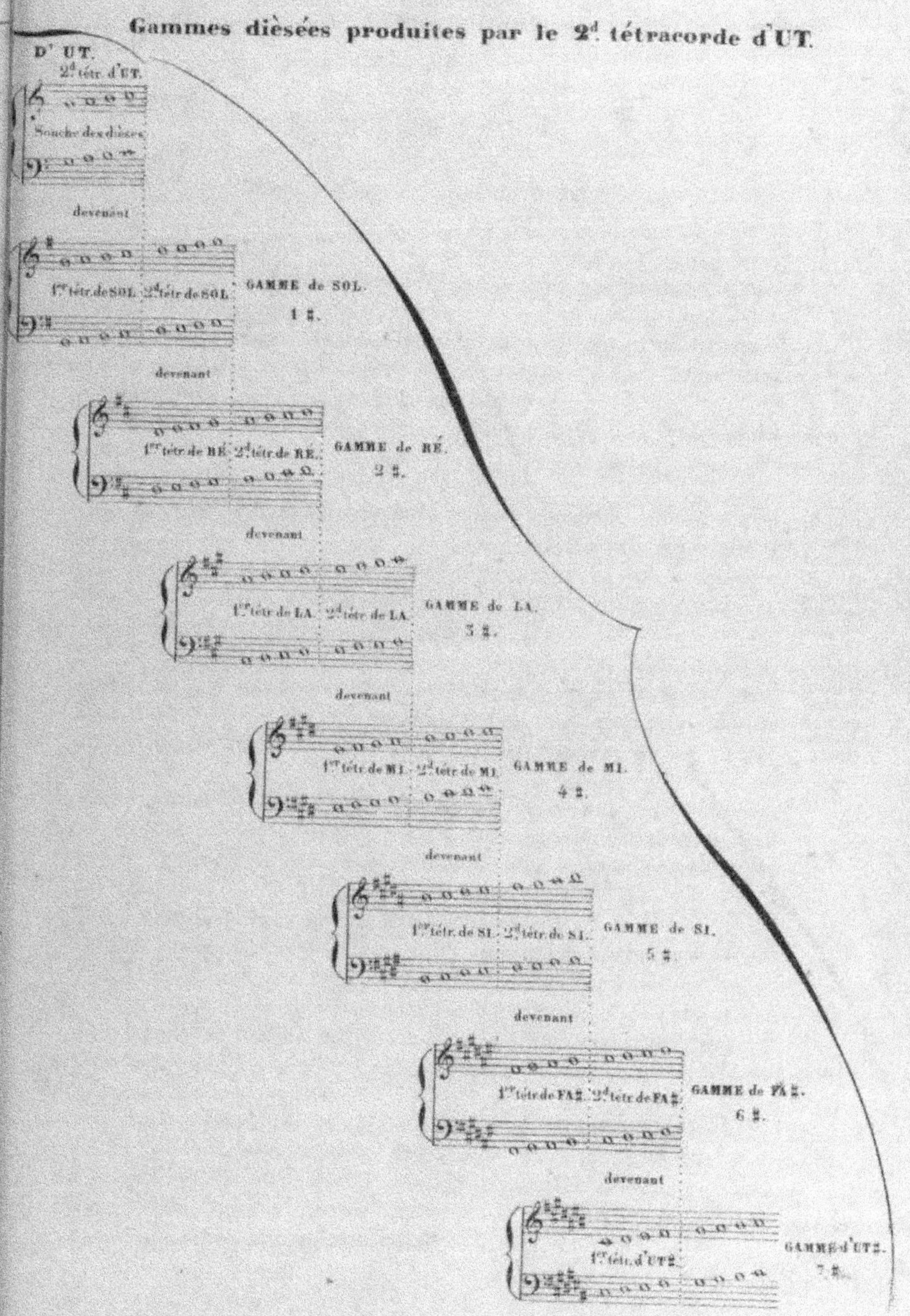

TRENTIÈME LEÇON.

CIRCULATION ENTRE TOUTES LES GAMMES.

Vous avez vu, dans l'étude que nous venons de faire, que les gammes sont pour ainsi dire enchaînées l'une à l'autre.

273. Cet enchaînement n'est pas le résultat de combinaisons volontaires, il existe naturellement, nécessairement, indépendamment de toute convention.

L'ensemble des gammes ne forme qu'une famille.

274. La gamme dans laquelle toutes les notes sont naturelles, la gamme du ton d'*ut*, est la *tige mère* de cette famille.

Cette *tige mère* se divise en deux branches.

275. La première branche, formée du premier tétracorde, celle que nous voyons à notre gauche lorsque nous regardons la gamme écrite, ou représentée sur le clavier, est la souche de toutes les gammes formées par les bémols, puisque nous avons vu, de cette branche, *ut*, *ré*, *mi*, *fa*, sortir la gamme de *fa*, et de celle-ci les autres gammes bémolisées. *(Le 1er tétr. d'ut contient le germe de toutes les gammes bémolisées.)*

276. La branche de droite, formée du second tétracorde, *sol*, *la*, *si*, *ut*, est la souche de toutes les gammes formées par les dièses, puisqu'elle a donné naissance à la gamme de *sol*, d'où sont sorties toutes les autres gammes diésées. *(Le 2e tétr. d'ut contient le germe de toutes les gammes diésées.)*

277. Toute gamme est de même formée de deux rameaux, de deux tétracordes.

278. Ces deux tétracordes communiquent et se fondent, pour ainsi dire, avec les gammes voisines, puisque, par des entrelacements réciproques, tout *tétracorde initial* est en même temps *tétracorde final* d'une autre gamme, et *vice versâ*.

279. L'élément de la gamme est donc le *tétracorde*.

280. Un tétracorde isolé peut appartenir à deux gammes. Le tétracorde *ut*, *ré*, *mi*, *fa*, appartient aussi bien à la gamme du ton d'*ut* qu'à celle du ton de *fa*. *Sol*, *la*, *si*, *ut*, appartiennent aussi bien à la gamme de *sol* qu'à celle d'*ut*.

281. La réunion de deux tétracordes, dont le second succède au premier par un mouvement de seconde majeure ascendante, forme une gamme, et constitue un ton, une tonalité.

282. Toute gamme, outre la tonalité dont elle est l'expression, et dont elle renferme l'ensemble complet, porte, dans chacun des deux tétracordes dont elle se compose, un élément tout préparé, tout disposé à entrer dans une gamme voisine, laquelle lui offre sur-le-champ l'élément complémentaire, c'est-à-dire le tétracorde qui lui manque.

283. Une gamme renferme donc :

Une tonalité complète, dont elle est l'expression, et dont elle porte le nom, — soit le ton d'*ut*, par exemple.

Dans son tétracorde de gauche, soit : *ut*, *ré*, *mi*, *fa*, une demi-gamme appartenant à la tonalité de sa sous-dominante *fa*, devenue tonique, c'est-à-dire au ton de *fa*.

Dans son tétracorde de droite : *sol*, *la*, *si*, *ut*, une demi-gamme appartenant à la tonalité de sa dominante *sol*, devenue tonique, — c'est-à-dire au ton de *sol*.

284. Toutes les gammes qui composent la branche des bémols communiquent entre elles, soit directement par leurs tétracordes communs, soit indirectement par les gammes intermédiaires.

Il en est de même des gammes qui composent la branche des dièses.

Et ces deux grandes branches sont en communication par la gamme d'*ut*, qui les a produites toutes deux.

Il en résulte qu'il existe entre toutes les gammes une circulation non interrompue ; on peut par conséquent, en partant de quelque gamme que ce soit, retrouver toutes les gammes, soit bémolisées, soit diésées.

285. L'ensemble des gammes ne forme donc qu'une famille.

La gamme dans laquelle toutes les notes sont naturelles est la tige mère de toutes les gammes ; — elle porte dans sa branche de gauche le germe de toutes les gammes bémolisées, — dans sa branche de droite le germe de toutes les gammes diésées.

Une gamme, étant connue, peut engendrer toutes les autres.

Le tableau suivant A montrera comment toutes les gammes communiquent et s'enchaînent par leurs tétracordes.

TRENTE ET UNIÈME LEÇON.

LE DEMI-TON DIATONIQUE. — LE DEMI-TON CHROMATIQUE. —
LA GAMME CHROMATIQUE.

286. Nous sommes maintenant en possession de *quatorze* sons nouveaux :

Les sept notes bémolisées,

Et les sept notes diésées.

Nous avons donc à notre disposition les trois séries suivantes :

NOTES BÉMOLISÉES.

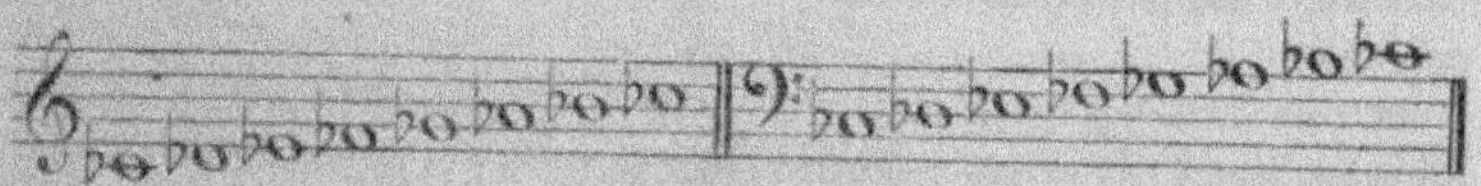

NOTES NATURELLES.

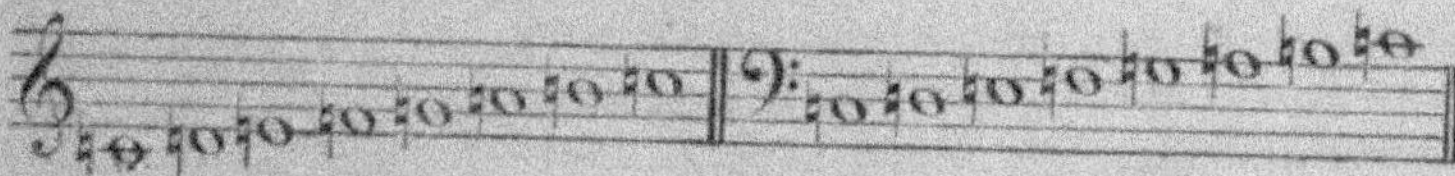

NOTES DIÉSÉES.

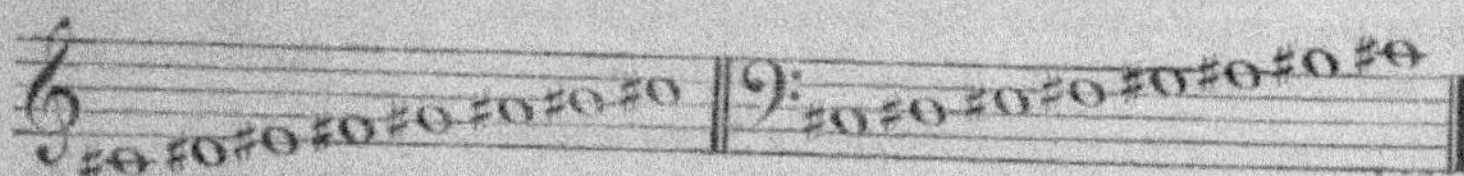

287. Vous avez vu (25ᵉ leçon) que par l'emploi du bémol, comme par celui du dièse, tous les intervalles d'un ton compris dans la gamme naturelle peuvent être divisés en deux demi-tons.

288. Il y a par conséquent deux manières de diviser un ton en deux parties.

On peut le diviser en élevant d'un *demi-ton* le degré inférieur au moyen du dièse (199),

Ou en abaissant d'un *demi-ton* le degré supérieur au moyen du bémol (203).

Prenons pour exemple le ton UT — RÉ, et divisons-le d'abord en élevant le degré inférieur UT au moyen du dièse :

A

289. Il faut remarquer entre ces deux *demi-tons* une différence importante.

8

Deux espèces de demi-tons

Le premier de ces *demi-tons* est formé par le passage de la note *naturelle* à la note *altérée* : *ut — ut dièse*. Les deux sons qui le composent portent le même nom. Il n'y a pas d'exemple d'un pareil intervalle dans les intervalles que vous connaissez, ni d'un *demi-ton* ainsi composé dans aucune des gammes que nous avons étudiées.

Le second *demi-ton* est formé du passage de la note *altérée* à la note supérieure. Chacun des deux sons qui le composent porte un nom différent, il y a passage d'un degré à un autre. C'est le *demi-ton* ordinaire, celui qui forme la *seconde mineure*, celui qui est employé dans la composition de toutes les gammes. Le *demi-ton* qui nous sert d'exemple, *ut dièse — ré*, figure dans toutes les gammes diésées, à partir de la gamme de *ré*.

290. On distingue et l'on caractérise ces deux espèces de *demi-tons*.

Le demi-ton chromatique.

291. Le demi-ton composé de deux sons portant le même nom, formé par l'altération ascendante ou descendante d'un degré, se nomme demi-ton *chromatique*.

Le demi-ton diatonique.

292. Le demi-ton composé de deux notes différentes, passant d'un degré à un autre degré, et formant seconde mineure, se nomme demi-ton *diatonique*.

293. Si nous divisons le même ton ut — ré par l'emploi du *bémol*, en abaissant d'un *demi-ton* le degré supérieur :

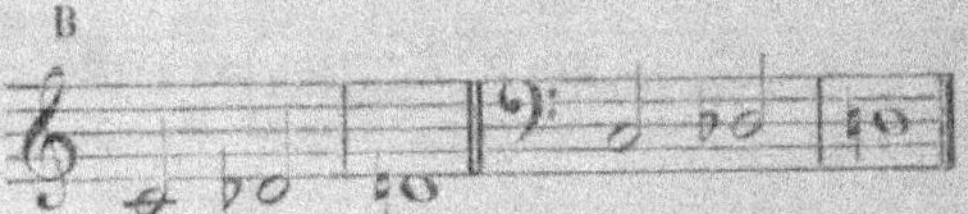

nous trouverons aussi les deux espèces de *demi-tons*.

Mais c'est le demi-ton *diatonique*, le demi-ton formé de deux notes différentes, qui se présentera le premier : *ut — ré bémol*.

Le demi-ton *chromatique*, formé de deux sons portant le même nom, par le passage de la note *altérée* à la note *naturelle*, viendra ensuite : *ré bémol — ré naturel*.

294. Un *ton* est donc composé de deux *demi-tons*, dont l'un est *diatonique* et l'autre *chromatique* ; et le partage d'un *ton*, que ce partage ait lieu par l'emploi du *dièse* ou par l'emploi du *bémol*, produira toujours un demi-ton *diatonique* et un demi-ton *chromatique*.

Si le *ton* est divisé par l'emploi du *dièse*, comme on l'a vu dans l'exemple A, c'est le demi-ton *chromatique* qui se présente le premier.

Si le *ton* est divisé par l'emploi du *bémol*, comme dans l'exemple B, c'est le demi-ton *diatonique* qui se présente d'abord.

La gamme chromatique.

295. On peut diviser *chromatiquement* toutes les gammes, c'est-à-dire diviser en *demi-tons*, soit par l'emploi du *dièse*, soit par celui du *bémol*, les cinq *tons* qui entrent dans la composition d'une gamme. On fait alors entendre tous les demi-tons contenus dans une octave. La gamme qui procède ainsi uniquement par *demi-tons*, et dont le *ton* est exclu, se nomme *gamme chromatique*.

296. Il y aura donc *douze* sons différents, douze demi-tons consécutifs dans une gamme *chromatique*. Dix de ces *demi-tons* seront produits par la division des cinq *tons* en deux parties. Les deux autres sont les demi-tons qui se trouvent naturellement dans toute gamme.

Elle est composée de douze sons

297. On nomme *diatoniques* toutes les gammes que vous connaissez, la gamme naturelle ainsi que les gammes diésées et bémolisées, pour exprimer que les demi-tons qui entrent dans la composition de ces gammes sont toujours *diatoniques*, puisqu'ils sont formés de deux notes, dont chacune porte un nom différent.

On nomme diatoniques les gammes dont la gamme d'ut est le type.

Aucun demi-ton *chromatique* ne peut entrer dans la composition d'une gamme *diatonique*.

298. Le nom de gammes *chromatiques* donné aux gammes qui procèdent par *demi-tons* ne veut pas dire que ces gammes sont uniquement formées de demi-tons *chromatiques*. Ce serait impossible, puisque la division du ton produit toujours les deux espèces de demi-tons. Le demi-ton *diatonique* figure donc nécessairement aussi dans la gamme *chromatique*.

Les gammes chromatiques sont formées de demi-tons diatoniques et chromatiques.

299. L'ensemble des gammes *diatoniques* forme ce qu'on nomme le *genre diatonique*, dans lequel on emploie les *tons* entiers et les *demi-tons diatoniques*.

Le genre diatonique.

L'ensemble des gammes divisées *chromatiquement* forme le *genre chromatique*, lequel consiste dans l'emploi des *demi-tons, diatoniques* et *chromatiques*, et dont le *ton* est exclu.

Le genre chromatique.

300. Puisque le *dièse* et le *bémol* produisent également la division du *ton* en deux *demi-tons*, il est évident qu'on peut écrire une gamme chromatique, soit en employant les dièses, soit en employant les bémols, soit en combinant ces deux signes de l'altération.

Différentes manières de noter une gamme chromatique.

GAMME CHROMATIQUE PAR DIÈSES.

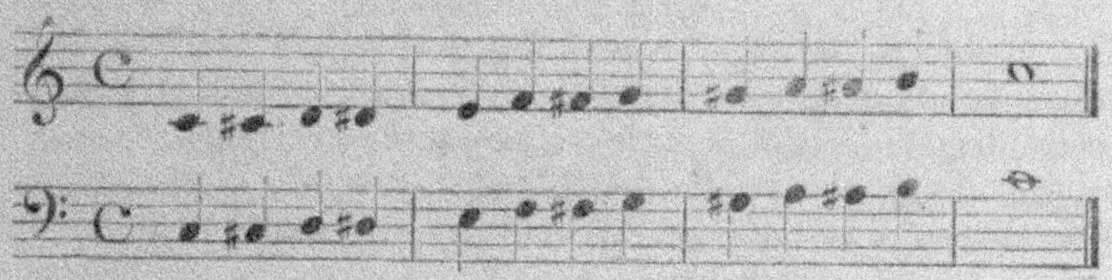

GAMME CHROMATIQUE PAR BÉMOLS.

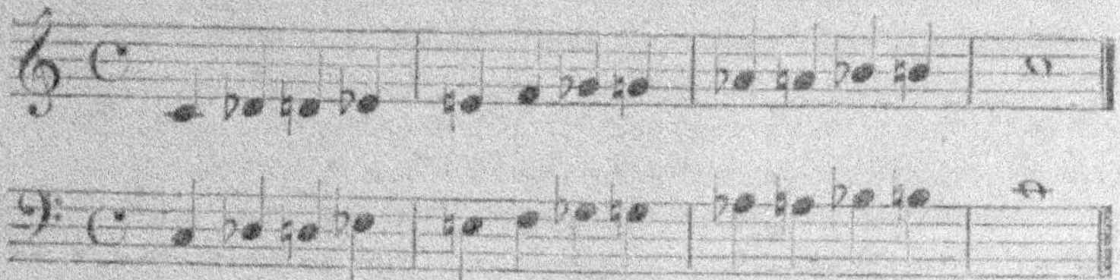

GAMME CHROMATIQUE PAR L'EMPLOI DES DEUX SIGNES DE L'ALTÉRATION.

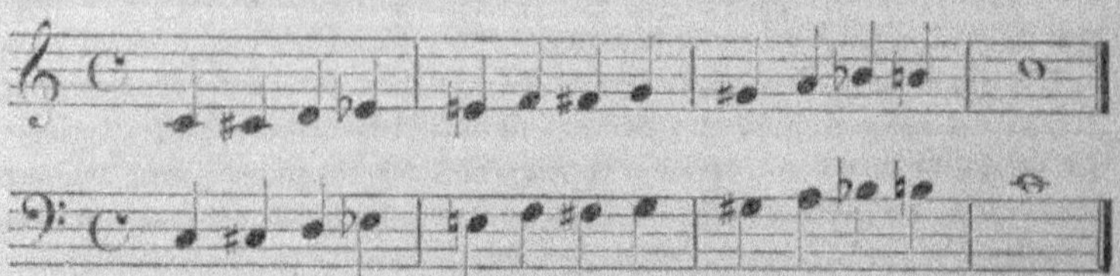

Autre exemple :

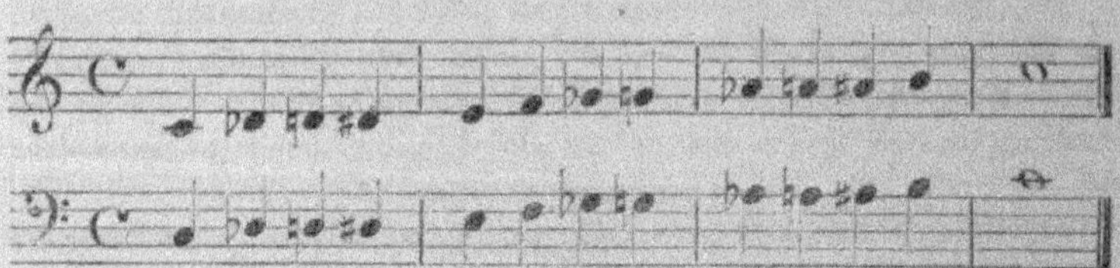

301. Ces gammes chromatiques, quoique figurées de diverses manières, ne produisent pour l'oreille qu'un seul et même effet. Ce sera démontré dans la leçon suivante.

(On solfiera les exercices sur les demi-tons chromatiques. — Pl. XXXV et XXXVI.)

TRENTE-DEUXIÈME LEÇON.

ENHARMONIE, OU SYNONYMIE DES NOTES, PRODUITE PAR L'EMPLOI DU GENRE
CHROMATIQUE. — LE DOUBLE DIÈSE. — LE DOUBLE BÉMOL.

Nous venons de dire :

« Ces gammes chromatiques, quoique figurées de diverses manières, ne
produisent pour l'oreille qu'un seul et même effet. »

302. On a vu que la division des tons en deux demi-tons pouvait s'opérer
de deux manières : en élevant d'un *demi-ton* le degré inférieur au moyen du
dièse ; en abaissant d'un *demi-ton* le degré supérieur au moyen du bémol.

Mais il est évident que ce partage du ton, soit qu'on l'opère par l'emploi du
dièse, soit qu'il ait lieu par l'emploi du bémol, ne peut produire qu'un seul
son intermédiaire, un son unique, quoique le son produit puisse porter deux
noms différents.

303. En effet, que l'on partage la distance d'*ut* à *ré*, en s'élevant d'*ut* à *ut
dièse*, ou en descendant de *ré* à *ré bémol*, on aura, des deux côtés, parcouru une
distance égale, un demi-ton.

Ut dièse et *ré bémol* se rencontreront donc au point de partage du ton, et
se trouveront placés de niveau :

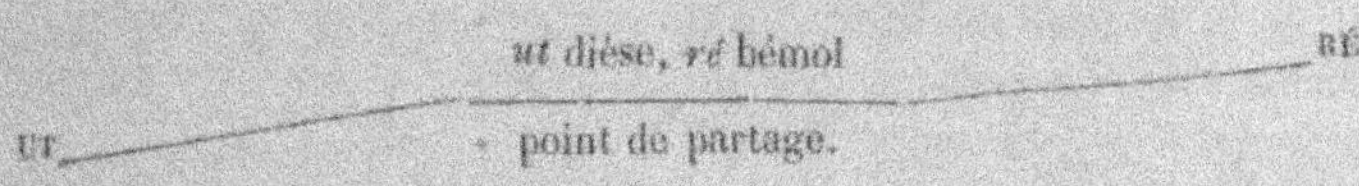

ut dièse et *ré bémol* ne produiront par conséquent qu'un seul et même son
portant le nom de la note à laquelle il doit son origine, selon qu'il s'élève du
degré inférieur, ou qu'il descende du degré supérieur.

304. Cette rencontre, cette fusion en un seul son de deux notes dont le nom
est différent, cette synonymie se nomme *enharmonie*.

305. Toute note diésée a donc pour *synonyme*, pour *enharmonie*, pour *Son
enharmonique*, la note bémolisée qui descend du degré supérieur immédiat.

De même, toute note bémolisée a pour *Son enharmonique* la note diésée qui
s'élève du degré inférieur immédiat.

Ou bien, en réunissant ces deux règles en une seule :

La note diézée et la note bémolisée qui se rencontrent au point de partage
d'un ton, se confondent en un seul et même son, et sont *enharmoniques* l'une
de l'autre.

Ainsi, *ut dièse* et *ré bémol* se confondent en un seul et même son, et forment *enharmonie* (a). Il en est de même :

de *ré dièse* et *mi bémol*,
de *fa dièse* et *sol bémol*,
de *sol dièse* et *la bémol*,
de *la dièse* et *si bémol*.

Il est donc évident que les gammes chromatiques que nous avons présentées, quoique différentes en apparence, ne produisent pour l'oreille qu'un seul et même effet.

306. Les notes qui composent les demi-tons naturels, *mi-fa*, *si-ut*, ont aussi leurs *enharmoniques*.

Le *mi*, élevé d'un demi-ton par l'emploi du dièse, se trouve placé au niveau du *fa naturel*,

Mi dièse et *fa naturel* se confondent par conséquent dans le même son et sont enharmoniques l'un de l'autre.

Le *fa*, abaissé d'un demi-ton par le moyen du bémol, se trouve placé au niveau du *mi naturel*,

Mi naturel et *fa bémol* se fondent aussi dans un son unique, et sont enharmoniques.

De même *si dièse* et *ut naturel*, — *ut bémol* et *si naturel*, — sont enharmoniques l'un de l'autre (b).

307. Cette *enharmonie*, cette *dualité* de noms pour un son unique, n'est pas le résultat d'une convention, elle est forcée, nécessaire, inévitable. Elle naît de la musique même, et il n'est pas possible, dans la formation des gammes, d'appeler indifféremment une note diésée ou bémolisée du nom de la note qui forme *enharmonie* avec elle.

308. Prenons pour exemple le premier bémol, *si*, que nous avons vu paraître en formant la gamme de *fa*.

Qu'avons-nous dû faire pour former la gamme de *fa* ? (226)

Nous avons dû abaisser d'un demi-ton le *si*, afin qu'il n'y ait qu'un *demi-ton* du troisième au quatrième degré, et qu'il y ait un *ton* du quatrième au cinquième, conditions indispensables à l'existence d'une gamme.

C'est donc bien le *si* abaissé d'un demi-ton, le *si bémol*, dont nous avons eu besoin ; c'est bien le *si bémol* que nous avons vu se produire, et il serait impos-

---

(a) C'est pourquoi sur les instruments à clavier, chaque touche noire reçoit deux noms, parce qu'elle fait entendre le son produit par le *dièse* de la note inférieure, et celui qui est produit par le *bémol* de la note supérieure. Ainsi, par exemple, la touche noire qui sépare *ut* de *ré* se nomme *ut dièse* ou *ré bémol*, etc.

(b) C'est pourquoi il n'y a pas de touche noire sur les claviers entre *mi* et *fa*, entre *si* et *ut*. La touche *mi* est en même temps la touche *fa bémol*. — La touche *fa* est aussi le *mi dièse*. — *Si* est *ut bémol*, — et *ut* est *si dièse*.

sible de lui donner, dans ce cas, le nom de son synonyme *la dièse*, puisqu'il faudrait dire, en solfiant la gamme de *fa* : fa, sol, *la*, *la*, ut, ré, mi, fa ; énonciation qui porterait le trouble et la confusion dans la lecture et dans l'écriture musicales, parce qu'elle est contraire à la vérité de la gamme.

309. De même on ne pourrait nommer le *la dièse* qui paraît dans la gamme de *si naturel*, du nom de son synonyme *si bémol*, parce que c'est *la dièse* et non *si bémol* qui est note sensible du ton de *si naturel*, et qu'on ne pourrait dire dans la gamme de *si naturel* : si, ut, ré, mi, fa, sol, *si*, *si*.

310. Par des raisons analogues, dans la gamme du ton de *fa dièse*, le *mi dièse* ne saurait se nommer *fa naturel*. — Le *si dièse* ne saurait se nommer *ut naturel* dans la gamme du ton d'*ut dièse*. — L'*ut bémol*, nécessaire à la formation de la gamme de *sol bémol*, ne peut être nommé *si naturel*. — Le *fa bémol*, nécessaire à la formation de la gamme d'*ut bémol*, ne saurait se nommer *mi naturel*.

311. Il y a des gammes qui sont synonymes ou enharmoniques d'autres gammes.

Ainsi la gamme de *ré bémol*, avec cinq bémols, et la gamme d'*ut dièse*, avec sept dièses, — la gamme de *sol bémol*, avec six bémols, et la gamme de *fa dièse*, avec six dièses, — la gamme d'*ut bémol*, avec sept bémols, et la gamme de *si naturel*, avec cinq dièses,

Sont *enharmoniques* l'une de l'autre (a).

312. Non-seulement les sons dièsés et bémolisés et les notes qui forment les demi-tons naturels ont leurs enharmoniques, mais toutes les notes naturelles peuvent avoir leurs enharmoniques par l'emploi du *double dièse* et du *double bémol*.

Le double dièse élève d'un ton la note dont il est suivi ; il se figure ainsi :𝄪.

Le double bémol l'abaisse d'un ton ; il se figure ainsi ♭♭.

Ces deux signes d'altération sont employés moins fréquemment que les altérations simples (b).

Il nous reste à vous faire connaître :

Les modifications nouvelles apportées aux intervalles par l'emploi du genre chromatique.

Et une nouvelle famille de gammes, qui participent à la fois du genre diatonique et du genre chromatique. Ce sont les gammes nommées *mineures*.

(On solfiera les leçons sur l'emploi de l'enharmonie. — Pl. XXXVI.)

(a) Le compositeur, en écrivant sa musique, s'il doit employer une de ces gammes qui a son *enharmonique*, choisit celle qui offre le moins de difficultés au lecteur. En général, les tons qui comportent un grand nombre de bémols et de dièses se montrent plus rarement que les tons moins chargés d'altération.

(b) Si l'on veut former la gamme du ton de *sol dièse*, il faudra nécessairement employer, comme note sensible, le *fa double dièse*. La note sensible de *sol* doit toujours se nommer *fa*, par conséquent la note sensible de *sol dièse* ne pourrait se nommer *sol naturel*.

TRENTE-TROISIÈME LEÇON.

MODIFICATIONS APPORTÉES AUX INTERVALLES PAR L'EMPLOI DU GENRE CHROMATIQUE. — INTERVALLES AUGMENTÉS ET DIMINUÉS.

Vous avez appris dans la seconde partie de cette méthode à distinguer et à mesurer les intervalles compris dans la gamme d'*ut*, type de toutes les gammes *diatoniques*.

Vous savez que chacun de ces intervalles a deux formes : qu'il peut être majeur ou mineur,

Que l'intervalle majeur est plus grand d'un demi-ton que le même intervalle mineur ;

Et que l'on trouve dans toutes les gammes, diésées ou bémolisées, dont l'ensemble forme le genre diatonique, tous les intervalles, majeurs et mineurs, correspondant aux intervalles contenus dans la gamme d'*ut*.

313. Mais nous avons maintenant à notre disposition les sons produits par les altérations, et l'emploi de ces sons nouveaux, c'est-à-dire l'emploi du genre chromatique, en permettant d'éloigner ou de rapprocher les deux sons qui forment un intervalle, donne naissance à des intervalles plus grands que les majeurs, plus petits que les mineurs.

Les intervalles peuvent être augmentés ou diminués par l'emploi des altérations.

314. L'intervalle plus grand que l'intervalle *majeur* se nomme *augmenté*.

315. L'intervalle plus petit que l'intervalle *mineur* se nomme *diminué*.

316. Un intervalle *augmenté* a toujours un demi-ton *chromatique* de plus que le même intervalle *majeur*.

317. Un intervalle *diminué* a toujours un demi-ton *chromatique* de moins que le même intervalle *mineur*.

318. C'est en empruntant à la gamme *chromatique* des sons étrangers à la gamme *diatonique* que l'on forme les intervalles *augmentés* et *diminués*.

319. La *sixte majeure* UT — LA, par exemple, composée de quatre tons et du demi-ton diatonique *mi fa*, est comprise dans la gamme d'*ut*.

Deux manières d'augmenter un intervalle.

Empruntons à la gamme chromatique le son *la dièse*, et substituons-le au son *la naturel*, nous aurons ajouté à cette sixte majeure le demi-ton chromatique *la — la dièse*, et nous aurons obtenu une *sixte augmentée*, composée : de quatre tons, du demi-ton diatonique *mi — fa*, et du demi-ton chromatique *la — la dièse*.

320. Cette augmentation serait également obtenue en laissant substituer le *la naturel*, et en empruntant à la gamme chromatique l'*ut bémol*, que l'on substituerait à l'*ut naturel*. On ajoute dans ce cas, à la sixte majeure, le demi-ton chromatique *ut — ut bémol* ; le résultat donnera de même une *sixte augmentée*.

On peut donc obtenir une *sixte augmentée*, formée des deux sons, UT — LA, sous les deux formes suivantes, selon qu'on emprunte à la gamme chromatique le *la dièse* ou l'*ut bémol*.

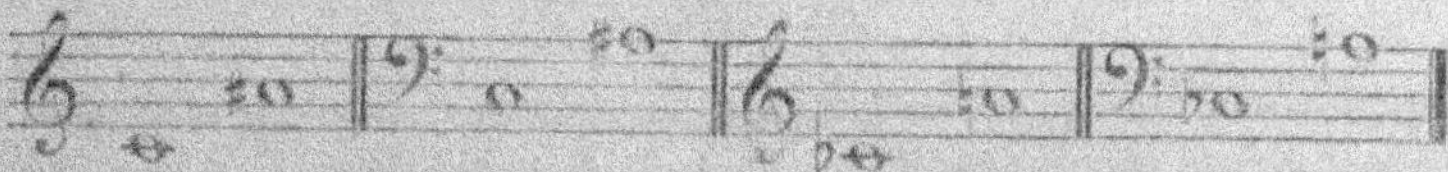

321. Essayons maintenant de former un intervalle *diminué* d'un intervalle mineur compris dans la gamme d'*ut*. Prenons la *septième mineure*, SOL — FA, composée de quatre tons et des deux demi-tons diatoniques *si — ut* ; *mi — fa*.

Empruntons à la gamme chromatique le son *sol dièse*, substituons-le au *sol naturel*. En commençant par le *sol dièse* nous retranchons de cette septième mineure le demi-ton chromatique *sol — sol dièse*, et nous obtenons une *septième diminuée* composée de trois tons et des trois demi-tons diatoniques, *sol dièse — la ; si — ut ; mi — fa*.

322. Cette diminution serait également obtenue en laissant substituer le *sol naturel*, et en empruntant à la gamme chromatique le *fa bémol*, pour le mettre à la place du *fa naturel*. En s'arrêtant au *fa bémol*, on supprime le demi-ton chromatique compris entre *fa bémol* et *fa naturel*. On a de même pour résultat une *septième diminuée*.

On peut donc obtenir une *septième diminuée*, formée des deux sons SOL — FA, sous les deux formes suivantes, selon qu'on emprunte à la gamme chromatique le *sol dièse* ou le *fa bémol* :

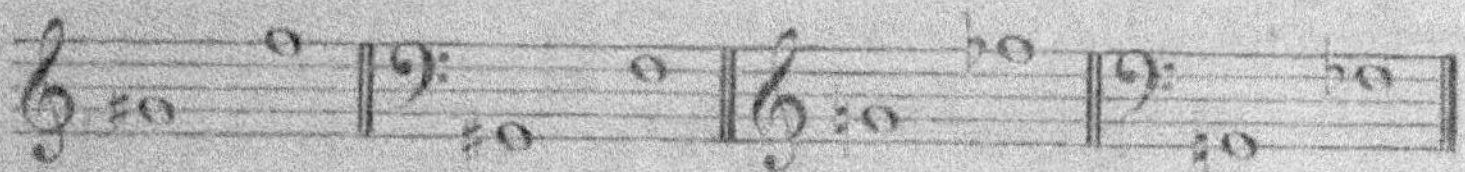

323. L'*augmentation* n'est pas applicable dans la pratique à tous les intervalles majeurs. Certains intervalles augmentés n'existent, pour ainsi dire, que théoriquement, et par analogie.

324. La *seconde augmentée*, la *quinte augmentée*, la *sixte augmentée*, sont assez fréquemment employées.

325. La *tierce augmentée* est rarement employée, la *quarte augmentée* (a), la *septième augmentée*, sont presque inusitées.

326. Tous les intervalles mineurs ne se prêtent pas non plus à la *diminution*.

327. La *tierce diminuée*, la *quarte diminuée*, et surtout la *septième diminuée*, sont fréquemment employées.

(a) Nous avons nommé *quarte majeure* (2ᵉ partie, 12ᵉ leçon, tableau des intervalles), l'intervalle auquel on donne à tort le nom de *quarte augmentée*. L'intervalle de *quarte augmentée* dont il est question dans ce § 325 est l'augmentation du *triton*, que nous nommons *quarte majeure*. Elle est composée de trois tons et d'un demi-ton *chromatique*, comme par exemple de *fa* à *si dièse*, de *ré bémol* à *sol dièse*, etc.

328. La *seconde diminuée* (a), la *quinte diminuée* (b), la *sixte diminuée*, ne sont pas pratiquées.

Observations.

[L'*unisson* n'étant ni *majeur* ni *mineur*, ne peut être ni *augmenté* ni *diminué*. Le mot *unisson* comporte d'ailleurs l'idée de deux sons ayant la même intonation.

Cependant le passage d'une note à la même note *diésée* ou *bémolisée*, ou d'une note *bémolisée* ou *diésée* à la même note naturelle, comme d'*ut* à *ut dièse*, d'*ut bémol* à *ut naturel*, de *mi naturel* à *mi bémol*, forme un intervalle. C'est le *demi-ton chromatique*, élément du genre chromatique (291). On le nomme *unisson altéré*, désignation qui le caractérise clairement.

L'octave n'étant non plus ni *majeure* ni *mineure*, ne devrait pas recevoir les qualifications d'*augmentée* ou de *diminuée*.

On doit cependant nommer *octave augmentée*, l'octave à laquelle on ajoute un *demi-ton chromatique*, comme par exemple d'*ut* à *ut dièse*, en montant :

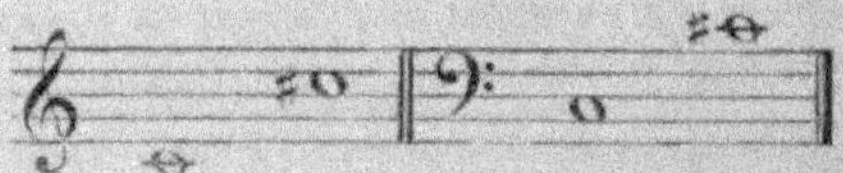

Cette octave est composée de cinq tons et de trois demi-tons, dont un *chromatique*.

Et *octave diminuée*, celle de laquelle on retranche un *demi-ton chromatique*, comme d'*ut* à *ut dièse*, en descendant :

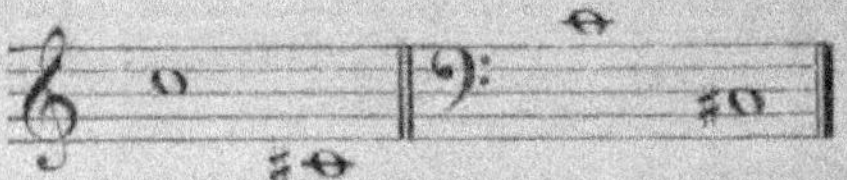

Cette octave est composée de quatre tons et trois demi-tons *diatoniques*. Ces sortes d'octaves sont pour ainsi dire inusitées.]

Nous allons faire connaître la composition des intervalles augmentés et diminués généralement usités, et en donner des exemples.

INTERVALLES AUGMENTÉS.

Les *intervalles augmentés* les plus usités, sont , comme nous l'avons dit (324), la *seconde*, la *quinte* et la *sixte*.

(a) La *seconde diminuée* n'existe que théoriquement. Il faut, pour former un intervalle diminué d'un intervalle mineur, retrancher de celui-ci un demi-ton. Or, la seconde mineure ne se compose que d'un demi-ton. Il ne resterait donc rien. En effet, les sons *ut dièse* et *ré bémol*, *mi dièse* et *fa naturel*, etc., qui forment, en théorie, une seconde diminuée, sont *enharmoniques* l'un de l'autre, et se confondent dans la même intonation.

(b) Nous avons nommé *quinte mineure* (12ᵉ leçon), l'intervalle auquel on donne à tort le nom de *quinte diminuée*. La *quinte diminuée* dont il est question dans ce § 328 est la *diminution* de notre *quinte mineure*, elle est formée d'un ton et trois demi-tons diatoniques, comme de *sol dièse* à *ré bémol*.

LA SECONDE AUGMENTÉE.

329. La seconde majeure étant composée d'un ton,

Seconde majeure.

Un ton.

La *seconde augmentée* est composée d'un ton et d'un demi-ton chromatique.

Exemples de secondes augmentées.

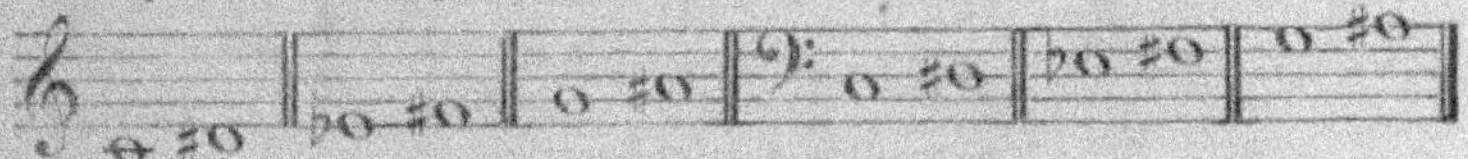

Un ton, et un demi-ton chromatique.

LA QUINTE AUGMENTÉE.

330. La quinte majeure étant composée de trois tons et d'un demi-ton diatonique,

Quinte majeure.

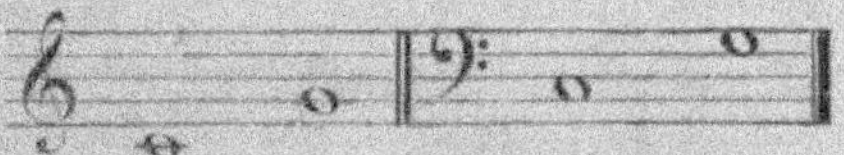

Trois tons et un demi-ton diatonique.

La *quinte augmentée* est composée de trois tons et de deux demi-tons, dont un chromatique.

Exemples de quintes augmentées.

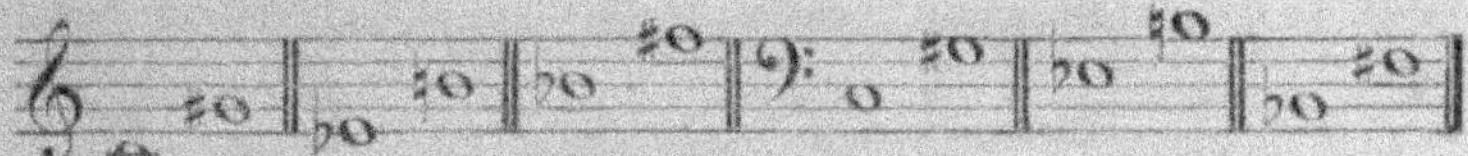

Trois tons et deux demi-tons, dont un chromatique.

LA SIXTE AUGMENTÉE.

331. La sixte majeure étant composée de quatre tons et d'un demi-ton diatonique,

Sixte majeure.

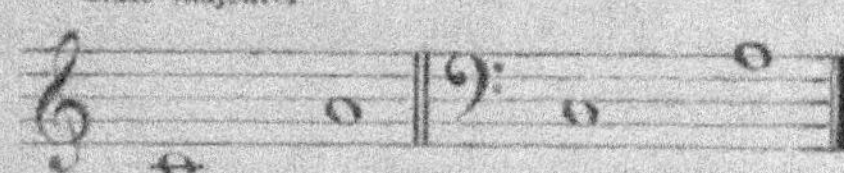

Quatre tons et un demi-ton diatonique.

La *sixte augmentée* est composée de quatre tons et de deux demi-tons, dont un chromatique.

Exemples de sixtes augmentées.

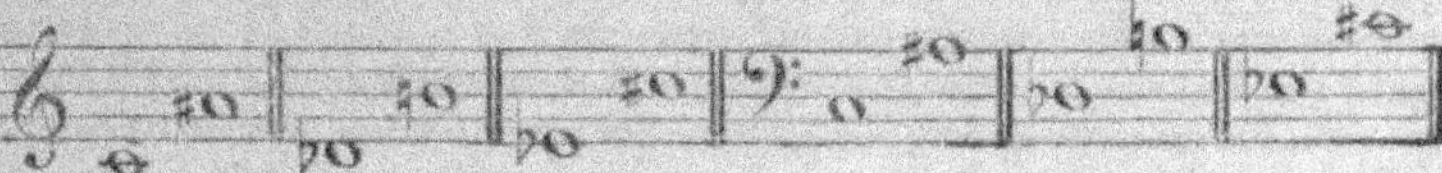

Quatre tons et deux demi-tons, dont un chromatique.

INTERVALLES DIMINUÉS.

Les *intervalles diminués* usités sont, comme il a été dit (327), la *tierce*, la *quarte* et la *septième*.

LA TIERCE DIMINUÉE.

352. La tierce mineure est composée d'un ton et d'un demi-ton diatonique,

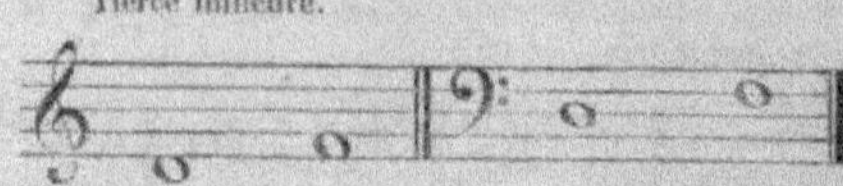

La *tierce diminuée* compte un demi-ton chromatique de moins.

Mais on ne peut dire de la tierce diminuée qu'elle est composée d'un ton, parce qu'elle est formée de deux demi-tons diatoniques (294), c'est-à-dire de *deux moitiés* de *ton*, dont chacune appartient à un *ton* différent (*a*).

Exemples des tierces diminuées.

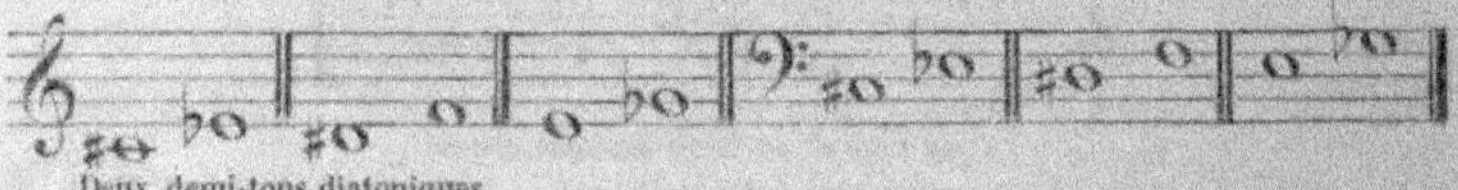

LA QUARTE DIMINUÉE.

353. La quarte mineure est composée de deux tons et d'un demi-ton diatonique.

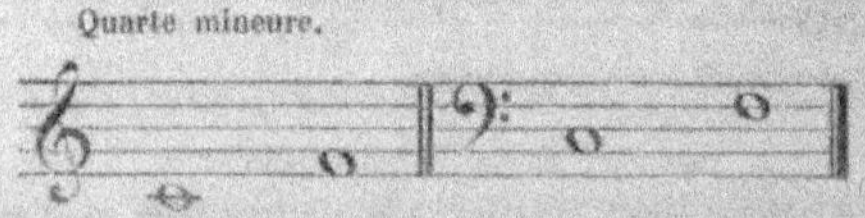

La *quarte diminuée* compte un demi-ton chromatique de moins.

Elle est composée d'un ton et de deux demi-tons diatoniques.

Exemples de quartes diminuées.

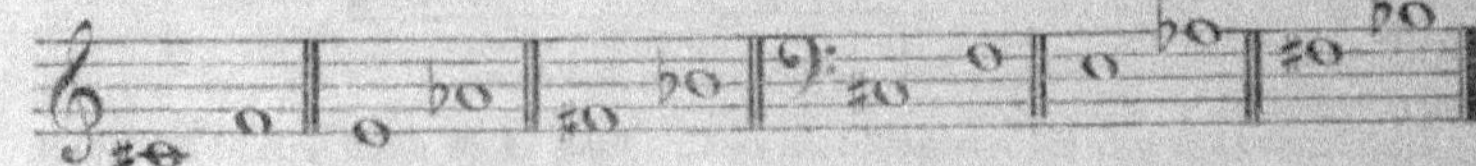

(*a*) Pour former de la tierce mineure *ré — fa*, par exemple, la tierce diminuée *ré dièse — fa*, on retranche de cette tierce mineure le demi-ton chromatique *ré — ré dièse*. Il ne reste donc plus que les deux demi-tons diatoniques *ré dièse — mi; mi fa*. Cette observation s'applique à la formation de tous les intervalles diminués, soit par le dièse de la note inférieure, soit par le bémol de la note supérieure (317—321—322).

LA SEPTIÈME DIMINUÉE.

334. La septième mineure est composée de quatre tons et de deux demi-tons diatoniques,

La *septième diminuée* compte un demi-ton chromatique de moins.
Elle est composée de trois tons et de trois demi-tons diatoniques.

Exemples de septièmes diminuées.

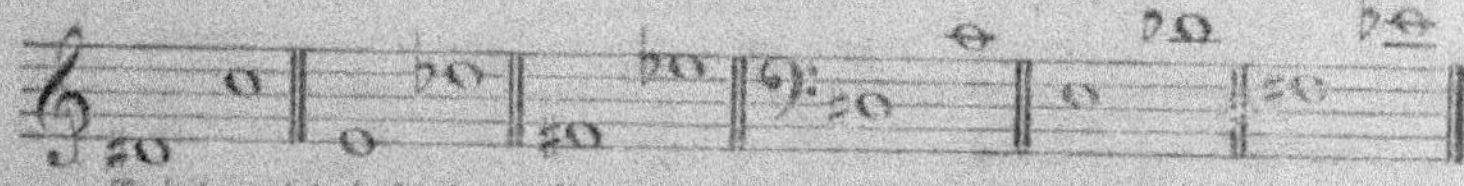

(Le maître fera le dénombrement des tons et des demi-tons diatoniques et chromatiques compris dans chacun de ces exemples.)

335. L'intonation des intervalles augmentés, à cause de l'effort de voix qu'elle exige, est plus difficile que l'intonation des intervalles diminués.

336. On emploie presque toujours les intervalles augmentés en montant, et les diminués en descendant. Exemples :

INTERVALLES AUGMENTÉS.

INTERVALLES DIMINUÉS.

RENVERSEMENT DES INTERVALLES AUGMENTÉS ET DIMINUÉS.

337. Les intervalles augmentés et les intervalles diminués se renversent entre eux, comme se renversent entre eux les intervalles majeurs et les intervalles mineurs.

L'intervalle majeur renversé forme un intervalle mineur (81),

L'intervalle mineur renversé forme un intervalle majeur,

338. De même, l'intervalle augmenté forme par le renversement un intervalle diminué,

L'intervalle diminué renversé devient un intervalle augmenté,

En se conformant toujours à la règle qui veut que la somme des deux nombres fasse 9;

Et que la seconde devienne septième —la tierce, sixte, — la quarte, quinte, et *vice versâ*.

339. Par conséquent, la seconde augmentée devient septième diminuée ;

la quinte augmentée   quarte diminuée ;

la sixte augmentée   tierce diminuée ;

et *vice versâ*.

EXEMPLES D'INTERVALLES AUGMENTÉS, RENVERSÉS.

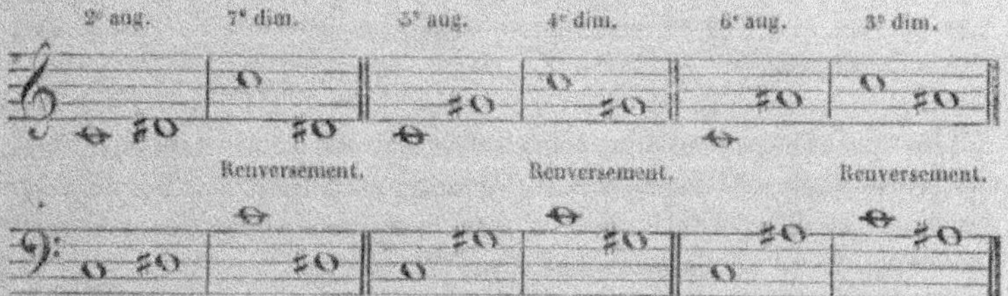

EXEMPLES D'INTERVALLES DIMINUÉS, RENVERSÉS.

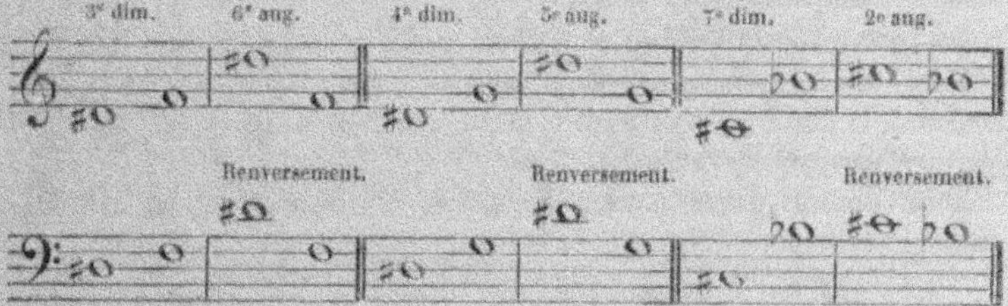

340. On voit que les intervalles augmentés usités produisent, par le renversement, les intervalles diminués qui sont aussi les plus usités ; et que par conséquent les intervalles diminués usités reproduisent, par le renversement, les intervalles augmentés qu'on emploie aussi le plus fréquemment.

La tierce, la quarte et la septième augmentées, intervalles inusités, produiraient, par le renversement, la sixte, la quinte et la seconde diminuées, également inusitées.

Les intervalles redoublés (74-75), c'est-à-dire ceux qui dépassent l'étendue de l'octave, peuvent être augmentés ou diminués, comme les intervalles simples auxquels ils correspondent.

Les intervalles redoublés ne peuvent guère s'employer que dans la musique instrumentale, à cause de la grande étendue qu'ils embrassent.

(Solfiez les exercices sur les intervalles augmentés et diminués qui suivent le tableau, pl. XXXVII, lequel réunit d'autres exemples de ces intervalles directs et renversés.)

TRENTE-QUATRIÈME LEÇON.

LA GAMME MINEURE. — LE MODE MAJEUR. — LE MODE MINEUR. — LES TONS RELATIFS. — L'ACCORD PARFAIT, MAJEUR OU MINEUR, — LA CADENCE PARFAITE. — ARMURE DE LA CLEF DANS LES TONS MINEURS. — DÉPLACEMENT DES TÉTRACORDES DANS LE MODE MINEUR.

Il faut maintenant vous faire connaître la nouvelle famille de gammes dont nous avons parlé (32e leçon, § 342), lesquelles participent à la fois du *genre diatonique* et du *genre chromatique*, mais appartiennent cependant au genre diatonique, parce que le genre diatonique y domine.

Gammes majeures ou mineures.

341. Les gammes peuvent être *majeures* ou *mineures*.

342. Toutes les gammes diatoniques que vous connaissez, *diésés* ou *bémolisées*, sont *majeures*.

Les gammes nouvelles dont nous allons parler se nomment *mineures*.

Différences qui distinguent les gammes majeures des gammes mineures.

343. Dans les gammes que vous connaissez, c'est-à-dire dans les gammes *majeures*, la tierce qui existe entre la *tonique* et la *médiante* est une tierce *majeure*, par exemple, en *ut : ut — mi*.

Et la sixte qui existe entre la *tonique* et la *su-dominante* est une sixte *majeure : ut — la*.

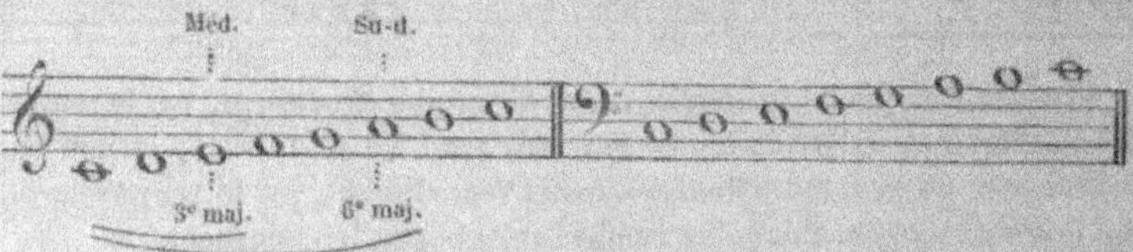

344. Dans les gammes *mineures*, que nous allons vous faire connaître, la tierce et la sixte formées par la *médiante* et la *su-dominante* avec la *tonique* sont toujours mineures.

Toute gamme majeure peut devenir mineure.

345. Il faut donc, pour changer une gamme *majeure* en gamme *mineure*, baisser d'un demi-ton la *médiante* et la *su-dominante*, pour rendre *mineures* la *tierce* et la *sixte* de la *tonique*.

Nous allons rendre *mineure* la gamme d'*ut*, pratiquée jusqu'ici seulement sous la forme *majeure* :

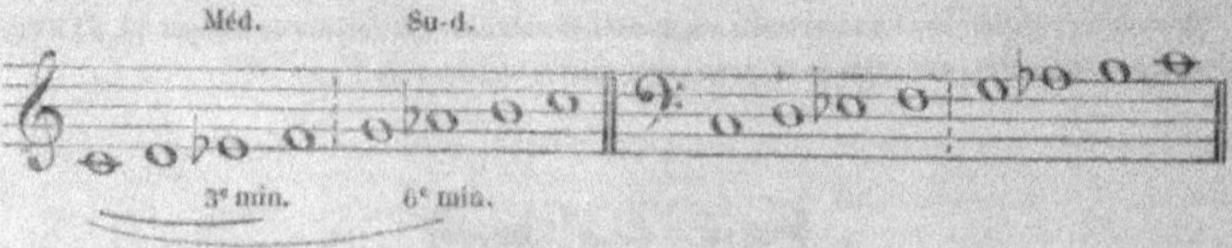

Le *mi* et le *la*, abaissés d'un demi-ton par l'emploi du bémol, ne forment plus avec la tonique *ut* qu'une tierce et une *sixte mineure*. La gamme d'*ut*, ainsi modifiée, est *mineure*.

346. Les deux tétracordes qui forment une gamme *mineure* ne sont pas semblables dans leur composition ;

On trouve dans le premier de ces deux tétracordes un ton, d'*ut* à *ré*, — un demi-ton, de *ré* à *mi bémol*, — un ton, de *mi bémol* à *fa*.

Dans le second : un demi-ton, de *sol* à *la bémol*, — un ton et demi, de *la bémol* à *si naturel*, — un demi-ton, de *si* à *ut*.

347. L'intervalle composé d'un ton et demi, qu'on remarque dans le second tétracorde, de la su-dominante *la bémol* à la note sensible *si naturel*, forme une *seconde augmentée*, et c'est par cet intervalle, né du genre *chromatique*, que la gamme *mineure* participe du genre *chromatique* (*a*).

En quoi la gamme mineure participe du genre chromatique.

348. Cette modification de la *tonalité* donne à la gamme un caractère particulier.

La *tonalité mineure* convient plus spécialement aux chants dont l'expression doit être triste, naïve, etc.

349. La *tonalité* offre donc deux grandes divisions : la *tonalité majeure* et la *tonalité mineure*.

Division de la tonalité en deux modes, le majeur et le mineur.

350. On caractérise par le mot *mode* ces deux divisions de la *tonalité*.

On dit d'une manière générale : le *mode majeur*, le *mode mineur : Cet air est dans le mode majeur, dans le mode mineur*, pour exprimer qu'un air est composé avec les éléments, soit d'une gamme majeure, soit d'une gamme mineure.

DES TONS RELATIFS.

351. Non-seulement toute gamme majeure possède la propriété de passer du *mode majeur* au *mode mineur*, par l'abaissement de la *médiante* et de la *su-dominante*, comme on l'a vu tout à l'heure,

352. Mais encore toute gamme *majeure* porte avec elle une gamme *mineure*, qui lui appartient, qui en est, pour ainsi dire, une émanation, parce qu'elle est composée des mêmes sons.

De toute gamme majeure émane une gamme mineure.

353. La tonique de cette gamme *mineure* est toujours située une *tierce mineure* au-dessous de la tonique de la gamme *majeure* dont elle émane.

On trouvera par conséquent la tonique de la gamme *mineure*, émanée de la gamme *majeure* d'*ut* (que nous prenons toujours pour point de comparaison), à la distance d'une *tierce mineure* au-dessous d'*ut*. Cette tonique sera donc le son LA.

354. Nous avons dit que ces deux gammes, dont l'une est *majeure* et l'autre *mineure*, étaient composées des mêmes sons.

(*a*) L'intervalle de 2de augmentée n'est pas le seul intervalle appartenant au genre *chromatique*, que puissent fournir les sons formant la gamme mineure. Ils donnent encore : la 7e diminuée, renversement de la 2de augmentée ; la 4te diminuée, comme par exemple, en *ut mineur*, de *mi bémol* à *si naturel* (en descendant), et la 5te augmentée, renversement de ce dernier intervalle.

La gamme de *la mineur* devrait donc être formée ainsi :

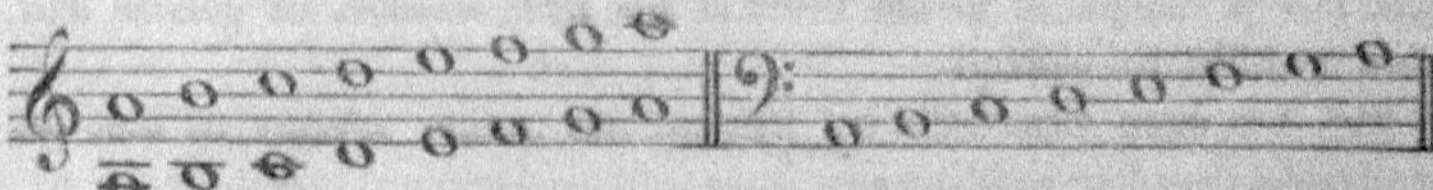

355. Mais le *mode mineur* exige, comme le *mode majeur*, la présence d'une *note sensible* dans toutes les gammes.

Pour former cette *note sensible*, qui ne doit jamais être éloignée de la *tonique* que d'un *demi-ton*, il faudra introduire dans la gamme *mineure* que nous venons d'écrire, une *altération*, un son étranger à la gamme d'*ut*. Ce son étranger sera le *sol dièse*.

356. La gamme de *la mineur* est donc formée comme il suit :

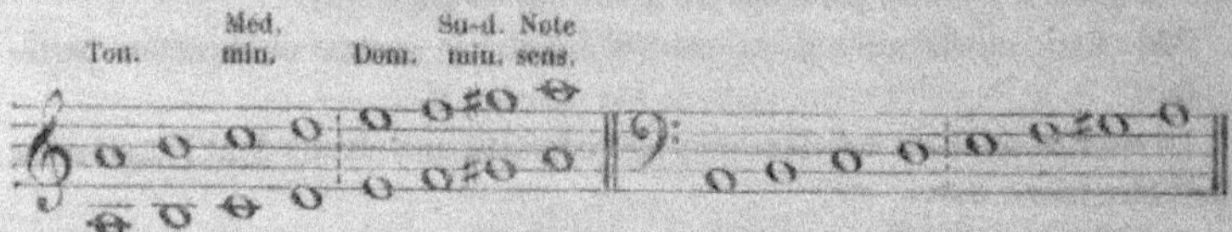

357. Mais on peut, en descendant, détruire cette altération; le septième son perdant en quelque sorte, lorsqu'il ne marche plus vers la tonique, sa qualité et sa fonction de *note sensible*. La gamme *mineure* descendante peut donc rentrer dans les limites de la gamme *majeure* dont elle émane.

358. Pour caractériser le rapport qui existe entre deux gammes, dont l'une est *majeure* et l'autre *mineure*, et qui sont ainsi unies par un lien intime, on dit qu'elles sont *relatives* l'une de l'autre.

359. Par conséquent, *ut majeur* a pour ton *relatif mineur*, *la mineur*.

Et *la mineur* a pour ton *relatif majeur*, *ut majeur*.

360. Toute gamme majeure a son *relatif mineur*, dont la tonique est toujours (353) située une *tierce mineure* au-dessous de la tonique de cette gamme majeure.

361. On doit toujours, pour former une gamme mineure, élever d'un *demi-ton* la *dominante* du *ton relatif majeur*, pour en faire la note *sensible* de cette gamme *mineure*, comme nous l'avons fait en formant la gamme de *la mineur* (356).

Toutes les *gammes mineures* sont donc formées des mêmes sons que les *gammes majeures* dont elles sont *relatives*, si ce n'est que la *dominante* de la gamme majeure devra être élevée d'un demi-ton, comme on le voit dans la liste suivante, et dans le tableau B, qui termine cette leçon.

TONS MAJEURS.   TONS RELATIFS MINEURS.

GAMME NATURELLE.

UT *majeur*. Dominante : *sol naturel*. | LA *mineur*. Note sensible : *sol dièse*.

GAMMES PAR BÉMOLS.

(a)

	Tons majeurs		Tons relatifs mineurs	
1.	FA *majeur*. Dominante :	*ut naturel*.	RÉ *mineur*. Note sensible :	*ut dièse*.
2.	SI *bém. maj*. Dom. :	*fa naturel*.	SOL *mineur*. Note sens. :	*fa dièse*.
3.	MI *bém. maj*. Dom. :	*si bémol*.	UT *mineur*. Note sens. :	*si naturel*.
4.	LA *bém. maj*. Dom. :	*mi bémol*.	FA *mineur*. Note sens. :	*mi naturel*.
5.	RÉ *bém. maj*. Dom. :	*la bémol*.	SI *bém. min*. Note sens. :	*la naturel*.
6.	SOL *bém. m*. Dom. :	*ré bémol*.	MI *bém. min*. Note seus. :	*ré naturel*.
7.	UT *bém. maj*. Dom. :	*sol bémol*.	LA *bém. min*. Note sens. :	*sol naturel*.

GAMMES PAR DIÈSES.

(b)

	Tons majeurs		Tons relatifs mineurs	
1.	SOL *majeur*. Dominante :	*ré naturel*.	MI *mineur*. Note sensible :	*ré dièse*.
2.	RÉ *majeur*. Dom. :	*la naturel*.	SI *mineur*. Note sens. :	*la dièse*.
3.	LA *majeur*. Dom. :	*mi naturel*.	FA *dièse min*. Note sens. :	*mi dièse*.
4.	MI *majeur*. Dom. :	*si naturel*.	UT *dièse min*. Note sens. :	*si dièse*.
5.	SI *majeur*. Dom. :	*fa dièse*.	SOL *dièse m*. Note sens. (c) :	*fa double* ♯
6.	FA *dièse maj*. Dom. :	*ut dièse*.	RÉ *dièse min*. Note sens. :	*ut double* ♯
7.	UT *dièse maj*. Dom. :	*sol dièse*.	LA *dièse min*. Note sens. :	*sol double* ♯

(a) Ces chiffres indiquent le nombre des bémols placés à la clef ; il est le même pour les gammes majeures que pour les gammes relatives mineures. (Voyez plus loin, § 363, page 134.)

(b) Nombre des dièses placés à la clef. Il est aussi le même dans les deux modes.

(c) Voyez plus haut la note (b), 32ᵉ leçon, page 119.

362. Ainsi, non-seulement toute gamme du mode majeur touche par ses deux *tétracordes* aux tonalités de la *sous-dominante* et de la *dominante*, mais encore elle peut devenir *mineure* par l'abaissement de la *médiante* et de la *su-dominante*,

Et de plus, donner naissance à un ton *relatif mineur*.

Toute gamme *mineure* peut devenir *majeure* en élevant d'un demi-ton la *médiante* et la *su-dominante*, pour rendre *majeures* la *tierce* et la *sixte*.

Le mode *majeur* et le mode *mineur* sont donc toujours facilement en communication; ainsi s'étend encore le cercle de cette *circulation* qui donne à la musique la vie, la variété, le coloris.

Cette circulation permet, dans le cours d'un même morceau, de passer d'un *ton* dans un autre, et d'un *mode* à l'autre.

Ce passage se nomme *modulation*.

Modulation, passage d'un mode à l'autre, et d'un ton à un autre,

On *module* donc, toutes les fois que l'on passe d'un *mode* à l'autre, ou bien, lorsque sortant d'un ton, *majeur* ou *mineur*, on passe dans un autre ton, *majeur* ou *mineur*, par l'emploi d'altérations nouvelles, ou par la suppression d'altérations précédemment employées.

NOUVELLES OBSERVATIONS SUR L'ACCORD PARFAIT, MAJEUR ET MINEUR.

L'accord parfait peut être majeur ou mineur.

L'accord parfait, dont nous avons parlé dans la vingt-sixième leçon (215), reçoit les modifications que lui apporte le *mode* dans lequel il est employé.

Dans le *mode majeur*, l'*accord parfait* formé par la réunion de la *tonique*, de la *médiante* et de la *dominante*, est MAJEUR, parce que la *médiante* est à la distance d'une *tierce majeure* de la *tonique*. En *ut majeur*, par exemple :

Accord parfait de la tonique, majeur.

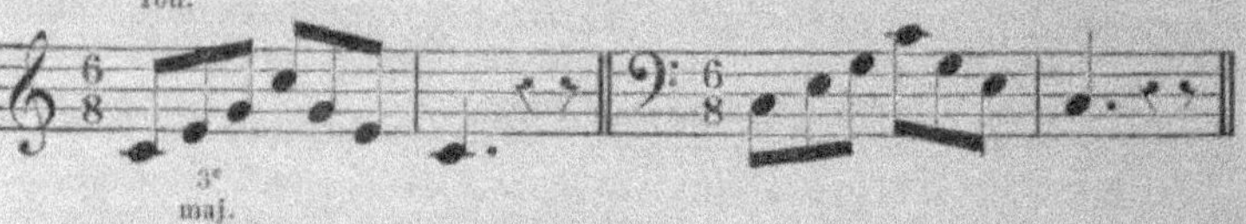

Dans le *mode mineur*, l'*accord parfait* dont la *tonique* est le point de départ (a), est MINEUR, parce que la *médiante* est à la distance d'une *tierce mineure* de la *tonique*. En *ut mineur*, par exemple :

Accord parfait de la tonique, mineur.

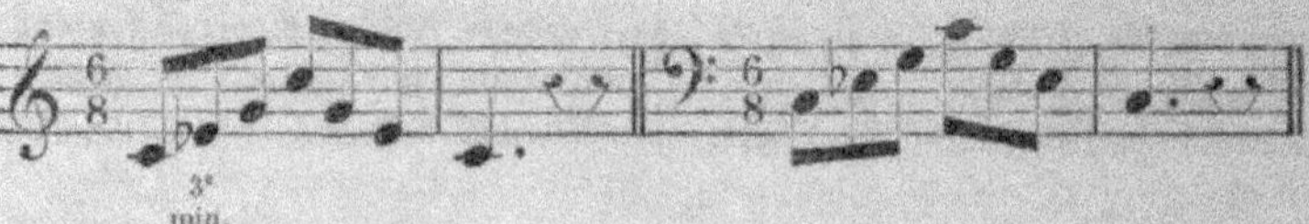

L'accord parfait, dont la *sous-dominante* est le point de départ, la *note fondamentale*, est aussi caractéristique du *mode*, parce que, dans le *mode majeur*, la *tierce* de la *sous-dominante*, c'est-à-dire la *su-dominante*, est *majeure*, et que

(a) La note, point de départ d'un accord, étant la *base* de cet accord, se nomme *note fondamentale*.

cette *tierce* est *mineure* dans le *mode mineur*. Ainsi, dans le ton d'*ut majeur*, l'accord dont la *sous-dominante fa* est le point de départ est *majeur* :

Le même accord sera *mineur*, en *ut mineur*, puisque le *la*, *su-dominante*, sera *bémol*.

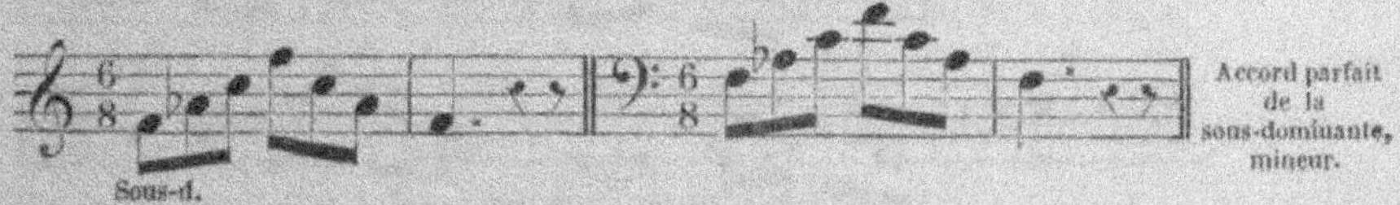

L'accord parfait dont la *dominante* est le point de départ, la *note fondamentale*, sera *majeur* dans les deux *modes*, parce que la tierce de cet accord est la *note sensible* qui est la même pour les deux *modes*. Ainsi en *ut majeur* comme en *ut mineur*, l'*accord parfait* de la *dominante* sera celui-ci :

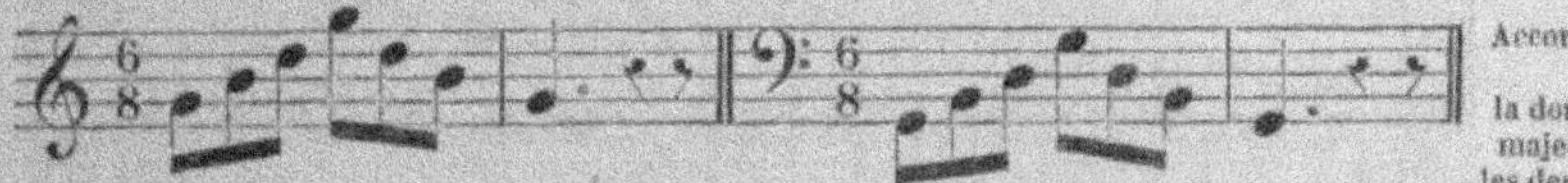

Réunissons dans un seul exemple ces trois accords parfaits, caractéristiques du *mode*, puisqu'ils font entendre la *médiante*, *majeure* ou *mineure*; la *su-dominante*, *majeure* ou *mineure*, et la *note sensible*.

En *ut majeur* :

En *ut* mineur :

et harmoniquement :

La succession de ces accords parfaits, *majeurs* ou *mineurs*, forme ce qu'on nomme une *cadence parfaite*, ce qui veut dire *chute*, *fin*, *conclusion*, parce que ces accords, contenant les notes caractéristiques du *ton* et du *mode*, ne laissent à l'oreille aucun doute, aucune incertitude, et annoncent la fin du morceau, ou au moins la conclusion d'une phrase.

ARMURE DE LA CLEF DANS LES TONS MINEURS.

363. On indique à la clef les *tons mineurs* de la même manière que les *tons majeurs* dont ils sont les *relatifs*.

364. Si, dans les premières mesures d'un morceau de musique, la *dominante* du *ton majeur* indiqué par l'*armure* de la clef n'est pas altérée, on reconnaît que le morceau est écrit dans ce *ton majeur*.

365. Si, au contraire, cette dominante a été altérée pour former la *note sensible* du *ton mineur relatif*, le morceau est écrit dans ce *ton mineur relatif*.

366. L'*armure* de la clef, *diésée* ou *bémolisée*, est donc commune à un *ton majeur* et à son ton *mineur relatif*, et l'on reconnaît par l'absence ou par la présence de la *note sensible* du *ton mineur* dans les premières mesures, à laquelle des deux tonalités appartient un morceau de musique.

Ainsi, un dièse à la clef annonce le ton de *sol majeur*, ou le ton de *mi mineur*.

Le *ré naturel* sera caractéristique du ton de *sol majeur*.

La présence du *ré dièse* dans une des premières mesures indiquera le ton de *mi mineur*.

Le tableau B, qui suit cette leçon, contient toutes les gammes *majeures* et *mineures*, avec l'armure de la clef.

DÉPLACEMENT DES TÉTRACORDES DANS LE MODE MINEUR.

367. Le déplacement des tétracordes amène dans le mode mineur des résultats analogues à ceux que nous a donnés le mode majeur.

368. Il produit les tons mineurs, relatifs des tons majeurs amenés par le déplacement des tétracordes dans le mode majeur. Ainsi :

UT majeur a produit

FA majeur, avec le *si* ♭ — SOL majeur, avec le *fa* ♯.

LA mineur produira

RÉ mineur, relatif de *fa* — MI mineur, relatif de *sol*.

369. Mais les deux tétracordes d'une gamme mineure n'étant pas semblables dans leur composition (346) (quoique embrassant tous deux l'étendue d'une quarte mineure), il faut, en les déplaçant, modifier leur composition, et leur donner la forme nécessaire à la nouvelle fonction qu'ils vont remplir.

Les deux tétracordes formant la gamme de *la mineur*, par exemple, sont formés comme il suit :

Les deux tétracordes d'une gamme mineure ne sont pas semblables dans leur composition.

1ᵉʳ tétracorde.	2ᵉ tétracorde.
LA — SI — UT — RÉ	MI — FA — SOL ♯ — LA,
ton, ½ ton, ton.	½ ton, ton ½, ½ ton.

370. Pour que ce premier tétracorde *la*, *si*, *ut*, *ré*, devienne le second de *ré mineur*, il faudra le modifier ainsi :

LA — SI ♭ — UT ♯ — RÉ.
½ ton, ton ½, ½ ton.

Le ton de *ré mineur* comporte en effet le *si* ♭ et l'*ut* ♯.

371. Pour que le second tétracorde de *la mineur*, *mi*, *fa*, *sol* ♯, *la*, devienne le premier de *mi mineur*, il faudra le modifier ainsi :

MI — FA ♯ — SOL — LA.
ton, ½ ton, ton.

Dans le ton de *mi mineur*, le *fa* est ♯, le *sol* est naturel.

Il sera facile d'appliquer cette démonstration à toutes les gammes mineures.

372. Les tétracordes d'une gamme mineure, dans ce déplacement, ne sont jamais modifiés que dans leurs deux notes intermédiaires; les notes extrêmes, qui forment l'étendue de la quarte mineure, ne reçoivent aucun changement.

Ainsi, dans le premier exemple, les deux notes extrêmes, LA — RÉ; dans le second, les deux notes extrêmes MI — LA, n'ont reçu aucune modification.

TRENTE-CINQUIÈME LEÇON.

PÉNÉTRATION RÉCIPROQUE DES GAMMES BÉMOLISÉES ET DES GAMMES DIÉSÉES,
PRODUITE PAR L'ENHARMONIE. — CERCLE DES GAMMES.

Nous avons montré dans la 30ᵉ leçon comment les gammes sont enchaînées ;
nous allons, dans cette leçon, montrer par quel lien nouveau et encore plus
intime l'*enharmonie* vient les unir.

373. Il est résulté de l'étude des gammes la connaissance de quinze gammes ;
savoir :

> la gamme naturelle (*a*).
> les sept gammes bémolisées.
> les sept gammes diésées.

Il ne peut cependant exister plus de douze gammes, puisque les demi-tons
dont la succession compose la gamme chromatique ne forment que douze sons
différents, et qu'il n'existe pas d'autres sons que ceux contenus dans la gamme
chromatique.

374. L'enharmonie ramène ces quinze gammes au nombre de douze, parce
que trois gammes sont exprimées sous deux formes différentes : ce sont, comme
on l'a déjà remarqué (314), les gammes de *ré* ♭, de *sol* ♭ et d'*ut* ♭, qui expriment
les mêmes sons que les gammes d'*ut* ♯, de *fa* ♯ et de *si naturel* (*b*).

(*a*) Cette expression, *gamme naturelle*, ne signifie pas que la gamme d'*ut*, à laquelle elle s'applique,
soit plus naturelle ou plus facile que les autres gammes, puisque toutes les gammes sont semblables
dans leur composition. *Gamme naturelle* signifie : la gamme qui n'emploie ni bémol, ni dièse, celle
dans laquelle toutes les notes sont *naturelles*, dans l'acception purement musicale de ce mot.

(*b*) Il n'y a donc réellement que douze gammes, qui peuvent être majeures ou mineures. Chacun
des douze degrés de l'échelle chromatique est la tonique d'une gamme, et trois de ces degrés, le 2ᵉ,
le 7ᵉ et le 12ᵉ, possèdent leur gamme sous la double forme du bémol et du dièse.

DEGRÉS.			DEGRÉS.		
1ᵉʳ		gamme d'*ut*.	7ᵉ (sous les deux formes)	—	de *sol* ♭ et de *fa* ♯.
2ᵉ (sous les deux formes)	—	de *ré* ♭ et d'*ut* ♯.	8ᵉ	—	de *sol*.
3ᵉ	—	de *ré*.	9ᵉ	—	de *la* ♭.
4ᵉ	—	de *mi* ♭ (*).	10ᵉ	—	de *la*.
5ᵉ	—	de *mi*.	11	—	de *si* ♭.
6ᵉ	—	de *fa*.	12ᵉ (sous les deux formes)	—	d'*ut* ♭ et de *si*.

Ainsi se trouve réalisé ce qui a été dit (190) : «Chacun des sons qui composent la gamme d'*ut*,
chacun des sons nouveaux que l'étude des différentes gammes révélera plus tard peut devenir le
point de départ d'une gamme. »

(*) *Mi* ♭ est enharmonique de *ré* ♯, mais c'est la gamme de *mi* ♭ que nous avons vue produite par
la gamme d'*ut*, et non celle de *ré* ♯. On peut cependant écrire la gamme de *ré* ♯, parce que la notation se prête à tout, mais elle nécessiterait l'emploi des deux doubles dièses *fa* et *ut*, et de cinq
dièses, tandis que la gamme de *mi* ♭, pour exprimer les mêmes sons, n'emploie que trois bémols. On

375. Ainsi les gammes, déjà si fortement enchaînées par la communication de leurs tétracordes, se trouvent unies par un lien plus étroit encore; elles confondent et entrelacent leurs rameaux. Les gammes bémolisées pénètrent dans la branche des dièses, les gammes diésées dans la branche des bémols, puisque trois gammes de l'ordre des bémols, celles de *ré* ♭, de *sol* ♭ et d'*ut* ♭, figurent sous le nom de gammes d'*ut* ♯, de *fa* ♯ et de *si naturel*, parmi les gammes diésées, et que ces trois gammes diésées figurent, sous la première dénomination, parmi les gammes bémolisées.

376. L'enharmonie est donc le lien qui unit les deux grandes branches de la famille des gammes; elle les ramène, les incline, pour ainsi dire, l'une vers l'autre, les rapproche de la mère commune au moment où elles semblaient le plus s'en éloigner, et semble enfermer dans un cercle toutes les tonalités.

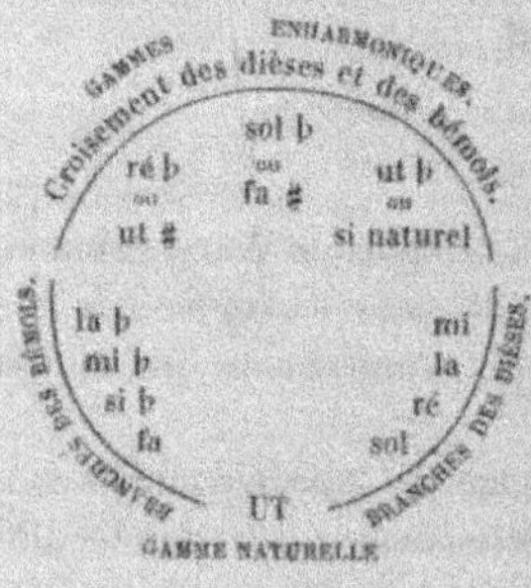

SOUCHE COMMUNE.

377. On peut, au moyen des trois gammes enharmoniques, s'éloigner du ton d'*ut* par la ligne des bémols, et y revenir par la ligne des dièses;

Ou bien on peut, en commençant par la route des dièses, revenir au point de départ par le chemin des bémols, et parcourir ainsi le cercle entier des gammes.

378. Partons de la gamme naturelle et prenons la route des bémols.

Nous parcourons les tons de *fa*, de *si* ♭, de *mi* ♭, de *la* ♭.

Arrivés à la gamme de *ré* ♭, formée de cinq bémols, nous voyons qu'elle se confond avec celle d'*ut* ♯, qui porte les sept dièses.

Cercle des gammes, en commençant par les bémols.

compliquerait donc sans raison la notation. Cette observation s'applique aussi aux gammes de *la* ♯ et de *si* ♭, synonymes de *sol* ♯ et de *la* ♯. Les seules gammes majeures pratiquées, les seules nécessaires, les seules que l'on écrive, sont les gammes nées des deux tétracordes d'*ut*, et qui donnent naissance aux sept bémols et aux sept dièses. Mais le mode mineur donne naissance aux trois gammes de *ré* ♯, de *sol* ♯ et de *la* ♯. *Ré* ♯ est le relatif mineur de *fa* ♯ — *sol* ♯ de *si naturel* — *la* ♯ d'*ut* ♯, de sorte que tous les degrés de l'échelle chromatique sont, sous leurs deux formes, toniques d'une gamme majeure ou mineure.

Les douze gammes majeures se classent ainsi : la gamme naturelle; — quatre gammes bémolisées: *fa*, *si* ♭, *mi* ♭, *la* ♭; — quatre gammes diésées: *sol*, *ré*, *la*, *mi*; — et trois gammes enharmoniques sous la double forme des bémols et des dièses : *ré* ♭ ou *ut* ♯ — *sol* ♭ ou *fa* ♯ — *ut* ♭ ou *si naturel*.

Nous voici donc transportés dans la région des dièses sans avoir quitté celle des bémols.

La gamme suivante, celle de *sol* ♭, forte de six bémols, se confond avec celle de *fa* ♯, forte aussi de six dièses.

Avançons encore : la gamme d'*ut* ♭, qui porte les sept bémols, se confond avec celle de *si naturel*, qui compte cinq dièses.

Ainsi, à mesure que nous avançons dans la région des bémols, nous reculons dans celle des dièses, puisque à chaque gamme nouvelle nous prenons un bémol et nous perdons un dièse.

Nous nous rapprochons du ton d'*ut*, d'où nous sommes partis, tout en semblant nous en éloigner, puisque nous arrivons en même temps à la dernière gamme bémolisée, éloignée d'*ut* par sept bémols, et à la cinquième gamme diésée, qui n'en est éloignée que de cinq dièses.

La marche en avant dans une des régions équivaut à une marche rétrograde dans l'autre.

Continuons cette marche rétrograde, nous serons bientôt arrivés au terme du voyage, c'est-à-dire revenus au point de départ, et nous aurons, en commençant par la route des bémols, en revenant par celle des dièses, parcouru le cercle entier des douze gammes.

Nous aurons toujours marché régulièrement de quarte en quarte ascendante, ou de quinte en quinte descendante : UT — FA — SI ♭ — MI ♭ — LA ♭ — RÉ ♭ ou UT ♯ — SOL ♭ ou FA ♯ — UT ♭ ou SI *naturel*, — MI — LA — RÉ — SOL — UT.

379. Si nous commençons par la route des dièses, nous trouvons les mêmes croisements enharmoniques.

Parvenus à la gamme de *si*, cinquième station des dièses, nous voyons qu'elle se confond avec la gamme d'*ut* ♭, dernière des bémols ; — *fa* ♯ se confond avec *sol* ♭, — *ut* ♯ avec *ré* ♭ ; — nous arrivons du même coup à la dernière station des dièses, et à la cinquième des bémols, ayant toujours gagné un dièse en même temps que nous perdions un bémol, et accompli une marche rétrograde dans la région des bémols en même temps que nous avancions dans celle des dièses.

Nous reviendrons donc au point de départ, au ton d'*ut*, en ayant marché régulièrement cette fois de quinte en quinte ascendante, ou de quarte en quarte descendante :

UT — SOL — RÉ — LA — MI — SI ou UT ♭ — FA ♯ ou SOL ♭ — UT ♯ ou RÉ ♭ — LA ♭ — MI ♭ — SI ♭ — FA — UT.

380. Ainsi tout se tient et s'enchaîne :

La gamme naturelle, par le déplacement des tétracordes, donne naissance aux altérations, c'est-à-dire aux sept bémols et aux sept dièses ;

Les demi-tons produits par les altérations forment l'échelle (*a*) chromatique ;

______

(*a*) On emploie souvent le mot *échelle* comme synonyme de gamme : l'*échelle* diatonique, l'*échelle* chromatique.

Le mode mineur puise sa note sensible dans l'échelle chromatique, laquelle, dès sa formation, a donné naissance à l'enharmonie par la fusion en un seul son des demi-tons obtenus par le dièse et par le bémol;

L'enharmonie est le lien des bémols et des dièses; elle unit les deux branches, les incline l'une vers l'autre, et les ramène vers la gamme naturelle;

La gamme naturelle est donc la *mère commune* des gammes; toutes en sortent, toutes y retournent.

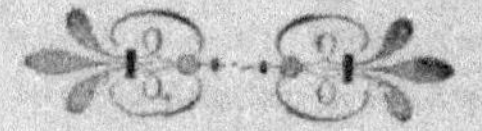

C.

(FIG:1.) _ Morceau écrit en clef de **Sol**, dans le ton de **Sol** et qu'on veut transposer en **La naturel**, ou en **La bémol**.

Il faut supposer ce morceau écrit en clef d'Ut 3me ligne, avec 3 dièses ou 4 bémols.

L'effet produit sera:

(FIG:2) _ Si l'on veut élever ce morceau d'une tierce c'est à dire le transposer en **Si naturel**, ou en **Si bémol** il faut le supposer écrit en clef de Fa 4me ligne, avec 5 dièses, ou 2 bémols.

Comme il faut tenir compte de la différence des voix, il faudra l'exécuter ainsi:

(FIG:3) _ Le même morceau baissé d'une seconde, c'est à dire exécuté en **Fa naturel**, ou en **Fa dièse**, sera supposé écrit sur la clef d'Ut 4me ligne, avec un bémol à la clef.

On supposerait 5 dièses pour l'exécuter en **Fa dièse**.

L'effet produit sera, en **Fa naturel**.

(FIG:4.) _ Le même morceau baissé d'une tierce, c'est à dire exécuté en **Mi naturel**, ou en **Mi bémol**, sera supposé écrit sur la clef d'Ut 1re ligne avec 4 dièses ou 3 bémols.

On supposerait 3 bémols pour l'exécuter en **Mi bémol**.

L'effet produit sera, en **Mi naturel**.

(Après la page 142.)

EXEMPLES DE TRANSPOSITION
d'une clef dans une autre clef.

(FIG. 5.) _ Morceau écrit dans le ton d'**Ut**, en **clef de Sol**, qu'on veut transposer en **clef de Fa**.

Il faut chercher quelle note deviendra en clef de Fa la tonique **Ut**. Elle deviendra la note **Mi**.

Ce morceau transposé en **clef de Fa**, sera donc en **Mi**, et l'on supposera à la clef 4 dièses, ou 3 bémols.

(FIG. 6.) _ Morceau écrit dans le ton de **Fa**, en **clef de Fa**, et qu'on veut transposer en **clef d'Ut 1.ʳᵉ ligne**.

Il faut chercher quelle note deviendra, en clef d'Ut 1.ʳᵉ ligne, la tonique **Fa**. Elle deviendra la note **Si**.

Le morceau transposé en **clef d'Ut 1.ʳᵉ ligne**, sera donc en **Si**, et l'on supposera à la clef, 5 dièses, ou 2 bémols.

TRENTE-SIXIÈME LEÇON.

DE LA TRANSPOSITION.

Nous avons dit (189) : « Il est nécessaire qu'une mélodie puisse être chantée par tous les genres de voix ; il faut des tonalités différentes, afin qu'il soit possible d'approprier à la voix de basse-taille ou de contralto, par exemple, un air écrit pour soprano ou pour ténor. »

Il est évident qu'un morceau écrit pour la voix de ténor ou de soprano sera trop haut pour une basse-taille ou pour un contralto.

L'air composé pour une basse-taille ou pour un contralto sera trop bas pour un ténor ou pour un soprano.

Un morceau peut aussi être trop haut ou trop bas pour certaines voix bornées à l'aigu ou au grave.

Il faut donc exécuter dans une tonalité plus élevée les morceaux que l'on juge trop graves, et dans une tonalité plus grave les morceaux jugés trop élevés.

C'est ce qu'on nomme *transposer*.

381. La *transposition* s'accomplit donc toutes les fois qu'on change la tonalité d'un morceau.

La transposition peut se pratiquer de diverses manières.

382. Il y a, pour le chanteur, une manière très facile de transposer. Il peut *déplacer l'intonation*, c'est-à-dire, sans se préoccuper du nom des notes, leur donner l'intonation plus élevée ou plus grave qui convient au genre de sa voix.

Différentes manières de pratiquer la transposition.

Ainsi, un air est écrit dans le ton de *sol*, il est trop haut, on veut le transposer en *fa* ou en *mi* : le chanteur donnera à la note écrite *sol* le son de la note *fa*, ou de la note *mi*. L'air sera abaissé d'une seconde ou d'une tierce.

Le ton de *sol*, au contraire, est-il jugé trop grave, on donnera au *sol* le son du *la* ou du *si*. L'air sera élevé d'une seconde ou d'une tierce.

Ce mode de transposition, qui n'exige aucun travail, aucune préparation intelligente, peut faire perdre la notion du son déterminé attaché à chaque note. Pour l'oreille sensible, dont l'éducation a été bien dirigée, le souvenir du son reste attaché au nom de la note qu'il représente, et pendant une exécution musicale, chacun des sons qui passent semble dire au musicien exercé le nom de la note qui exprime ce son dans la notation. On ne pourrait donc user fréquemment de ce mode de transposition qu'aux dépens de la finesse, de la fidélité de l'oreille, puisque, chaque fois qu'on l'emploie, on altère la vérité de l'intonation.

383. La véritable transposition est plus difficile; elle exige la connaissance et la pratique des différentes clefs.

Elle peut s'opérer de deux manières, qui toutes deux arrivent au même résultat, mais qui demandent l'emploi de procédés différents.

On peut transposer d'un ton dans un autre ton,

Ou d'une clef dans une autre clef.

Transposition d'un ton dans un autre ton. 384. Pour transposer d'un ton dans un autre ton, il faut trouver la clef dont l'emploi permettra de lire dans le ton désigné le morceau qu'on voudra transposer.

Cette clef est celle qui donne à la note, tonique du morceau écrit, le nom de la tonique désignée.

Un morceau est écrit en *clef de sol*, et dans le ton de *sol*.

Je veux l'exécuter en *la*.

Je dois chercher la clef à l'aide de laquelle le *sol* de la clef de *sol* deviendra la note *la*.

C'est la *clef d'ut sur la troisième ligne* (7ᵉ leçon).

Je supposerai donc que ce morceau est écrit sur la *clef d'ut troisième ligne*, et que cette clef est armée de trois dièses ou de quatre bémols, selon que je voudrai chanter en *la naturel* ou en *la* ♭.

Si je veux élever ce même morceau d'une tierce, c'est-à-dire l'exécuter en *si* ♭ ou en *si naturel*, je le lirai en *clef de fa* (6ᵉ leçon), parce que cette clef donne le nom de *si* à la note qui se nomme *sol* en *clef de sol*, et j'armerai la clef de deux bémols, ou de cinq dièses, selon que je voudrai transposer d'une tierce mineure ou d'une tierce majeure.

Si je veux au contraire baisser ce même morceau, écrit sur la *clef de sol*, et dans le ton de *sol*, d'une seconde ou d'une tierce, c'est-à-dire l'exécuter en *fa* ou en *mi*, j'emploierai pour le premier cas la *clef d'ut quatrième ligne*, qui donne à la note placée sur la seconde ligne le nom de *fa*.

Dans le second cas, j'emploierai la *clef d'ut première ligne* (7ᵉ leçon), qui donne à cette même note le nom de *mi*, et dans les deux cas, je supposerai placés à la clef les accidents nécessaires. (Voyez ci-après tableau C, *exemples de transposition*, fig. 1, 2, 3, 4.)

Ces exemples suffisent à démontrer qu'il faut, pour transposer un morceau d'un ton dans un autre ton déterminé,

Employer la clef qui donne à la note, tonique du morceau écrit, le nom de la tonique désignée, et supposer à la clef les accidents nécessaires.

Transposition d'une clef dans une autre clef. 385. Pour transposer d'une clef dans une autre clef, la solution se présente sous la forme opposée, il faut chercher quelle sera la tonalité produite par l'emploi de la clef désignée.

C'est toujours la note tonique qui sert de régulateur.

Un morceau est écrit en *clef de sol*, dans le ton d'*ut*, on veut l'exécuter en *clef de fa*.

La note nommée *ut* en *clef de sol* se nomme *mi* en *clef de fa*, *mi* deviendra la tonique nouvelle ; le morceau devra donc être exécuté en *mi*, et l'on supposera, pour armure de la clef, trois bémols ou quatre dièses, suivant la convenance de la voix ou de l'instrument.

On voudra exécuter sur la *clef d'ut première ligne* un morceau écrit en *clef de fa* et dans le ton de *fa*.

Il se trouvera transposé en *si* ♭ ou en *si naturel*, au choix de l'exécutant, parce que la note nommée *fa* en *clef de fa* se nomme *si* en *clef d'ut première ligne*. (Fig. 5 et 6.)

Il est donc nécessaire, pour transposer avec intelligence, et en restant dans la vérité de la lecture et de l'intonation, de lire facilement sur toutes les clefs.

TRENTE-SEPTIÈME LEÇON.

DES NUANCES DANS L'EXÉCUTION. — COMMENT ON LES INDIQUE.

La connaissance des signes employés dans la notation suffit à la lecture musicale.

386. Mais de même que dans le discours on donne à un mot, à une phrase une inflexion qui ajoute à l'expression de la pensée, la fait ressortir, éveille et captive l'attention de l'auditeur,

De même aussi, dans le discours musical, les notes principales d'une phrase doivent être accentuées avec une expression particulière, soit de force, soit de douceur.

Ce qu'on nomme nuances. Cette accentuation particulière, ces inflexions, qui donnent à certains sons une plus grande importance, qui augmentent l'expression générale du morceau, et en varient l'effet, forment ce qu'on nomme les *nuances*.

387. Une heureuse intelligence musicale devine en quelque sorte les *nuances*, et un bon maître sait que la voix ou l'instrument ne doit pas donner à tous les sons le même degré de force.

Mais le compositeur prend soin d'indiquer ces *nuances*, et c'est en général au moyen de mots italiens, que tous les musiciens doivent comprendre, qu'il les fait connaître à l'exécutant.

388. Voici les plus usitées de ces indications.

Nuances dans la production du son.

piano,	par abréviation,	*p.*	signifie :	doucement, avec peu de force.
pianissimo,	—	*pp.*	—	encore plus doux, très doux.
crescendo,	—	*cresc.*	—	en augmentant peu à peu la force du son.
forte,	—	*f.*	—	avec force.
fortissimo,	—	*ff.*	—	avec plus de force encore.
diminuendo,	—	*dim.*	—	en diminuant le son.
smorzando,	—	*smorz.*	—	en l'éteignant.
sostenuto,	—	*sost.*	—	que le son soit bien soutenu pendant toute la valeur de la note.
legato (a),	—	*leg.*	—	qu'il soit bien lié.
staccato (b),	—	*stac.*	—	bien détaché.

(a) Cette indication accompagne ou remplace le signe de la liaison.

(b) Celle-ci accompagne ou remplace les points placés au-dessus ou au-dessous des notes.

DIFFÉRENTS SIGNES ACCESSOIRES.

PETITES NOTES.

(A) Abréviation indiquant la répétition de la fraction de mesure, ou du temps qui précède le signe d'abréviation.

(Après la page 146.)

indiquant qu'il faut, lorsque le **Renvoi** se présente pour la 2ᵈᵉ fois, retourner au passage précédé du renvoi et l'exécuter de nouveau jusqu'au mot **Fin**.

BARRES DE REPRISES

indiquant qu'il faut exécuter deux fois de suite les passages suivis ou précédes de la barre de reprise.

On recommence le fragment vers lequel sont disposés les points qui précèdent ou qui suivent la barre de reprise. Souvent, comme dans la seconde partie de ce fragment, lorsqu'un passage est entre deux barres, on met les points de chaque côté de la barre.

Dans le passage ci-dessus, il faut d'abord exécuter deux fois chaque **reprise**, puis ensuite retourner au signe du **renvoi** et exécuter de nouveau la première partie.

DIVERSES FORMES D'ABREVIATIONS

(FIG: 5.) usitées surtout dans la musique instrumentale.

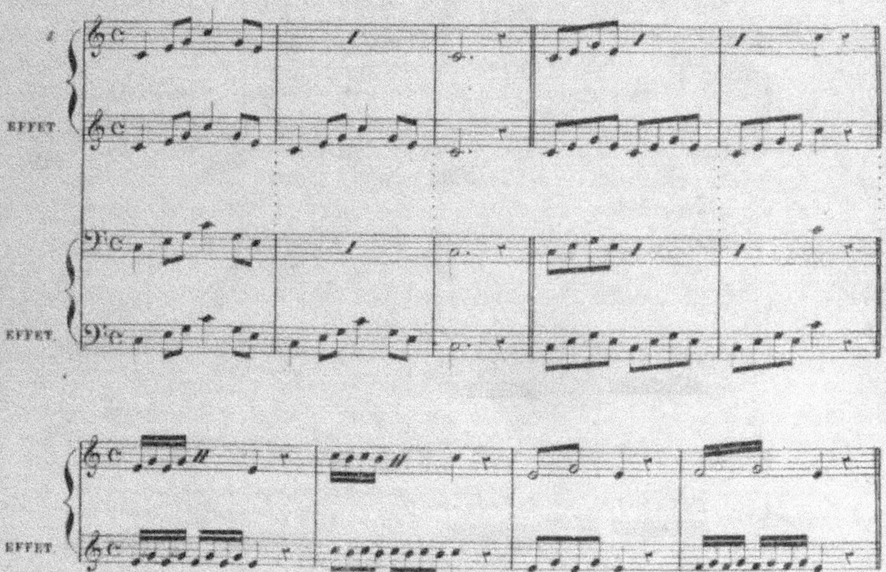

[illegible]

DEFENCE OF [illegible]

[illegible]

[illegible]

[illegible]	[illegible]	[illegible]	[illegible]	[illegible]
[illegible]	[illegible]	[illegible]	[illegible]	[illegible]

[illegible]

[illegible]

[illegible]

[illegible]	[illegible]	[illegible]	[illegible]
[illegible]	[illegible]	[illegible]	[illegible]

389. D'autres indications s'appliquent au mouvement, qui doit quelquefois être animé ou ralenti, comme nous l'avons déjà fait remarquer (184).

ritardando, par abréviation : ritard, {
rallentando, — rall. } en ralentissant le mouvement.
stringendo, — string. en pressant.

On indique aussi par ce signe ⬦ la nuance du *crescendo*, et par celui-ci ⬦, la nuance du *diminuendo*.

390. Il faut se conformer soigneusement à ces diverses indications. L'exécution est incomplète si l'on néglige l'observation des *nuances*, qui répandent la chaleur et la vie sur la pensée du compositeur, et concourent à lui donner sa véritable expression.

DES ORNEMENTS DU CHANT.

Quelques figures particulières de notes, quelques signes indiquent des *ornements* pour l'exécution desquels une certaine habileté dans l'art du chant ou dans la pratique d'un instrument est nécessaire. Il faut vous les faire connaître, afin qu'aucun des signes de la notation ne vous soit étranger.

391. On rencontre quelquefois des notes écrites en caractères plus fins que le reste du morceau. Ces *petites notes* ne comptent pas dans la valeur de la mesure où elles se trouvent placées, et la mesure est complète comme si les *petites notes* n'y figuraient pas. On doit les exécuter sans suspendre, ralentir ou presser l'allure de la mesure et presque toujours avec rapidité.

392. On indique par ce signe ∿ une sorte d'ornement, nommé en italien *gruppetto*, *petit groupe*. Il faut, pour réaliser ce qu'exprime ce signe, exécuter la note écrite, monter d'un degré, redescendre sur la note écrite, descendre d'un degré, et revenir à la note écrite. Ainsi, le signe du *gruppetto* placé, par exemple, après un *si*, signifie : *si ut si la si*. La voix, en exécutant le *gruppetto*, semble suivre le contour du signe par lequel on l'indique.

393. Le *trille* (a) consiste à exécuter rapidement, avant la note écrite, la note supérieure à cette note écrite, et à répéter plusieurs fois ces deux notes, avec le plus de vivacité possible. Le *trille* est donc un *battement* de la note écrite avec la note supérieure ; ce battement doit durer pendant toute la valeur de la note qui porte le signe du *trille*, qu'on figure ainsi : *tr*.

394. On emploie aussi dans la notation : différentes figures d'abréviations, usitées surtout dans la musique instrumentale ; des signes de renvoi qui indiquent qu'il faut retourner au passage précédé du renvoi [illegible] de nouveau ; des *barres de reprise*, qui indiquent qu'il faut [illegible], c'est-à-dire recommencer deux fois de suite un fragment de morceau.

Le tableau D joint à cette leçon fera connaître ces différentes figures.

(a) On donne aussi au *trille* le nom de *cadence*, mais cette dénomination est vicieuse.

Vous connaissez maintenant l'usage de tous les signes usités dans la notation, vous pouvez vous rendre compte de l'emploi de ces différents signes; il n'en est aucun qui n'ait sa raison d'être, sa nécessité.

Vous savez comment se lit la musique, c'est-à-dire comment elle se chante; car lire la musique, c'est *chanter*, soit avec la voix, soit à l'aide d'un instrument, et faire entendre tous les sons, représentés dans leurs conditions variées d'intonation et de durée, avec l'expression convenable au caractère du morceau.

Il faut qu'une pratique assidue vienne féconder la connaissance des règles. Il faut, par des exercices fréquents, former l'œil, qui doit saisir rapidement tous les signes de la notation; la voix, qui traduit la pensée du compositeur; l'oreille, qui guide la voix; l'intelligence, qui dirige et anime l'ensemble des facultés musicales.

Livrez-vous donc à la pratique de cet art, dont l'étude est un délassement et une récompense; de cet art qui charme les loisirs, repose le corps de ses fatigues et l'esprit de ses labeurs, qui fait l'éclat des fêtes et s'associe à toutes les solennités; de cet art qui soutient l'ouvrier dans ses travaux, marche avec le soldat, partage ses périls, et que Dieu semble nous avoir donné pour que toutes les voix, confondant leurs accents, lui portent les prières de la terre unies dans un rhythme harmonieux.

TRENTE-HUITIÈME ET DERNIÈRE LEÇON.

RÉSUMÉ DES QUATORZE LEÇONS PRÉCÉDENTES.

Ce qui a été enseigné dans les quatorze leçons précédentes se résume dans les règles suivantes :

A.   Les règles de la tonalité enseignent à former des gammes commençant par tous les sons, pour pouvoir chanter dans tous les tons. Le mot *ton*, dans cette acception, caractérise l'ensemble des sons qui forment une gamme.

B.   Toutes les gammes doivent être conformes à la gamme d'*ut* dans la disposition des tons et des demi-tons.

C.   Il faut des sons nouveaux pour obtenir cette conformité, et l'on obtient ces sons nouveaux par l'altération des sept sons de la gamme d'*ut*, qui sont mobiles et peuvent être élevés ou abaissés d'un demi-ton.

D.   C'est au moyen des *accidents* que l'on écrit ces altérations. Le dièse élève d'un demi-ton l'intonation de la note dont il est suivi ; le bémol l'abaisse d'autant. Le bécarre détruit l'effet de ces signes.

E.   Une gamme est composée de deux tétracordes se succédant par degrés conjoints à la distance d'une seconde majeure. Chaque tétracorde embrasse l'étendue d'une quarte mineure, et est formé de deux tons consécutifs suivis d'un demi-ton.

F.   La note qui commence un premier tétracorde se nomme *tonique* ; celle qui commence le second se nomme *dominante*.

   La troisième note d'une gamme se nomme *médiante* ; la septième note se nomme *sensible*. Les autres notes se nomment *su-tonique*, *sous-dominante*, *su-dominante*, conformément à la place qu'elles occupent.

G.   C'est par le déplacement des tétracordes qu'on obtient la formation de gammes nouvelles. Les deux tétracordes d'une gamme étant parfaitement semblables dans leur composition, l'un étant l'image exacte de l'autre, un tétracorde initial peut devenir le second tétracorde d'une gamme dont il faudra trouver le premier tétracorde ; et un tétracorde final peut devenir tétracorde initial.

H.   C'est donc la gamme même qui enseigne le moyen de composer des gammes nouvelles. Les gammes naissent les unes des autres, et toute gamme porte en elle-même le germe de deux autres gammes, puisque chacun de ses deux tétracordes peut entrer dans la composition d'une gamme nouvelle.

I.   La gamme d'*ut* contient le principe de toutes les autres gammes : son pre-

mier tétracorde, *ut*, *ré*, *mi*, *fa*, donne naissance à toutes les gammes
bémolisées ; le second, *sol*, *la*, *si*, *ut*, à toutes les gammes diésées.

J. Les gammes bémolisées sont celles de *fa*, *si* ♭, *mi* ♭, *la* ♭, *ré* ♭, *sol* ♭, *ut* ♭; les
gammes diésées, celles de *sol*, *ré*, *la*, *mi*, *si*, *fa* ♯, *ut* ♯.

La gamme de *fa* porte un bémol placé sur le *si*. Chacune des gammes
suivantes porte un bémol de plus. Ces bémols se succèdent dans cet
ordre : *si*, *mi*, *la*, *ré*, *sol*, *ut*, *fa*, de quarte en quarte ascendante ou
de quinte en quinte descendante.

La gamme de *sol* porte un dièse placé sur le *fa*. Chacune des gammes
suivantes porte un dièse de plus. Les dièses se succèdent dans cet ordre:
fa, *ut*, *sol*, *ré*, *la*, *mi*, *si*, de quinte en quinte ascendante ou de quarte
en quarte descendante.

K. On place à la clef les bémols ou les dièses nécessaires pour former la gamme
du ton dans lequel est écrit le morceau. Ces bémols ou ces dièses forment l'*armure de la clef*. L'avant-dernier des bémols placés à la clef
indique la *tonique*; le dernier dièse indique la *note sensible*.

L. Par l'emploi des dièses et des bémols, les sept notes naturelles se sont trou-
vées altérées, c'est-à-dire élevées ou abaissées d'un demi-ton. La succession des demi-tons ainsi obtenus forme la gamme *chromatique*, qui
comprend douze sons différents.

M. Il y a deux espèces de demi-tons : le demi-ton *diatonique* et le demi-ton
chromatique.

Le demi-ton diatonique est formé de deux notes différentes, *si-ut*,
mi-fa, *la-si* ♭, *ut* ♯-*ré*.

Le demi-ton chromatique est formé du passage d'une note naturelle
à la même note altérée, et *vice versâ*, comme *ut — ut* ♯, *mi* ♭ — *mi naturel*, etc.

N. On nomme *diatonique* la gamme naturelle, les gammes bémolisées et les
gammes diésées, pour exprimer qu'aucun demi-ton chromatique ne peut
entrer dans la composition de ces gammes, dont l'ensemble forme le
genre diatonique.

L'ensemble de toutes les gammes divisées chromatiquement forme le
genre chromatique, dans lequel on procède toujours par *demi-tons* diatoniques et chromatiques.

O. Le partage d'un ton, par le dièse ou par le bémol, produit les deux espèces
de demi-tons. Un ton contient toujours un demi-ton chromatique et
un demi-ton diatonique.

P. Le son qui partage un ton porte deux noms, suivant qu'il est produit
par le dièse de la note inférieure ou par le bémol de la note supérieure ; c'est-à-dire : que la note diésée et la note bémolisée qui se
rencontrent au point de partage d'un ton se confondent en un seul et
même son.

Cette fusion en un seul son de deux notes différentes se nomme *enharmonie*.

Q. Par l'emploi du dièse et du bémol, les notes qui forment les demi-tons naturels ont aussi leurs enharmoniques. Les autres notes naturelles peuvent avoir aussi leurs enharmoniques par l'emploi du double dièse, qui élève d'un ton, et du double bémol, qui abaisse d'un ton.

R. Les sons dièsés et bémolisés, en permettant d'éloigner ou de rapprocher les deux sons qui forment un intervalle, donnent naissance aux intervalles altérés ou chromatiques, plus grands que les majeurs, plus petits que les mineurs.

L'intervalle plus grand que le majeur se nomme *augmenté*; il a un demi-ton chromatique de plus que le majeur.

L'intervalle plus petit que le mineur se nomme *diminué*; il a un demi-ton chromatique de moins que le mineur.

Les intervalles altérés se renversent entre eux : l'augmenté devient diminué, et le diminué augmenté.

S. En abaissant d'un demi-ton la tierce et la sixte d'une gamme majeure, c'est-à-dire en rendant mineurs ces deux intervalles, de majeurs qu'ils étaient, on forme une gamme *mineure*.

La gamme mineure participe du genre chromatique par l'intervalle de seconde augmentée qui se trouve entre la sixte ainsi abaissée et la note sensible, et par d'autres intervalles chromatiques.

T. Toute gamme majeure porte avec elle une gamme mineure qui lui appartient, qui en est une émanation. La tonique de cette gamme mineure est située une tierce mineure au-dessous de la gamme dont elle émane.

Ces deux gammes, majeure et mineure, sont *relatives* l'une de l'autre. Toute gamme majeure a donc son ton relatif mineur, toute gamme mineure son ton relatif majeur.

L'ensemble des gammes majeures forme le *mode majeur*. L'ensemble des gammes mineures forme le *mode mineur*.

U. La succession ou la réunion simultanée d'une *note fondamentale*, de la tierce et de la quinte de cette note, forme un *accord parfait*.

L'accord parfait est *majeur* quand la tierce est majeure, *mineur* quand elle est mineure.

L'accord parfait de la *tonique* et celui de la *sous-dominante* sont caractéristiques du mode. La tierce de ces deux accords est majeure dans le mode majeur, mineure dans le mode mineur.

L'accord parfait de la dominante est majeur dans les deux modes. La succession de ces trois accords forme la *cadence parfaite* et caractérise le ton et le mode.

V. L'armure de la clef pour les tons mineurs est la même que celle des tons majeurs dont ils sont les relatifs. On reconnaît par la présence de la note sensible du ton mineur si le morceau appartient à ce ton mineur.

X. Les sept gammes bémolisées, les sept gammes diésées et la gamme naturelle forment le nombre de quinze gammes. Mais ces quinze gammes sont réduites à douze par l'enharmonie. Trois gammes sont exprimées sous deux formes différentes : ce sont celles de *ré* ♭, de *sol* ♭ et d'*ut* ♭, qui expriment les mêmes sons que celles d'*ut* ♯, de *fa* ♯ et de *si* naturel.

L'enharmonie forme donc un lien entre les gammes bémolisées et les gammes diésées ; elle les réunit, enferme dans un cercle les diverses tonalités, et les ramène vers la gamme d'*ut*, d'où elles sortent.

Y. Changer la tonalité d'un morceau, c'est-à-dire l'élever ou l'abaisser, suivant la convenance des voix ou des instruments, c'est ce qu'on nomme *transposer*.

Il faut, pour transposer d'un ton dans un autre ton, trouver la clef qui donne à la note tonique écrite le nom de la tonique du ton qu'on a choisi, et supposer à la clef les accidents nécessaires.

Pour transposer d'une clef dans une autre clef, il faut chercher quel sera le nom que recevra, par l'emploi de la clef désignée, la note tonique écrite. Ce nom sera celui de la tonique nouvelle. Il faudra de même supposer à la clef les accidents nécessaires.

Z. Il faut connaître l'effet que doivent produire les principaux ornements du chant, les *petites notes*, le *gruppetto*, le *trille*, observer les nuances indiquées par le compositeur, et faire entendre tous les sons, représentés dans leurs conditions variées d'intonation et de durée, avec l'expression convenable au caractère du morceau.

EXERCICES PRATIQUES

L'ÉTUDE DE LA PREMIÈRE PARTIE

PREMIER DEGRÉ

CONNAISSANCE DES SIGNES

Exercices pratiques pour l'étude de la 1.ᵉ Partie.

TABLEAU

pour l'étude de la 2.ᵐᵉ leçon

(Figure des signes principaux.)

et pour l'étude de la 3.ᵐᵉ leçon.

(Comment on place les signes sur la portée.)

LA PORTÉE.

Figure des signes principaux.	Comment on les place sur la portée.
LES NOTES.	**LES NOTES.**
	sur les lignes. dans les interlignes.
CROCHES, DOUBLES CROCHES, TRIPLES CROCHES, réunies en groupes.	
	au-dessous de la portée. au-dessus de la portée.
LES CLEFS.	**LES CLEFS.**
LES SILENCES.	**LES SILENCES.**
LES ACCIDENTS.	**LES ACCIDENTS.**

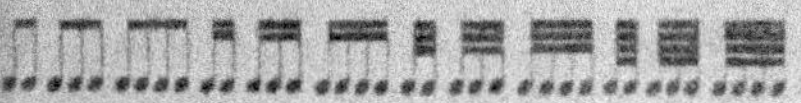

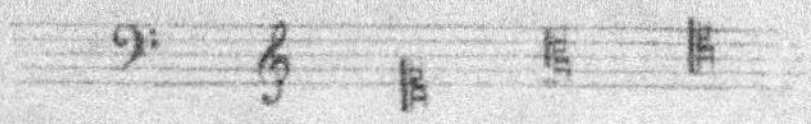

Exercices pour l'étude de la 5.ᵐᵉ leçon.

Ces exercices, pour l'étude des clefs, doivent être *lus*, non chantés. Le maître fera seulement *nommer* les notes.

LECTURE DE LA CLEF DE *FA*.

Note sur la quatrième ligne nommée *FA*, du même nom que la clef.

Exercices pour l'étude de la 6me leçon.

LECTURE DE LA CLEF DE SOL.

Note sur la seconde ligne, nommée SOL, du même nom que la clef.

Exercices pour l'étude de la 7.me leçon.

Lecture de différentes clefs.

CLEF D'UT SUR LA 1.re LIGNE.

Note sur la première ligne, nommée **UT**, du même nom que la clef.

CLEF D'UT SUR LA 3.me LIGNE.

Note sur la troisième ligne, nommée **UT**, du même nom que la clef.

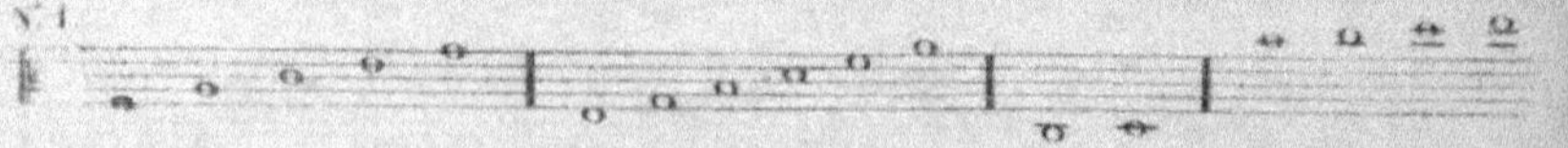

Étude de la 7me Leçon.

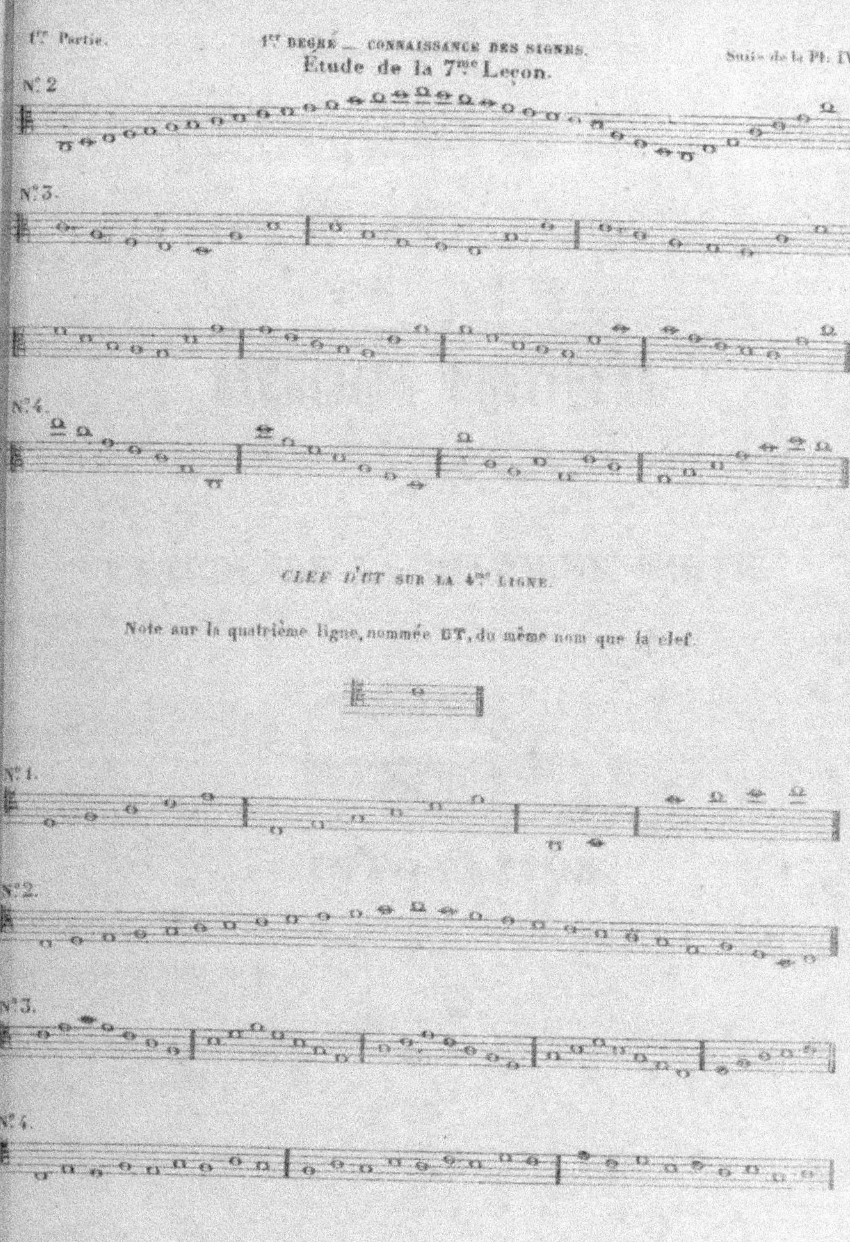

Fin des Tableaux et Exercices
pour l'étude de la 1re Partie.

EXERCICES PRATIQUES

L'ÉTUDE DE LA DEUXIÈME PARTIE

DEUXIÈME DEGRÉ

L'INTONATION

Exercices pratiques pour l'étude de la 2.me Partie.

Tableau des intervalles majeurs et mineurs

pour l'étude de la 12.me leçon.

SECONDES

TIERCES

QUARTES

QUINTES

SIXTES

SEPTIÈMES   OCTAVES.

Exercices sur les intervalles majeurs et mineurs

pour l'étude de la 12me leçon.

Ces exercices devront être chantés lentement d'abord, puis plus vite, à mesure que l'intonation deviendra plus familière et plus facile aux élèves.

Ce qui est compris entre deux barres forme un exercice, et chacun de ces exercices doit être étudié isolément.

Le maître chantera d'abord l'exercice, puis il le fera répéter par tous les élèves ensemble, en les guidant par un signe de la main ou d'une baguette.

On a dans tous ces exercices, procédé du plus petit intervalle au plus grand, l'étude de l'intervalle mineur précède donc celle de l'intervalle majeur.

Le maître attachera toujours une grande importance à la bonne émission du son et à la justesse.

Exercices sur les Secondes.

SECONDES MINEURES.

(½ T.—Un demi-ton.)

N.° 1,

Le maître.   Les élèves.   Le maître.   Les élèves.   Et ainsi de suite, le maître chantant toujours d'abord chaque exercice, tant qu'il le jugera nécessaire.

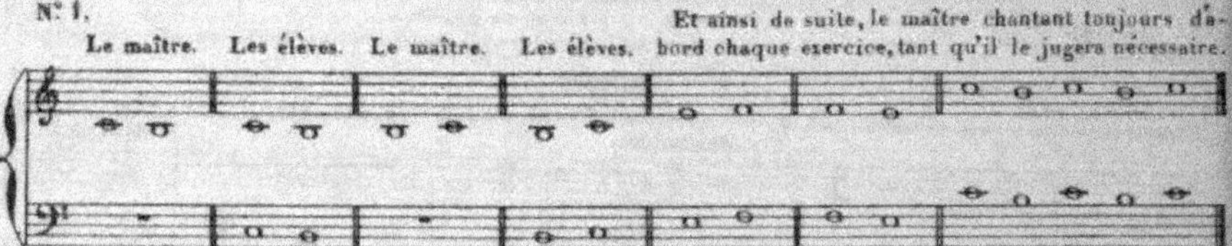

SECONDES MAJEURES.

(1 T.—Un ton.)

N.° 2.

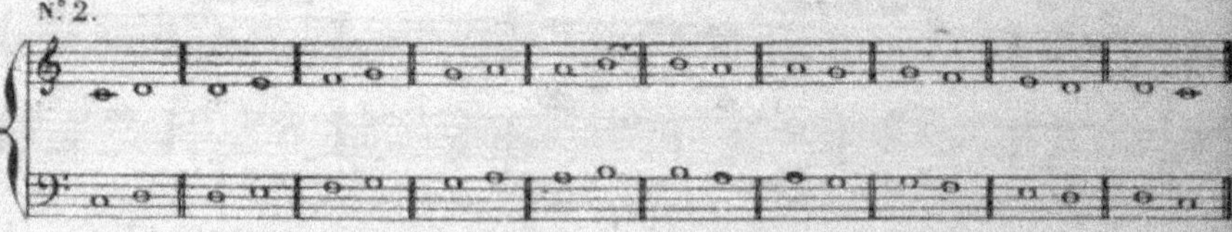

N.° 3.

Étude de la 12.me Leçon.

Exemples d'Intervalles redoublés

pour l'étude de la 13.me leçon.

La *quinte* redoublée se nomme *douzième*; la *sixte* redoublée, *treizième*; la *septième* redoublée, *quatorzième*; l'*octave* redoublée, *quinzième*.

Exercices sur quelques intervalles redoublés.

Sur la Neuvième. (2.de redoublée.)

N.° 44.

Autre exercice sur la Neuvième, pour la voix de basse taille.

N.° 45.

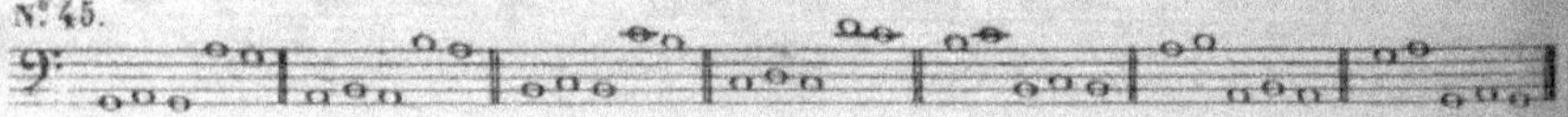

Sur la Dixième. (3.^{ce} redoublée.)

N.° 46.

Autre pour la voix de basse taille.

N.° 47.

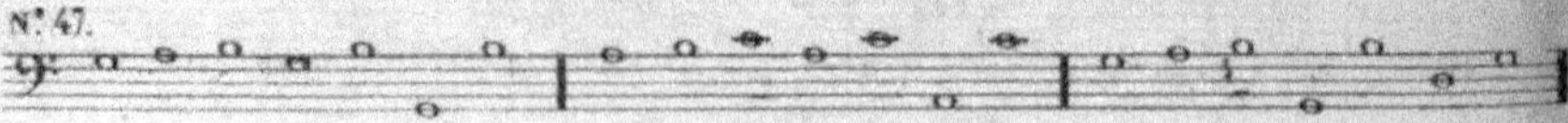

Étude de la 13ᵐᵉ Leçon.

Sur la Onzième, (4ᵗᵉ redoublée) la Dixième et la Neuvième.

N.° 48.

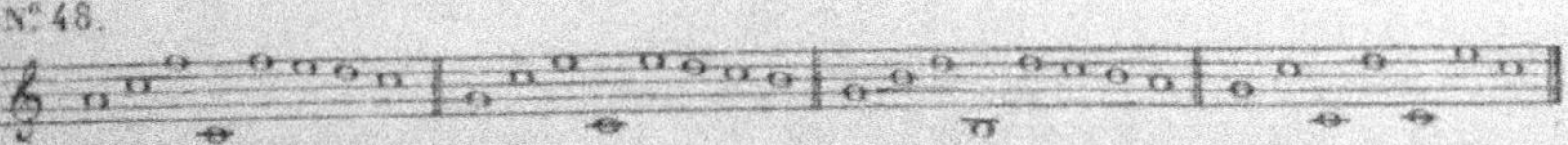

Le même exercice pour la voix de basse-taille.

Exemples d'Intervalles renversés pour l'étude de la 13ᵐᵉ leçon.

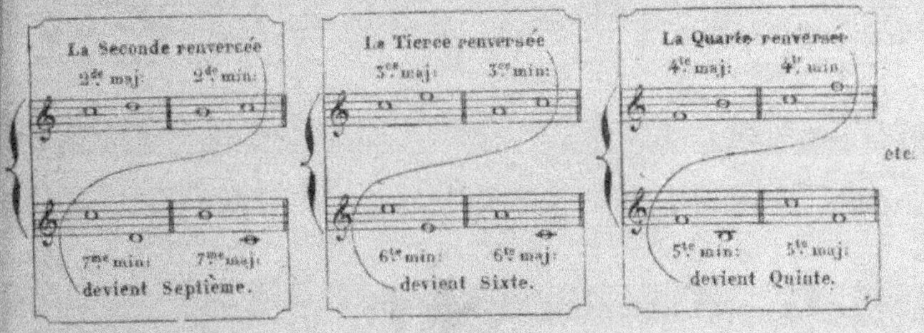

La *quinte* renversée devient *quarte*; la *sixte* renversée, *tierce*; la *septième* renversée, *seconde*; l'*octave* renversée, *unisson*. Le majeur devient mineur, le mineur, majeur.

Exercices sur les Renversements.

N.° 49.

Fin des Tableaux et Exercices
pour l'étude de la 2ᵐᵉ Partie.

Étude de la 12ᵐᵉ Leçon.

N.º 4.

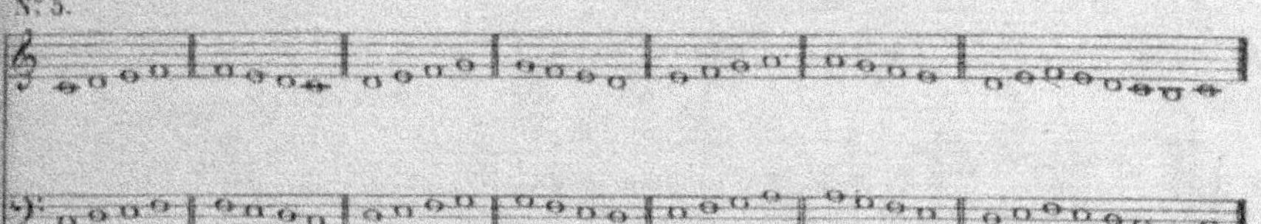

SECONDES MAJEURES ET MINEURES.

N.º 5.

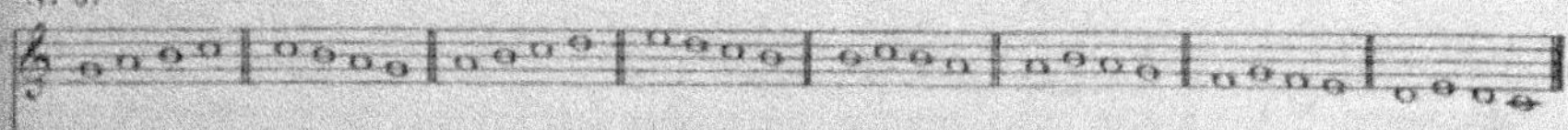

N.º 6.

N.º 7.

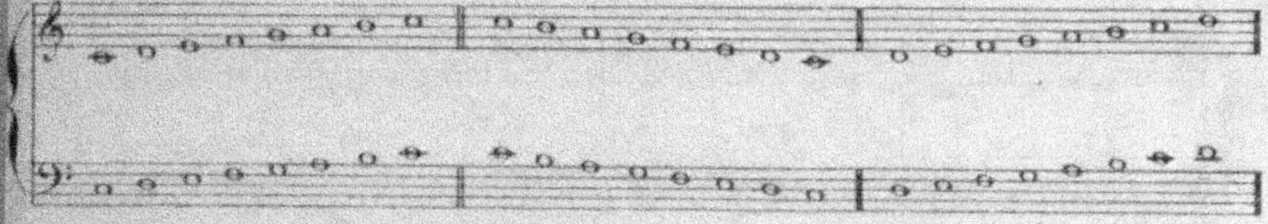

Étude de la 12me Leçon.

Exercices sur les Tierces.

TIERCES MINEURES.

(1 T. $\frac{1}{2}$ — Un ton et un demi-ton.)

N.º 8.

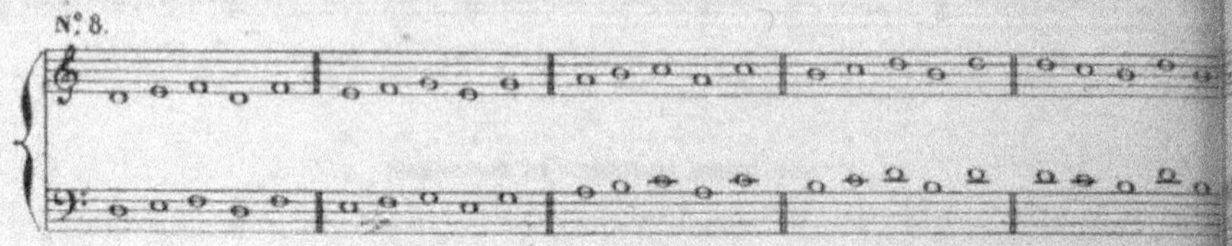

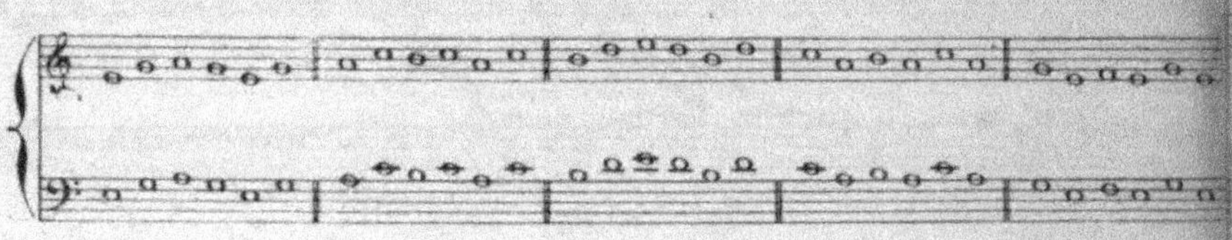

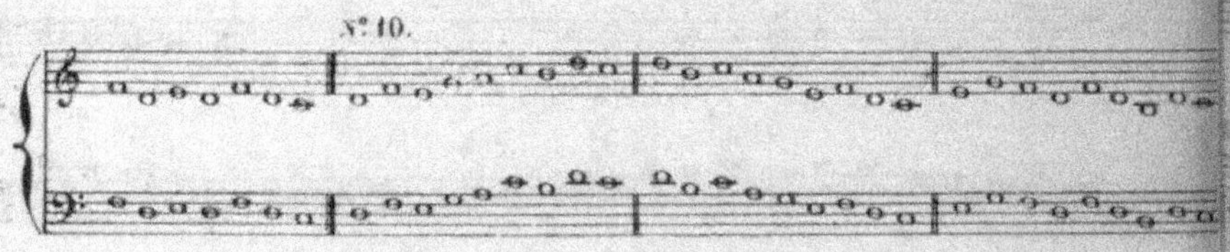

TIERCES MAJEURES.

(2 T — Deux tons)

N.º 11.

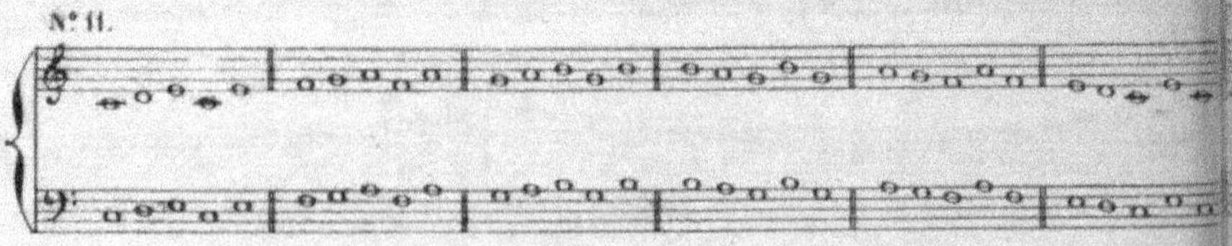

Étude de la 12.ᵐᵉ Leçon.

SUITE DES TIERCES MAJEURES.

TIERCES MAJEURES ET MINEURES.

Étude de la 12.me Leçon.

Exercices sur les Quartes.

La gamme ne présentant qu'un seul exemple de quarte majeure, on a réuni l'étude des deux genres de quartes, majeure et mineures.

QUARTE MINEURE. (2 T. ½ — Deux tons et un demi-ton.)

QUARTE MAJEURE OU TRITON. (3 T. — Trois tons.)

QUARTES, MAJEURE ET MINEURES.

12

Etude de la 12me Leçon.

Exercices sur les Quintes.

On a réuni aussi l'étude des deux genres de quintes, majeures et mineure.

QUINTE MINEURE. $\left(2\ \text{T.}\ 2\ \tfrac{1}{2}\ \text{T.}\ \_\ \text{Deux tons et deux demi-tons.}\right)$

QUINTE MAJEURE. $\left(3\ \text{T.}\ \tfrac{1}{2}\ \_\ \text{Trois tons et un demi-ton.}\right)$

QUINTES, MAJEURES ET MINEURE.

Étude de la 12.me Leçon.

Exercices sur les Sixtes.

SIXTES MINEURES.

(3 T. 2 $\frac{1}{2}$ T. — Trois tons et deux demi-tons.)

N.º 27.

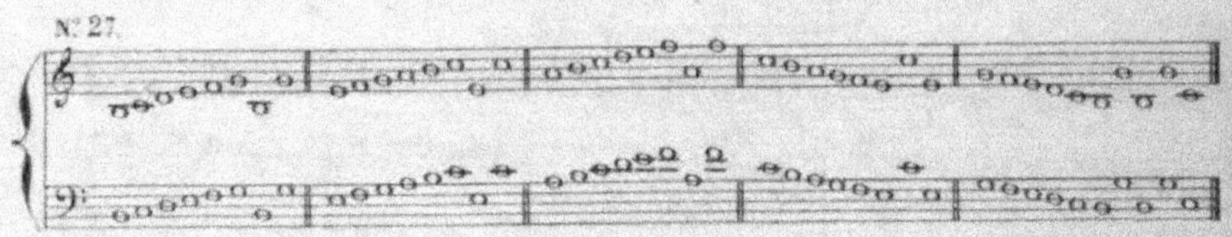

N.º 28.

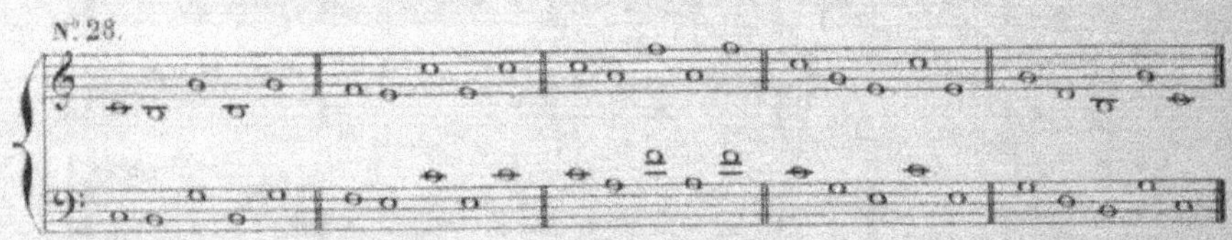

N.º 29.

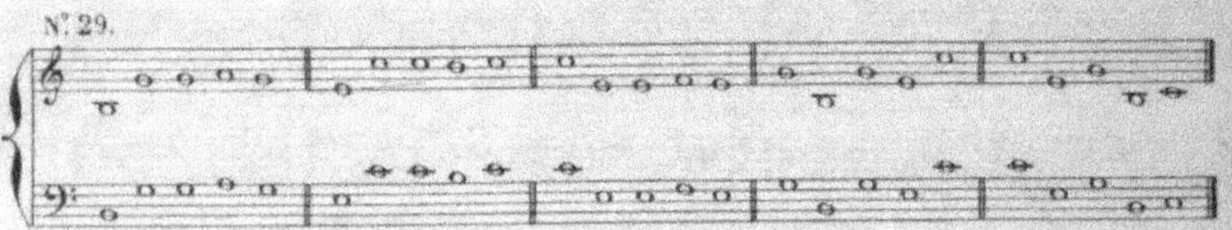

SIXTES MAJEURES.

(4 T. $\frac{1}{2}$ — Quatre tons et un demi-ton.)

N.º 30.

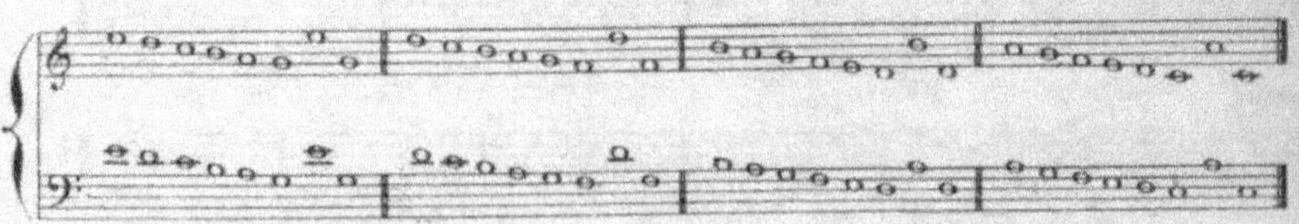

Étude de la 12.me Leçon.

N.º 31.

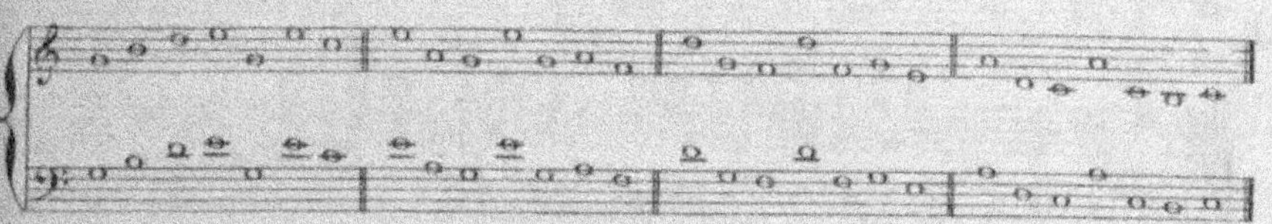

N.º 32.

SIXTES MAJEURES ET MINEURES.

N.º 33.

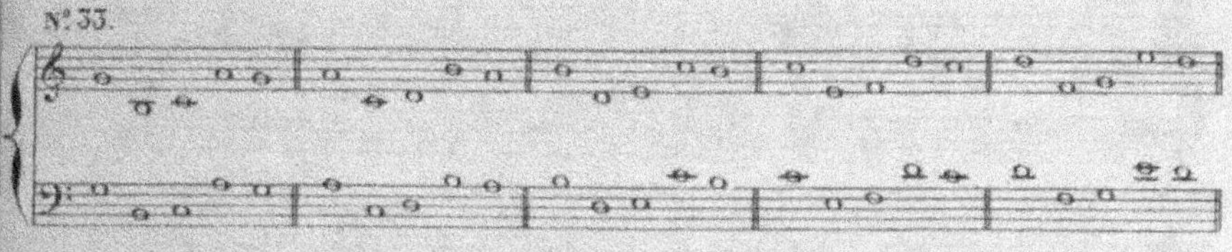

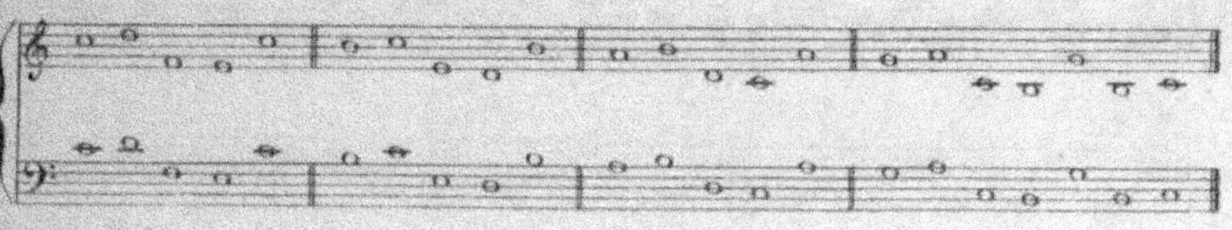

N.º 34.

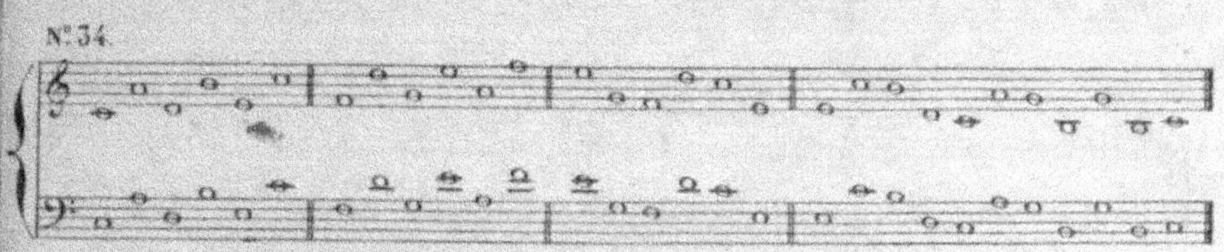

Étude de la 12ᵐᵉ Leçon.

Exercices sur les Septièmes.

SEPTIÈMES MINEURES.

(4 T. 2 ½ T. — Quatre tons et deux demi-tons.)

N.º 35.

SEPTIÈMES MAJEURES.

(5 T. ½ — Cinq tons et un demi-ton.)

N.º 36.

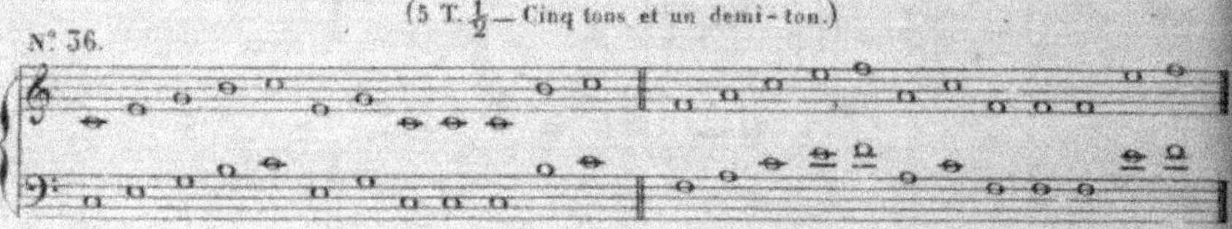

SEPTIÈMES MAJEURES ET MINEURES.

N.º 37.

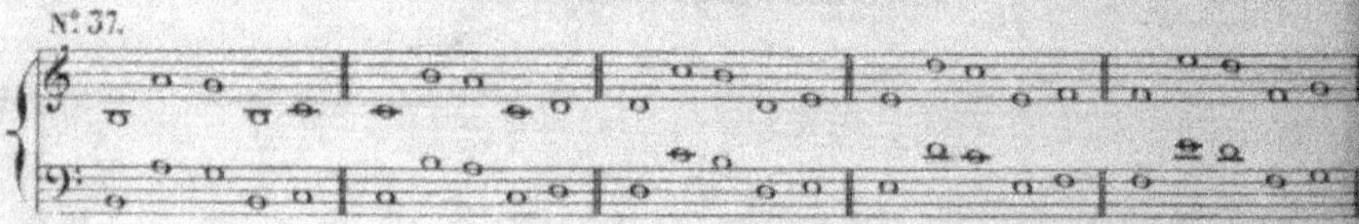

N.º 38.

EXERCICES PRATIQUES

POUR

L'ÉTUDE DE LA TROISIÈME PARTIE

TROISIÈME DEGRÉ

LA MESURE

Exercices pratiques pour l'étude de la 3me Partie.

On a combiné dans les premiers exercices qui vont suivre l'étude progressive des intervalles, avec celle de la mesure.

On a introduit dans ces leçons des exercices destinées à être chantés en *ensemble*, c'est à dire dans les quels les deux voix exécutent deux parties *différentes*, pour former l'oreille des élèves.

Lorsqu'on sera arrivé à des valeurs un peu compliquées, telles que les doubles croches, les triples croches, les notes pointées, les triolets, les sixains, on fera décomposer aux élèves ces valeurs par l'analyse avant de les faire solfier.— Avant de faire chanter ces leçons, le maître aura soin de faire chanter les exemples contenus dans la méthode. Le mouvement qui doit être modéré est laissé à l'appréciation du maître.

Exercices sur la mesure à 4 temps
pour l'étude de la 17me Leçon.

La mesure entière représentée par une seule note.— La ronde (116)

Intonation de Seconde.
N.º 50.

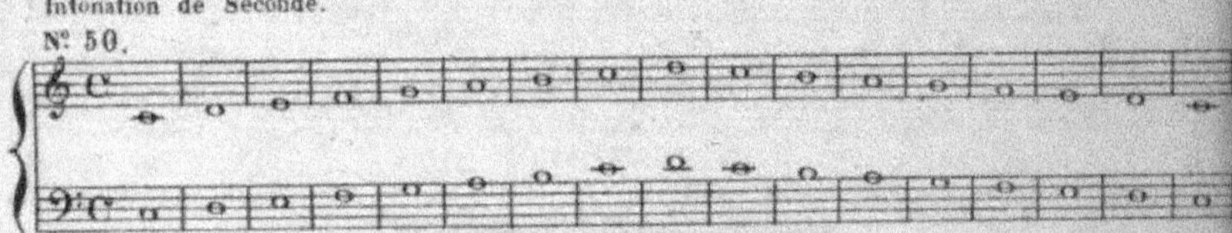

Intonations de Seconde et de Tierce.
N.º 51.

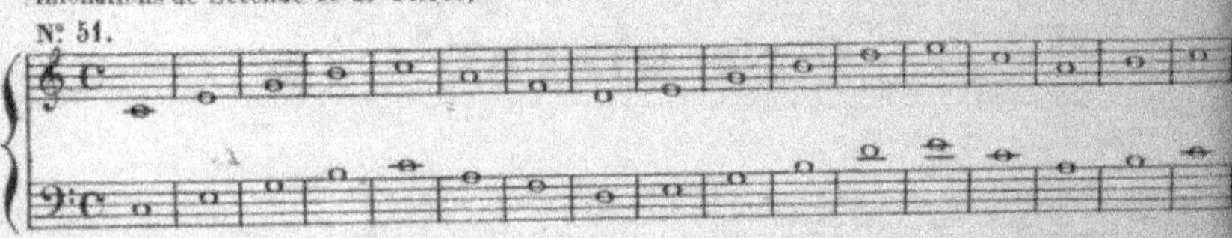

N.º 52.

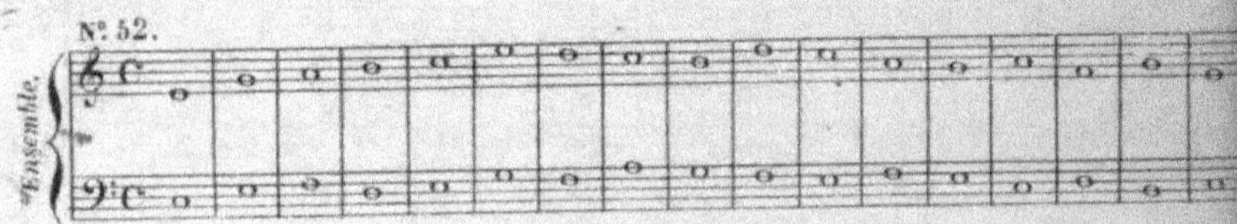

Intonations de Seconde, de Tierce et de Quarte.
N.º 53.

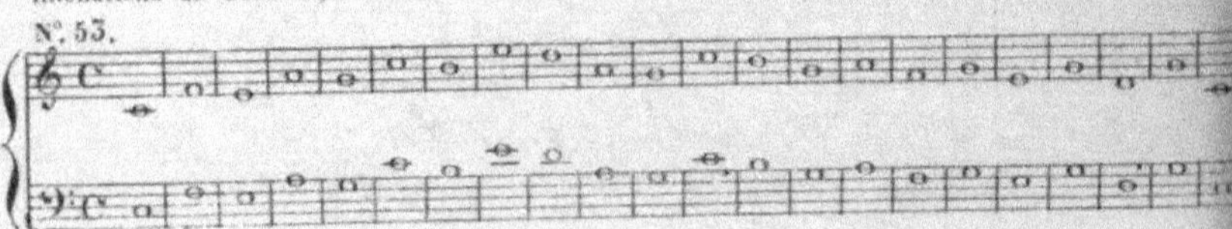

Etude de la 17.me Leçon.

N.º 54. — Intonations de Seconde, de Tierce, de Quarte et de quinte.

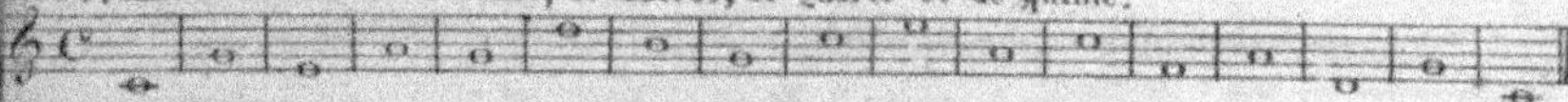

Intonations de Seconde, de Tierce, de Quarte, de Quinte et Sixte.
N.º 55,

N.º 56.

Intonations précédentes, plus celle de septième.
N.º 57.

Intonations précédentes, plus celle d'octave.
N.º 58.

Toutes les intonations réunies.
N.º 59.

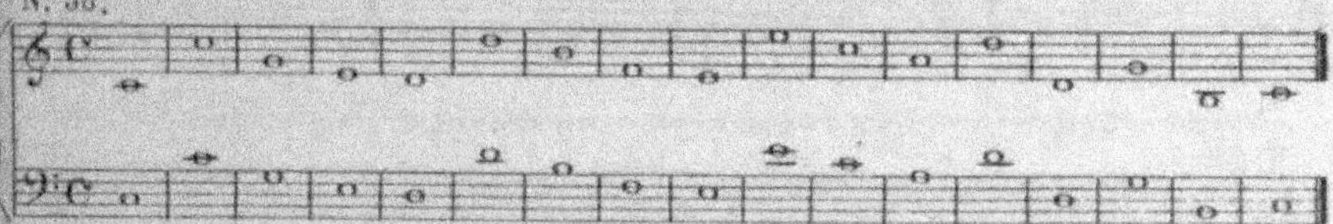

Etude de la 17.me Leçon.

La mesure entière représentée par deux notes — deux blanches (117)

Etude de la 17ᵐᵉ Leçon.

Etude de la 17me. Leçon.

La mesure entière représentée par quatre notes—quatre noires (118)

Etude de la 17me Leçon.

Etude de la 17.ᵐᵉ Leçon.

La mesure entière représentée par huit notes — huit croches (119)

N.° 84.

N.° 85.

N.° 86.

On divise aussi les croches une par une, de la manière suivante, lorsque chaque croche porte sur une syllabe différente. Exemple:

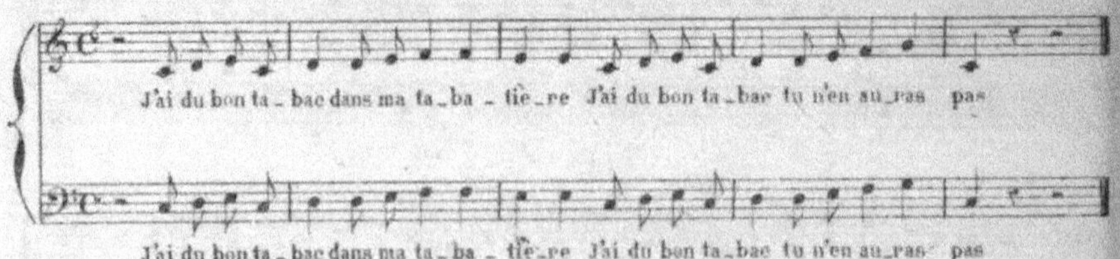

Etude de la 17.me Leçon.

Les quatres valeurs mélangées.
N.º 87.

Les quatres valeurs entremelées des silences correspondants.
N.º 88.

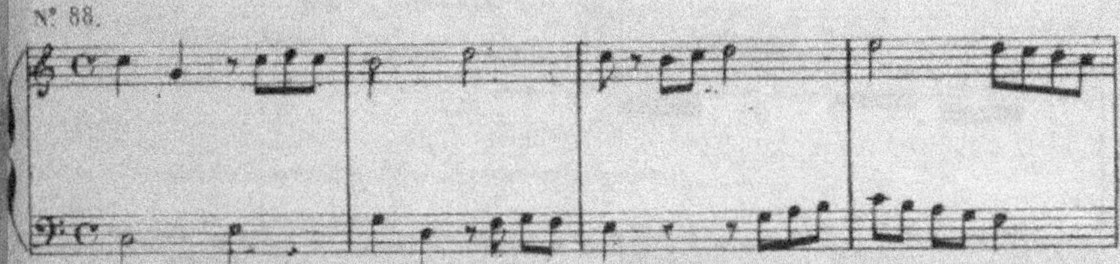

Etude de la 17.me Leçon.

La mesure representée par seize notes:—Seize doubles croches.

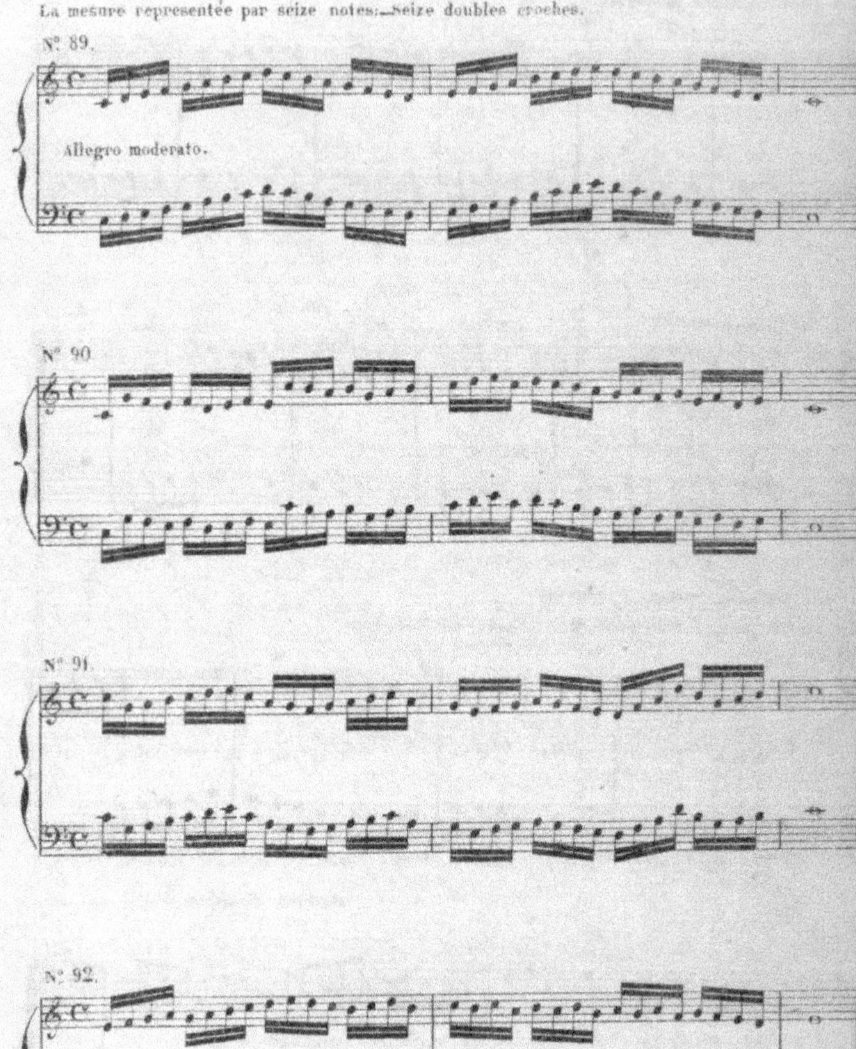

Etude de la 17ᵐᵉ Leçon.

Les cinq valeurs mélangées.
N.º 93.

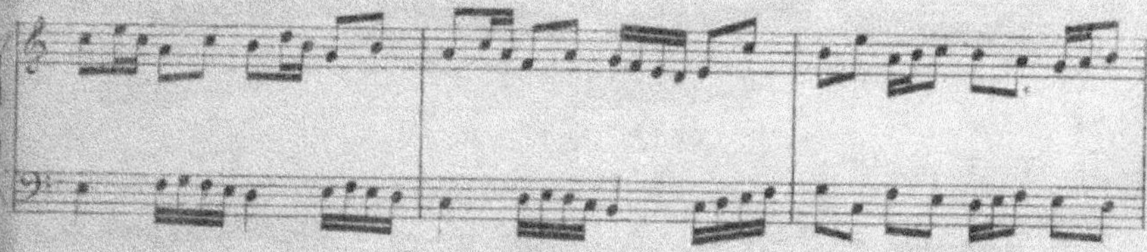

Les mêmes valeurs entremêlées des silences correspondants.
N.º 94.

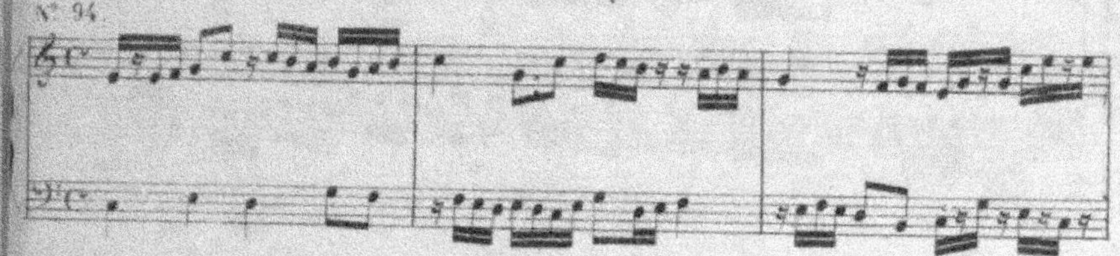

Etude de la 17ᵐᵉ Leçon.

La mesure représentée par trente deux notes:_Trente deux *Triples croches*.

N.º 95.

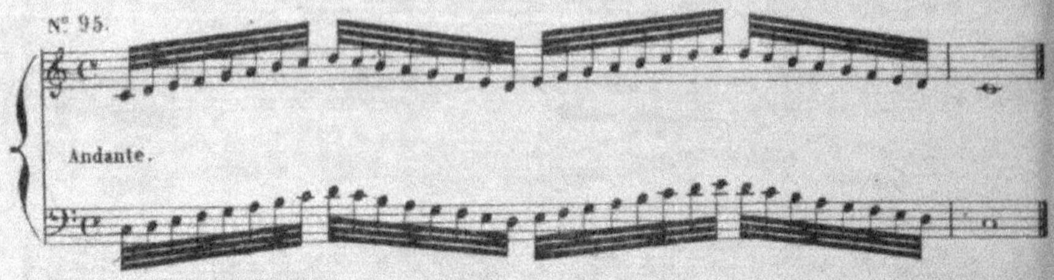

Valeurs mélangées.

N.º 96.

N.º 97.

N.º 98

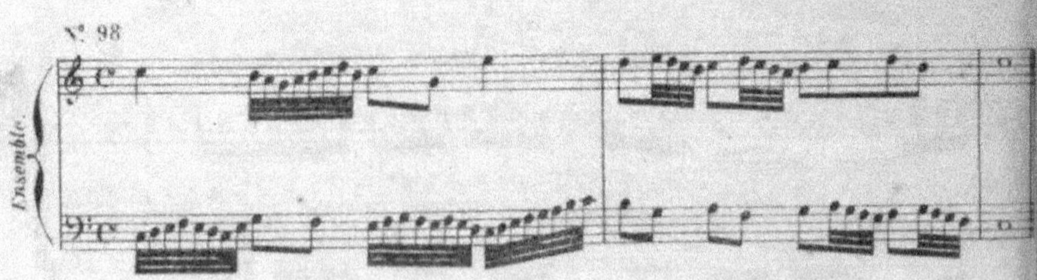

Etude de la 17.ᵐᵉ Leçon.

Mêmes valeurs avec les silences correspondants.

N.º 99.

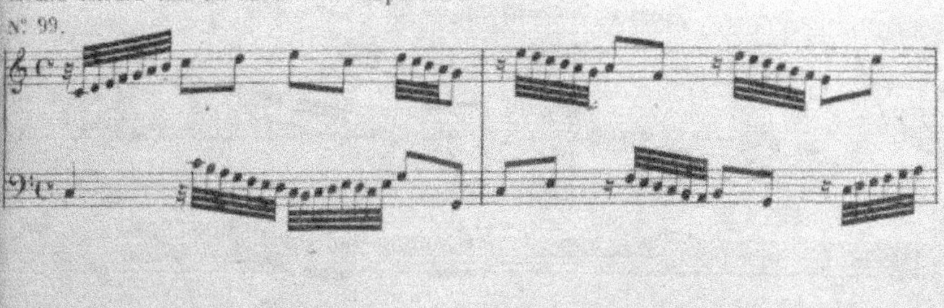

Les Contre-temps. (120)

N.º 100.

N.º 101.

N.º 102.

La Liaison. — La Syncope. — Le Point.
pour l'étude de la 18.ᵐᵉ Leçon.

LA LIAISON. (122 — 123.)

N.° 103.

LA SYNCOPE. (124 — 125.)

(Liaison du temps faible au temps fort, et de la partie faible à la partie forte du temps)

N.° 104.

On simplifie la notation de la Syncope en représentant le son soutenu sur les deux mêmes notes par une seule note d'une valeur double, lorsque les deux notes se trouvent dans la même mesure; autrement on conserve le signe de la liaison sur les deux notes. (123. Observation)

N.° 105.

N.° 106.

Etude de la 18me Leçon.

N.° 107.

Pour bien faire comprendre la syncope entre des valeurs aussi courtes que les doubles croches et l'exemple précédent, le maître divisera *du geste* chaque temps en *deux parties*.

Exemple de la Liaison considérée non plus comme signe de tenue d'un même son, mais comme signe expressif. (128)

N.° 108.

Étude de la 18ᵐᵉ Leçon.

LE POINT. (129)

Le point après la note.— Signe de durée.— Abréviation de la liaison:

(Toute note pointée est augmentée de la moitié de sa valeur)

Exemple de plusieurs points de suite,
dont chacun vaut la moitié de celui qui le précède. (130)

Etude de la 18me Leçon.

Silences pointés. (151)

Nº 114

Nº 115.

Le Point

au dessus ou au dessous de la note, considéré comme signe expressif de *détaché*. (152)

Nº 116

Nº 117.

Exercices sur la mesure binaire ou à 2 temps
pour l'étude de la 19.me leçon. (134—137—138.)

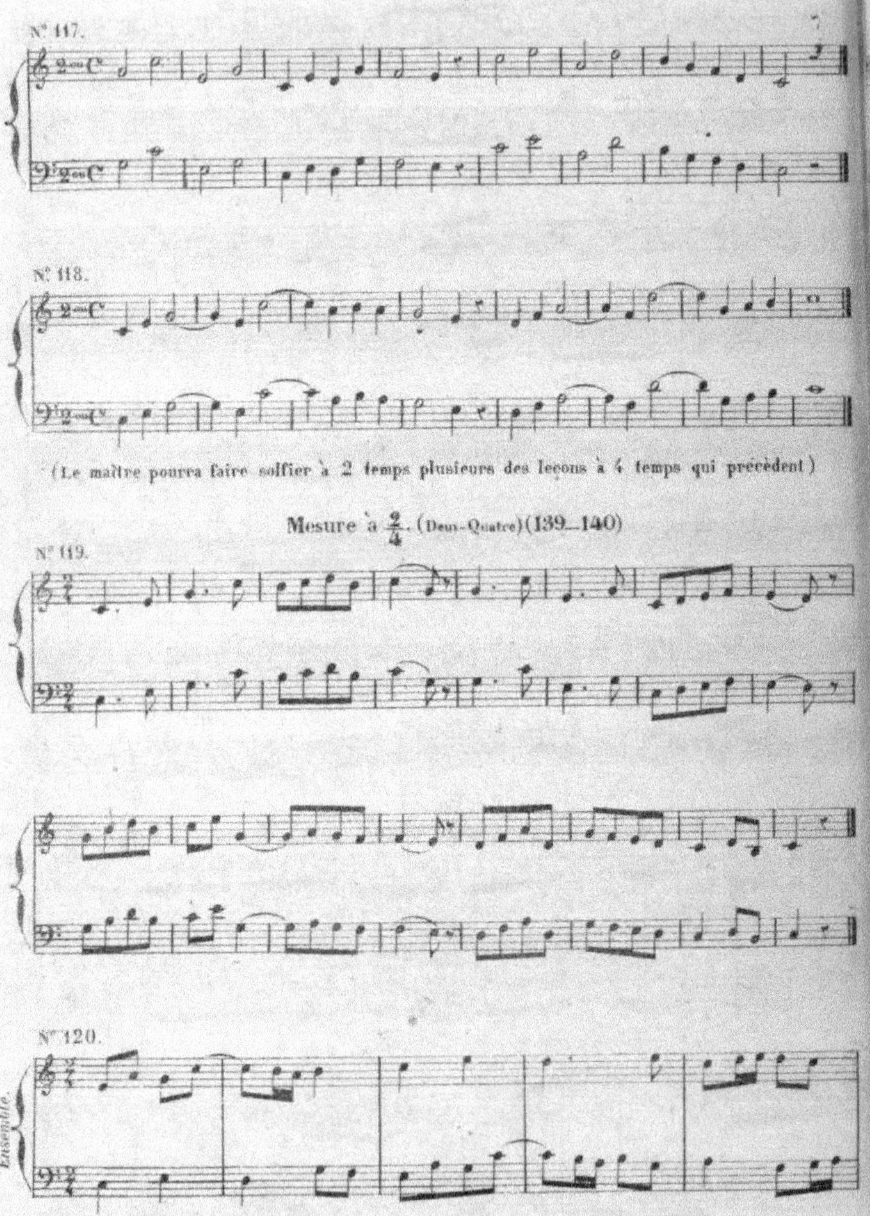

Etude de la 19.me Leçon.

N.º 122.

N.º 123.

N.º 124.

Mesure Ternaire ou à 3 temps
pour l'étude de la 20.ᵐᵉ leçon.

Mesure ¾. (Trois Quatre) (143—146)

Étude de la 20.me Leçon.

N.º 132.

N.º 133.

N.º 134.

Mesures Composées
pour l'étude de la 21ᵐᵉ leçon.

Mesure à 4 temps composée. Mesure à $\frac{12}{8}$. (Douze Huit) (156—157—158)

N.º 135.

N.º 136.

N.º 137.

Mesure à 2 temps composée. Mesure à $\frac{6}{4}$. (Six Quatre) (159—160—161)

N.º 138.

Etude de la 21.me Leçon.

N.º 139.

N.º 140.

Mesure à deux quatre composée. Mesure à $\frac{6}{8}$. (Six-Huit)(162_163_164)

N.º 141.

N.º 142.

N.º 143.

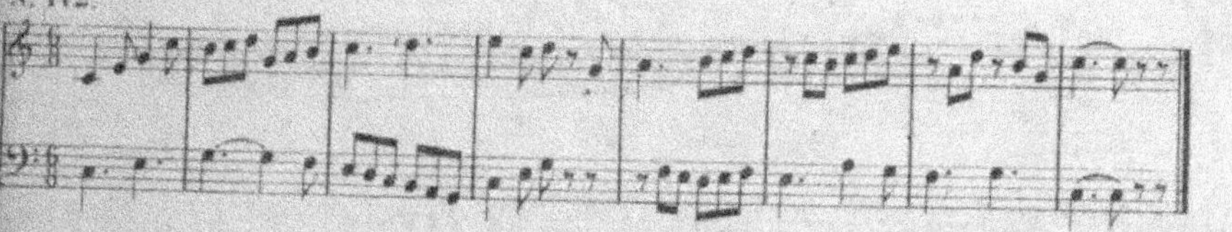

Etude de la 21me Leçon.

Mesure à Trois quatre composée. Mesure à $\frac{9}{8}$. (Neuf–Huit) (165—166—167.)

Etude de la 21.me Leçon.

Mesure à trois-huit composée. Mesure à $\frac{9}{16}$ (Neuf-Seize) (168 — 169 — 170)

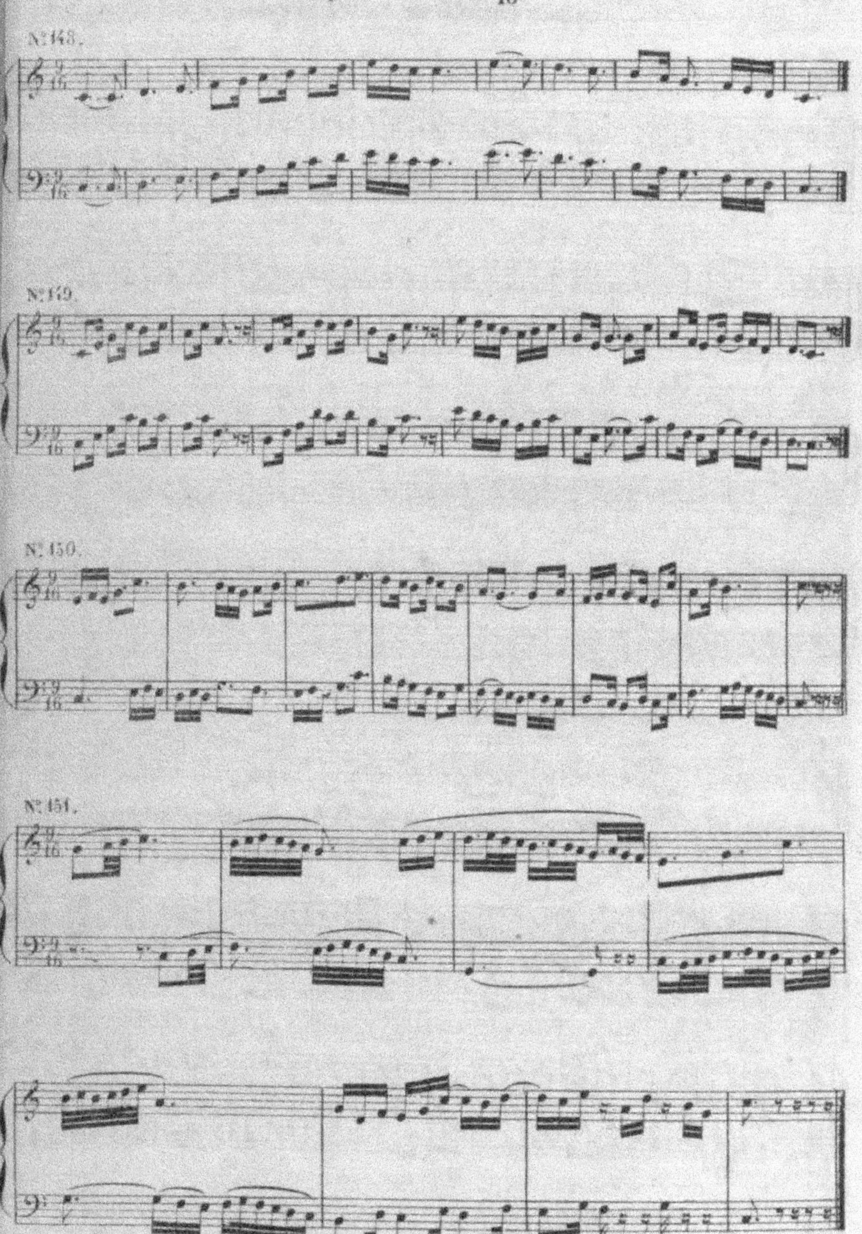

Exercices sur les triolets, les sixains, etc
pour l'étude de la 22ᵐᵉ Leçon.

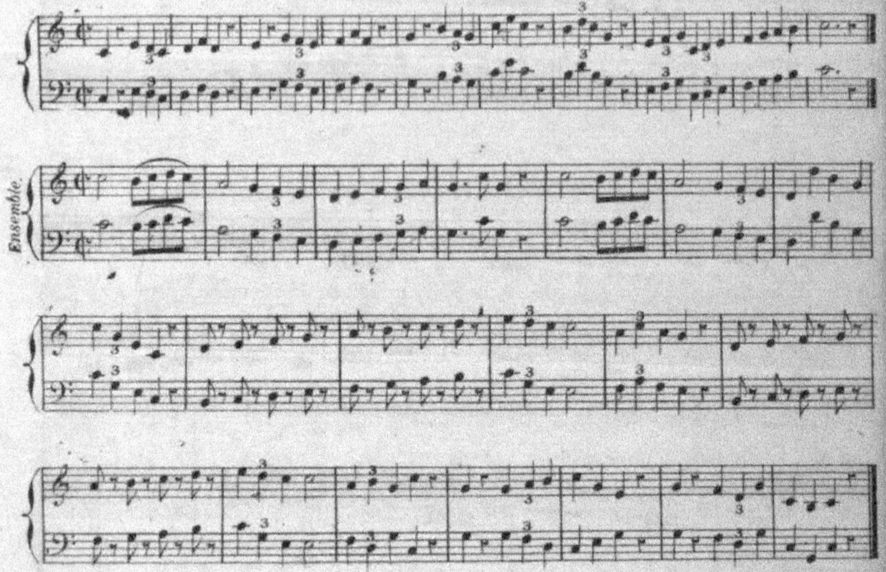

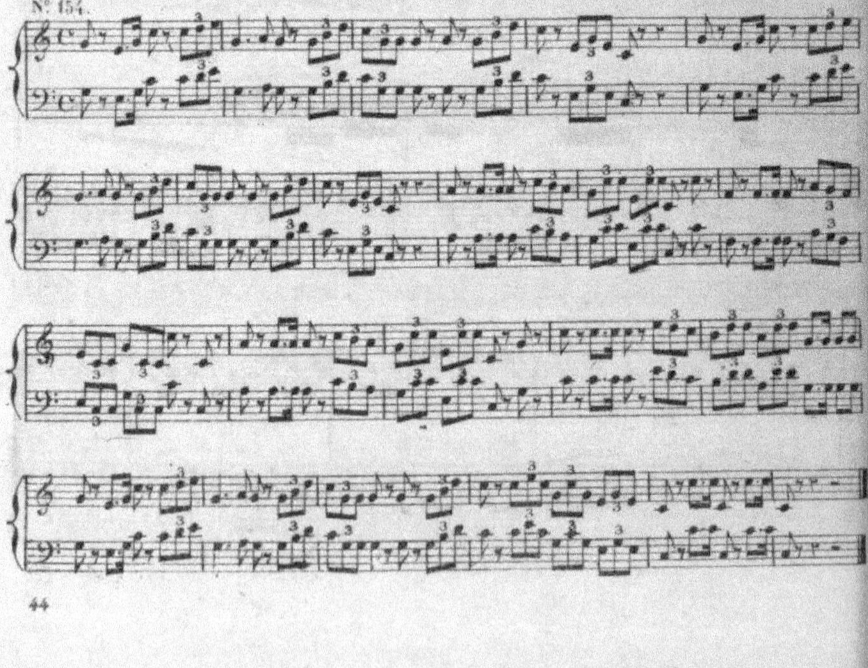

Étude de la 22.me Leçon.

Etude de la 22.ᵐᵉ Leçon.

N.º 157.

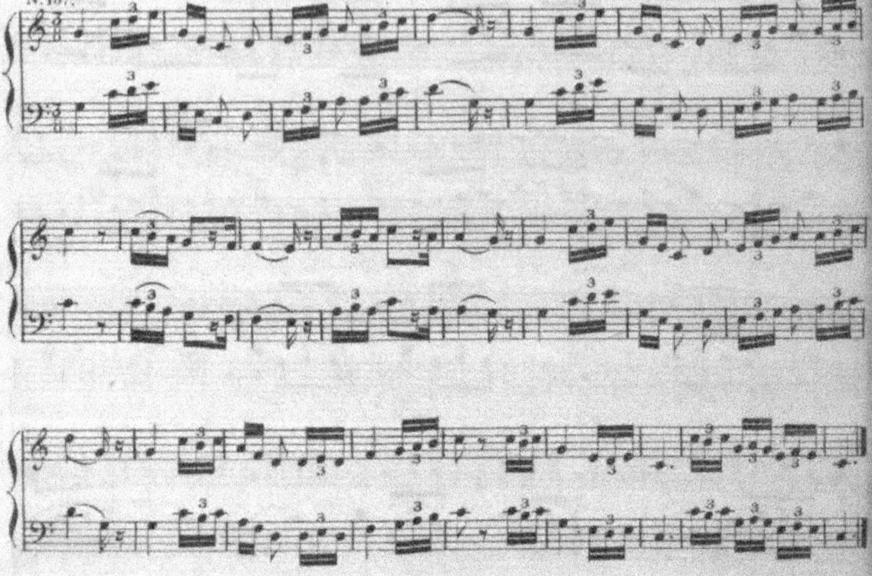

Triolets ne valant qu'un demi-temps.

N.º 158.

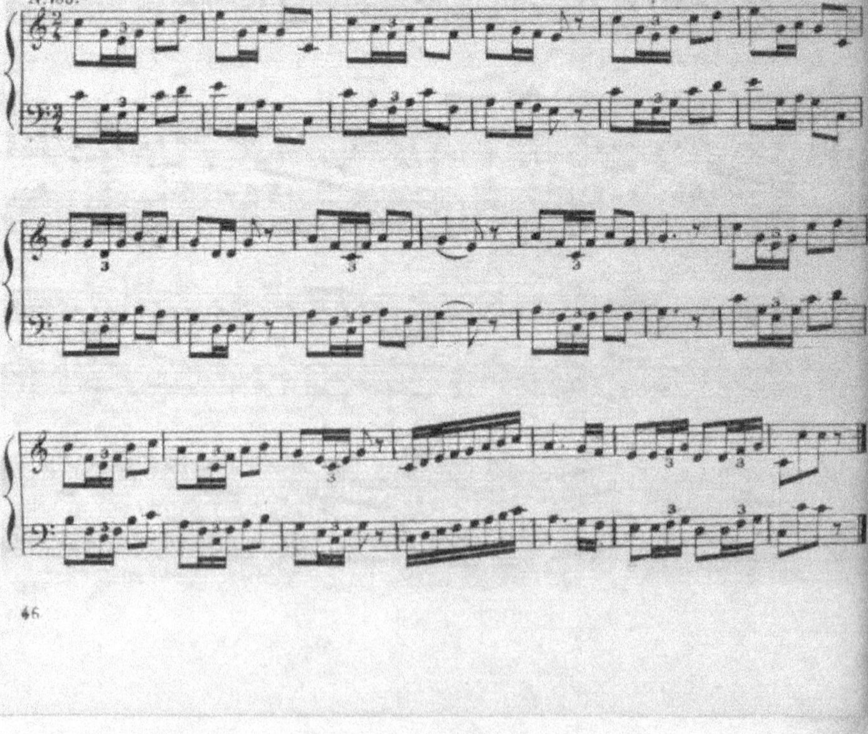

Étude de la 22ᵐᵉ Leçon.

N.º 159. — *Sixains de croches dans la mesure à Deux-temps.*

Sixains de doubles-croches dans la mesure à *Quatre-temps.*
N.º 160.

Sixains de doubles-croches dans la mesure à *Deux-quatre.*
N.º 161.

Etude de la 22.me Leçon.

Etude de la 22me Leçon.

Triolets et *Sixains*, avec divers combinaisons de notes et de silences.
N.º 165.

Point d'orgue et *Point d'arrêt*.
N.º 166.

Fin des exercices
pour l'étude de la 3.e Partie.

EXERCICES PRATIQUES

POUR

L'ÉTUDE DE LA QUATRIÈME PARTIE

QUATRIÈME DEGRÉ

LA TONALITÉ

Exercices pratiques pour l'Étude de la 4.ᵐᵉ partie.

Exercices sur le Dièse, le Bémol et le Bécarre
pour l'étude de la 25.ᵐᵉ Leçon.

Dièse et Bécarre. (197)

(a) Ce bécarre n'est pas indispensable puisque l'altération qu'il détruit (le dièse appliqué au *Fa*) n'est pas dans la même mesure; (209) mais on emploie souvent le bécarre, pour éviter toute incertitude dans l'intonation.

Bémol et Bécarre. (201)

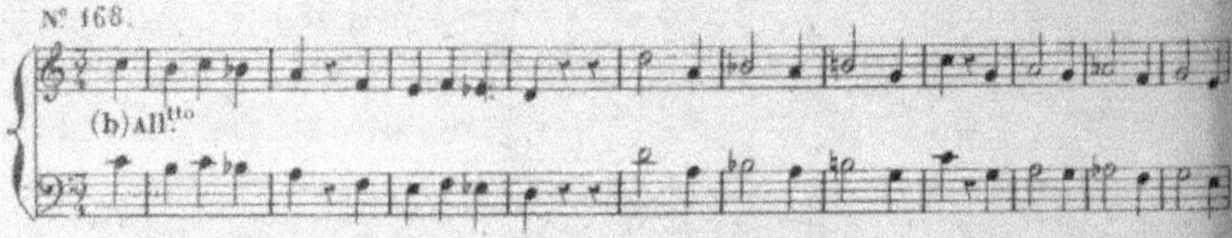

(b) On supprime habituellement les silences qui commencent la 1.ʳᵉ mesure d'un morceau. Ainsi cet exercice, en mesure à 3 temps, commence au 3.ᵐᵉ temps, et les silences qui doivent remplir les deux 1.ᵉʳˢ temps ne sont pas écrits, mais le maître devra les faire compter comme s'il y avait deux soupirs.

Etude de la 25.e Leçon.

Exercices et Leçons sur les Tonalités
produites par l'emploi des bémols,
pour l'étude de la 28.ᵐᵉ Leçon.

Les sept gammes de *Fa, Si* ♭, *Mi* ♭, *La* ♭, *Ré* ♭, *Sol* ♭ et *Ut* ♭ naissent du 1.ᵉʳ tétracorde de la gamme d'*Ut*. (26.ᵐᵉ et 27.ᵐᵉ Leçon)

TON DE FA.

Exercice sur le 1.ᵉʳ bémol *Si* ♭; formation de la gamme de *Fa*.
N.° 170.

(a) Ces ensembles de sons, ces *accords* forment de l'*Harmonie* (26.ᵐᵉ Leçon. Observations sur l'accord parfait)

Le maître divisera les élèves suivant le genre de leur voix pour l'exécution des ensembles qui terminent chaque exercice.

Leçons dans le ton de *Fa*.
N.° 171.

Étude de la 28.me Leçon.

N.º 173.

TON DE SI BÉMOL.

Exercice sur le 2.d bémol Mi; formation de la gamme de Si bémol.
N.º 174.

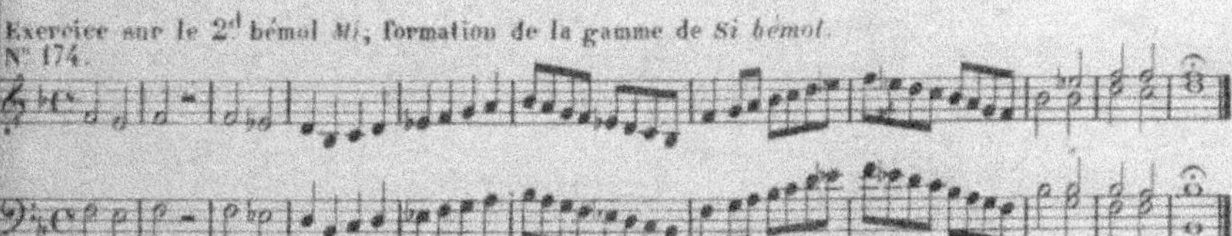

Leçons dans le ton de Si bémol.
N.º 175.

N.º 176

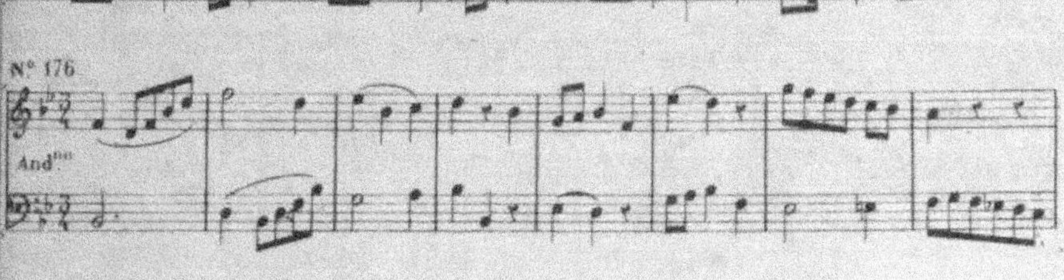

Etude de la 28.me Leçon.

TON DE MI BÉMOL.

Exercice sur le 3.me bémol *La*; formation de la gamme de *Mi bémol*.
N.° 177.

Etude de la 28.me Lecon.

TON DE *LA BÉMOL.*

Exercice sur le 4.me bémol *Ré*; formation de la gamme de *La bémol.*

N.º 180.

Etude de la 28me Leçon.

TON DE RÉ BÉMOL.

Exercice sur le 5me bémol *Sol*; formation de la gamme de *Ré bémol*.
Nº 183.

Étude de la 28.me Leçon.

TON DE *SOL* BÉMOL.

Exercice sur le 6.me bémol *Ut*; formation de la gamme de *Sol bémol*
N.º 186.

Etude de la 28.ᵐᵉ Leçon.

TON D'UT BÉMOL.

Exercice sur le 7.ᵐᵉ bémol *Fa*; formation de la gamme d'*Ut bémol*.

Exercices et Leçons sur les tonalités
produites par l'emploi des dièses,
pour l'étude de la 29.me Leçon.

Les sept gammes de *Sol, Ré, La, Mi, Si, Fa dièse* et *Ut dièse* naissent du 2.^d tétracorde de la gamme d'*Ut* (26.me et 27.me Leçon)

TON DE *SOL*.

Exercice sur le 1.er dièse *Fa*, formation de la gamme de *Sol*.
N.° 192.

Leçons dans le ton de *Sol*.
N.° 193.

Etude de la 29.me Leçon.

Étude de la 29ᵐᵉ Leçon.

Leçons dans le ton de *Ré*.

Nº 197.

All⁰

Nº 198.

Mod.ᵗᵒ

Etude de la 29.ᵐᵉ Leçon.

TON DE *LA*.

Exercice sur le 3.ᵐᵉ dièse *Sol*, formation de la gamme de *La*.
N.° 199.

Leçons dans le ton de *La*.
N.° 200.

Mod.ᵗᵒ

N.° 201.

Allegretto.

Ensemble.

Etude de la 29.me Leçon.

TON DE *MI*.

Exercice sur le 4.me dièse *Ré*; formation de la gamme de *Mi*.

N.° 202.

Leçons dans le ton de *Mi*.

N.° 203

Andante.(a)

(a) Mesure double à 3 temps, peu usitée aujourd'hui, (21.me Leçon.) nommée mesure à *Trois-deux*.

N.° 204.

Mod.to

Etude de la 29.me Leçon.

TON DE *SI*.

Exercice sur le 5.me dièse *La*; formation de la gamme de Si.
N.º 205

Leçons dans le ton de Si.
N.º 206.

N.º 207.

Étude de la 29.ᵐᵉ Leçon.

TON DE *FA DIÈSE*.

Exercices sur le 6.ᵐᵉ dièse *Mi*; formation de la gamme de *Fa dièse*.

N.º 208.

Étude de la 29ᵐᵉ Leçon.

TON D'*UT* DIÈSE.

Exercices sur le 7ᵐᵉ dièse *Si*; formation de la gamme d'*Ut dièse*.

Nᵒ 211.

Exercices et Leçons sur le Demi-ton chromatique
pour l'étude de la 51ᵐᵉ Leçon.

Étude de la 31ᵐᵉ Leçon.

(Demi-ton chromatique)

N.º 219.

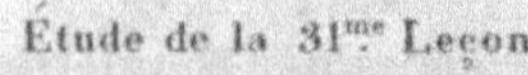

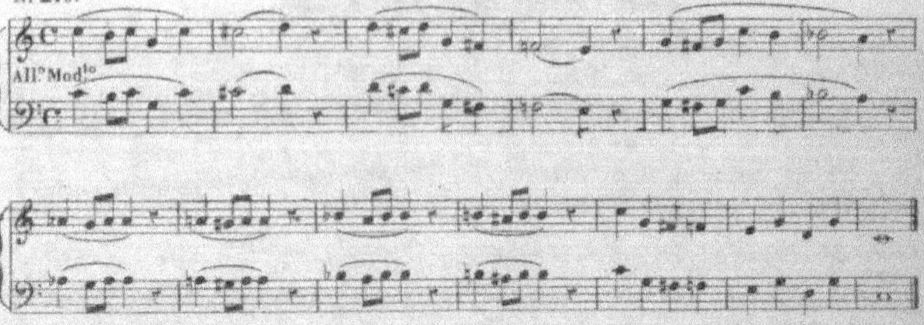

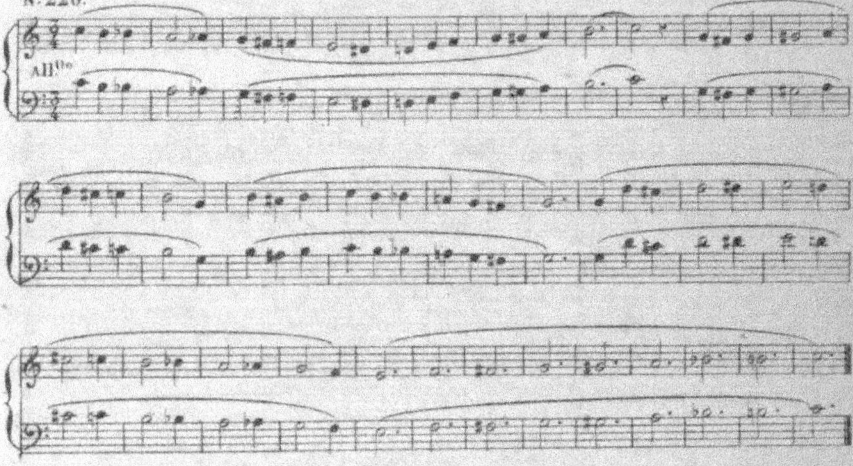

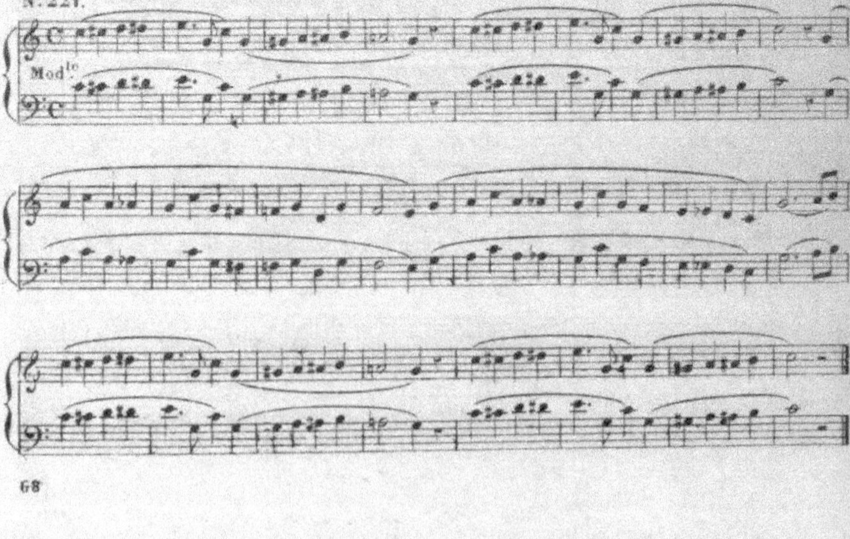

Leçons sur l'emploi de l'Enharmonie
pour l'étude de la 52me Leçon.

TABLEAU

contenant des Exemples d'Intervalles augmentés et diminués et de leurs renversements,

pour l'étude de la 33ᵐᵉ Leçon.

Exemples d'Intervalles augmentés.

Exemples d'Intervalles diminués.

Exemples d'Intervalles *augmentés*, renversés.

Exemples d'Intervalles *diminués*, renversés.

Exercices et Leçons sur les Intervalles augmentés
pour l'étude de la 33me Leçon.

Étude de la 33ᵐᵉ Leçon.

(Intervalles augmentés.)

Étude de la 33ᵐᵉ Leçon.

N.º 231.

Exercices et Leçons sur les intervalles diminués.

N.º 232.

N.º 233.

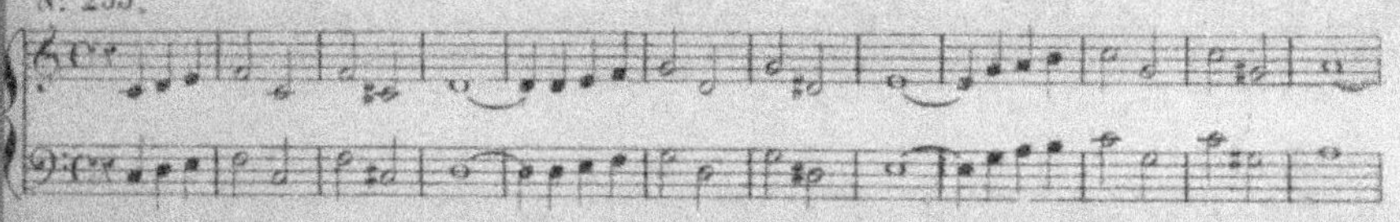

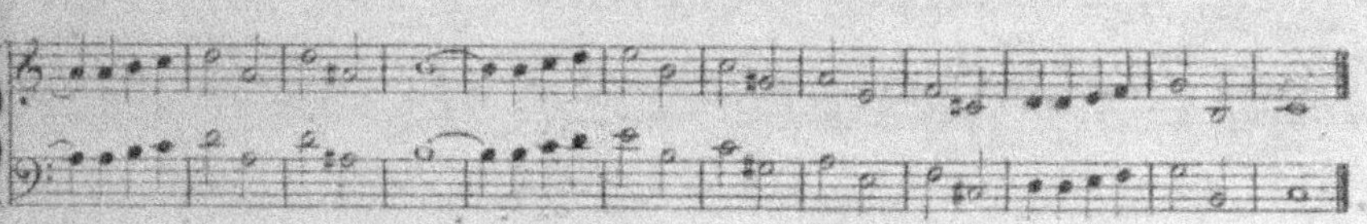

N.º 234.

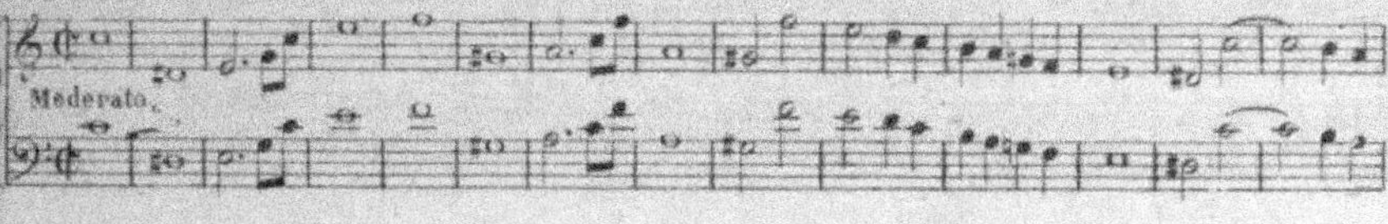

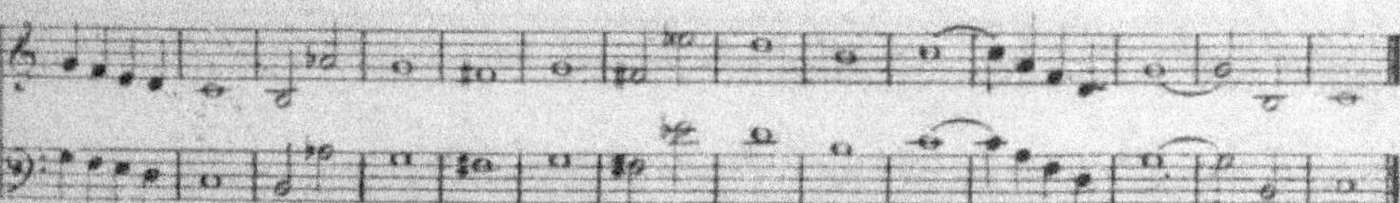

Etude de la 33ᵐᵉ Leçon.
(Intervalles diminués)

Étude de la 33.me Leçon.

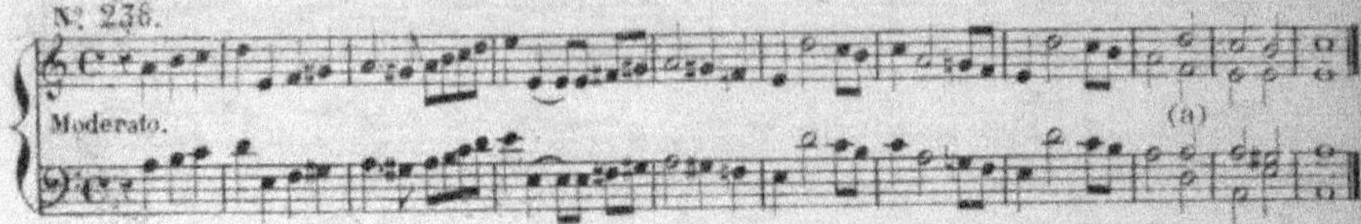

TON DE *LA* MINEUR
Relatif du ton d'UT majeur.

Exercice sur la gamme de *La mineur*
N° 236.

Moderato.

(a)

(a) Ces accords forment une cadence parfaite en mode mineur. Les accords qui terminent les exercices sur les tons majeurs (étude de la 28me Leçon) forment une cadence parfaite en mode majeur. (54me Leçon. Nouvelles observations sur l'accord parfait, majeur et mineur) Le maître divisera les élèves comme précédemment

Leçons dans le ton de *La mineur*.
N° 239.

Mod to.

Etude de la 34.ᵐᵉ Leçon.

N.º 240.

Moderato.

Tons relatifs mineurs
des gammes majeures produites par l'emploi des bémols.

TON DE *RÉ* MINEUR.
Relatif du ton de FA majeur.

Exercice sur la gamme de *Ré mineur.*

N.º 241.

Moderato.

Leçons en *Ré mineur.*

N.º 242.

Allégretto.

Etude de la 34ᵐᵉ Leçon.

Nº 243

TON DE *SOL MINEUR*.

Relatif du ton de SI bémol majeur.

Exercice sur la gamme de *Sol mineur*.

Nº 244.

Leçons en *Sol mineur*.

Nº 245.

(a) Mesure double à 4 temps presque inusitée aujourd'hui,(21ᵉ. leçon) nommée mesure à *quatre-deux*.

(b) Carrée, valant deux rondes, valeur employée pour remplir une mesure à *quatre-deux*.

Nº 246.

4me DEGRÉ—LA TONALITÉ.
Etude de la 34me. Leçon.

TON D'UT MINEUR.
Relatif du ton de MI bémol majeur.

Exercice sur la gamme d'Ut mineur.

N°. 247.

Étude de la 34me Leçon.

TON DE *FA MINEUR.*

Relatif du ton de **LA** bémol majeur.

Exercice sur la gamme de *Fa mineur.*
N.° 250.

Étude de la 34ᵐᵉ Leçon

TON DE *SI* BÉMOL MINEUR (enharmonique ou synonyme de La dièse mineur (a)

Relatif du ton de RÉ bémol majeur (enharmonique d'Ut dièse majeur)

Exercice sur la gamme de *Si bémol mineur.*

Nº 253.

(a) Voyez dans la Méthode la 32ᵐᵉ et la 35ᵐᵉ Leçon.

Leçons en *Si bémol mineur.*

Nº 254.

Nº 255.

Etude de la 34ᵐᵉ Leçon.

TON DE *MI* BÉMOL MINEUR (enharmonique de Ré dièse mineur)

Relatif du ton de SOL bémol majeur (enharmonique de Fa dièse majeur)

Exercice sur la gamme de *Mi bémol mineur.*

N.° 256.

Etude de la 34.me Leçon.

TON DE *LA BÉMOL MINEUR* (enharmonique de Sol dièse mineur)

Relatif du ton d'*UT* bémol majeur (enharmonique de Si majeur)

Exercice sur la gamme de *La bémol mineur.*

N.º 259.

Leçons en *La bémol mineur.*

N.º 260.

Andantino.

N.º 261.

Etude de la 34.ᵐᵉ Leçon

Tons relatifs mineurs
des gammes majeures produites par l'emploi des dièses.

TON DE *MI* MINEUR.
Relatif du ton de SOL majeur.

Exercice sur la gamme de *Mi mineur.*
N.º 262.

Leçons en *Mi mineur.*
N.º 263.
Andante.

N.º 264.

Etude de la 34ᵐᵉ Leçon.

TON DE *SI* MINEUR.

Relatif du ton de RÉ majeur.

Etude de la 34.me Leçon

TON DE *FA DIÈSE MINEUR*.
Relatif du ton de **La** majeur.

Etude de la 34.ᵉ Leçon.

TON D'UT DIÈSE MINEUR.
Relatif du ton de MI majeur.

Exercice sur la gamme d'*Ut dièse mineur*.
N.° 271.

Leçons en *Ut dièse mineur*.
N.° 272.

(a) Moderato.

(a) Mesure double à 3 temps, mesure à *trois-deux* (21.ᵐᵉ Leçon)

N.° 273.

Etude de La 34.me Leçon.

TON DE *SOL* DIÈSE MINEUR (enharmonique de La bémol mineur)
Relatif du ton de SI majeur (enharmonique d'Ut bémol majeur)

Exercice sur la gamme de *Sol dièse mineur.*
N.º 274.

(a) *Double dièse*, voyez, dans la méthode, 32.me Leçon (312)

Leçons en *Sol dièse mineur.*
N.º 275.

N.º 276.

Etude de la 34ᵐᵉ Leçon.

TON DE *RÉ* DIÈSE MINEUR (enharmonique de Mi bémol mineur)
Relatif du ton de FA dièse majeur (enharmonique de Sol bémol majeur)

Exercice sur la gamme de *Ré* dièse mineur.
Nº 277.

Leçons en *Ré* dièse mineur.
Nº 278.

Andantino.

Nº 279.

Andantino.

4.me DEGRÉ — LA TONALITÉ.

Etude de la 34.me Leçon.

TON DE *LA DIÈSE MINEUR* (enharmonique de Si bémol mineur)

Relatif du ton d'UT dièse majeur (enharmonique de Ré bémol majeur)

Exercice sur la gamme de *La dièse mineur.*

N.º 280.

Fin des exercices
pour l'étude de la 4.me Partie.

Leçons dans tous les tons, majeurs et mineurs, et dans toutes les mesures usitées.

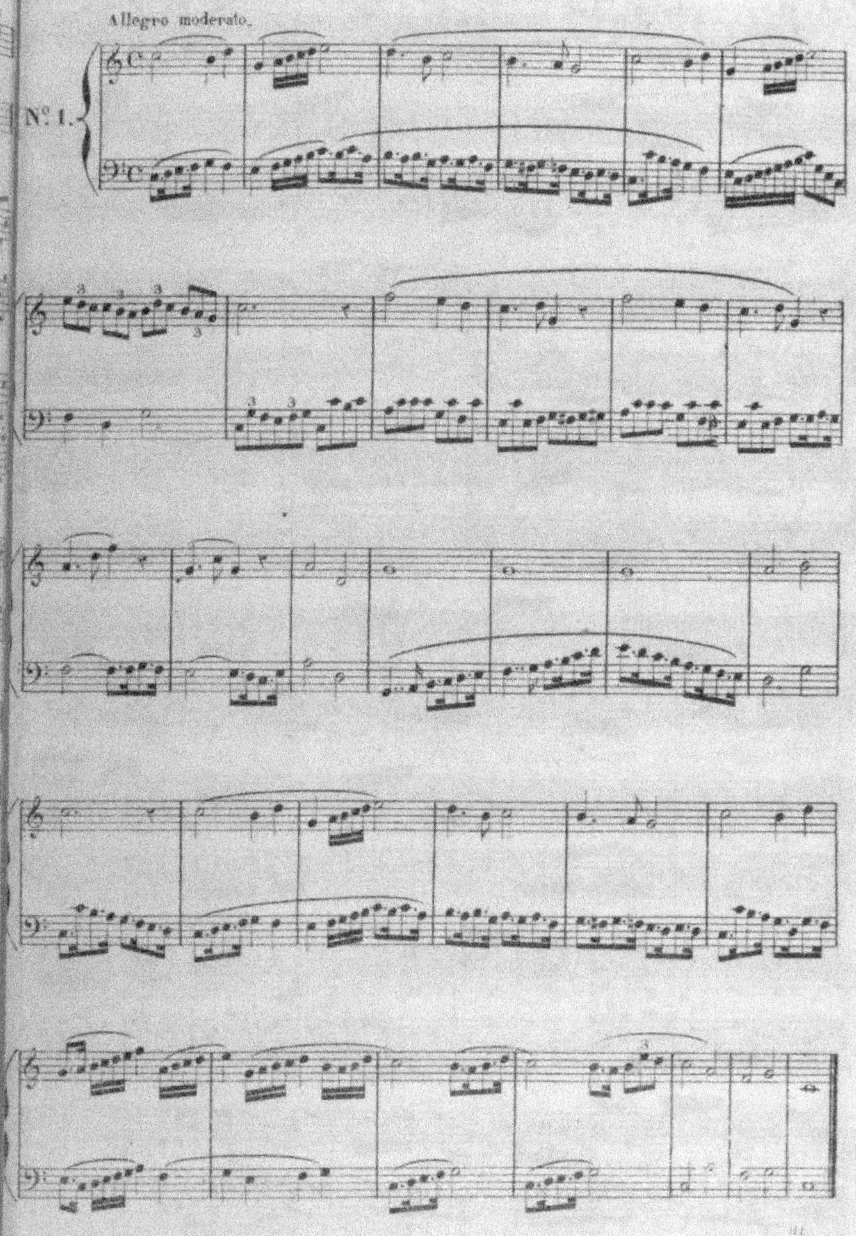

Allegretto.
N.° 2.
COMPLÉMENT.
92

Allegro.
N.º 3.
f
p
Santo.
95

N.º 4.

Moderato.

94

Allegretto
N.° 5.
BIS.
f animé.
BIS.
f

Allegro.
N.° 6.
COMPLÉMENT.

Allegretto.
N.º 7.

Andantino.
N.º 8.
pp
38

COMPLÉMENT.
Allegretto moderato.
N.º 9.
99.

Allegretto.
N°. 10.
cresc.
cresc.
p
f
p
cresc.

fp
Allegretto.
N.º 11
p
serrez.
poco rall.
f
p

Allegretto moderato.
N.º 12.

Allo agitato.
N.º 13
f

COMPLÉMENT.
plus vite.
cresc.
cresc.
cresc.
p
p
p
f

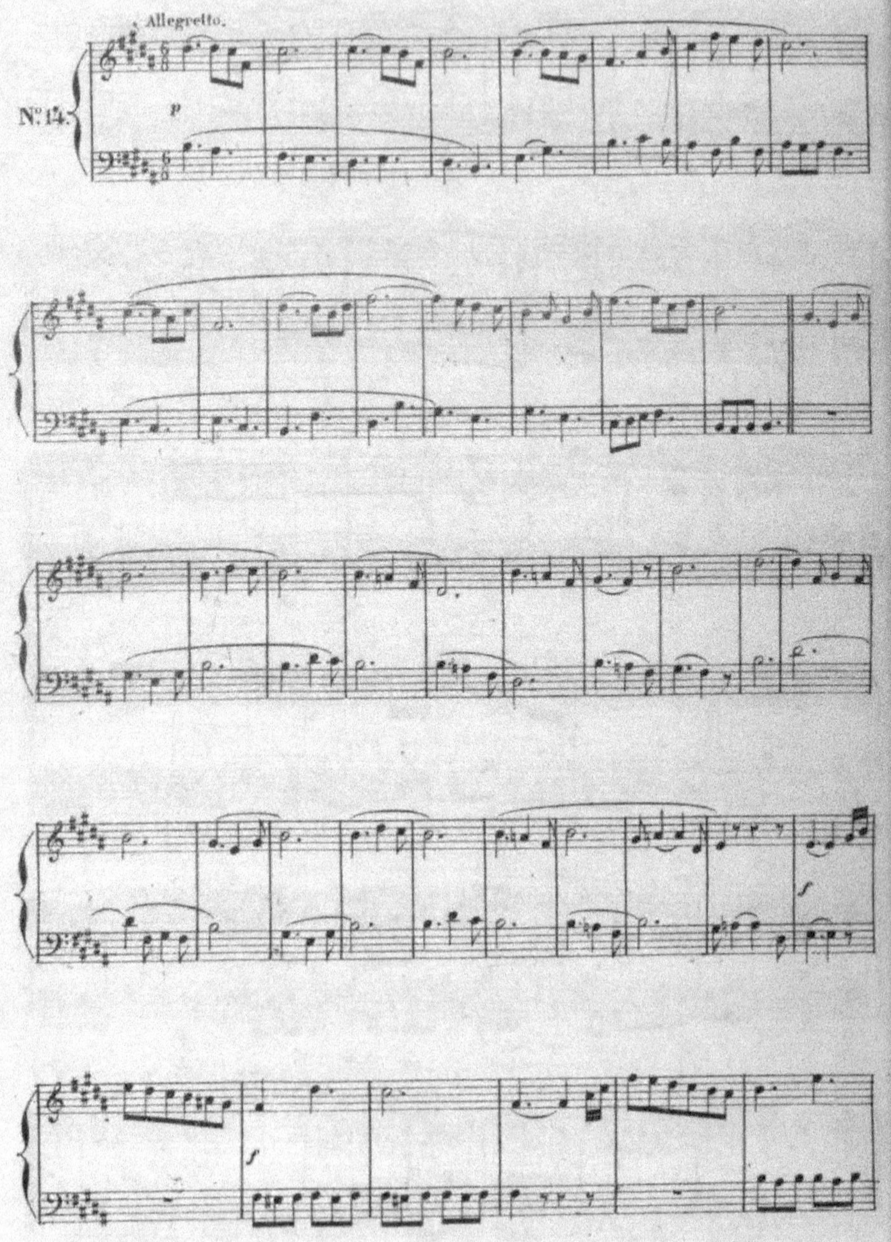
Allegretto.
Nº 14.
p

cresc.
fp

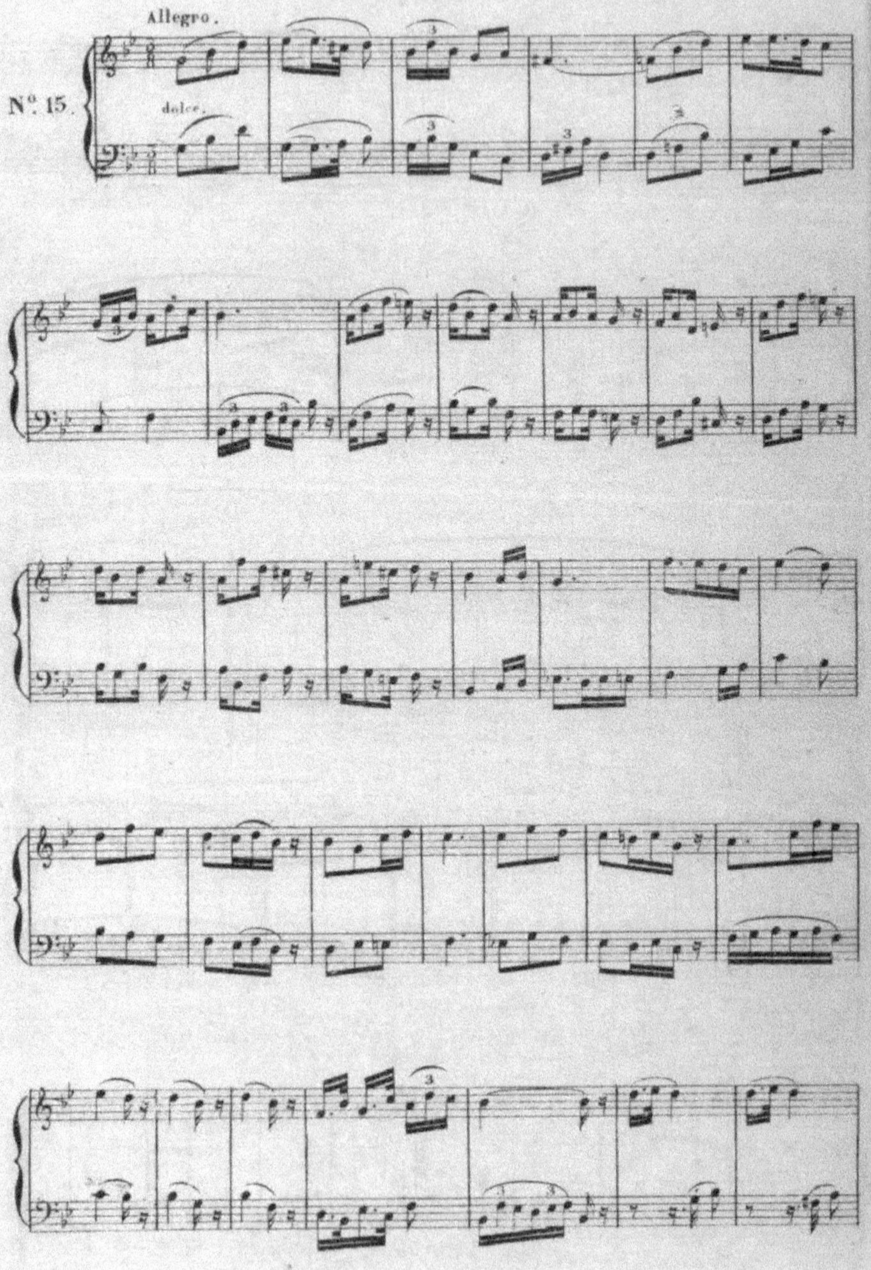

Allegro.
N.º 15.
dolce.

cresc
p
3

N.º 16.

COMPLÉMENT.
Allegretto.
N.º 17.
cresc.
p
112

305

Allegretto.
N.º 18.
P
N.º 18.

Moderato.
Nᵒ 19
p

Allegretto.

N.º 20.

118

N.º 20.

Un peu plus vite.

Allegretto moderato.
N.º 21.
Allegretto moderato.
120

ben marcato.
pp
3
3
f

Allegretto moderato.
N.º 22.

Allegretto moderato.
N.º 23.

Andante
No. 24.
p
Andante
No. 24.

COMPLÉMENT.
Allegretto.
No 25
p
f
p
f
128

Allegro moderato.
N°. 26.
p
p

Allegretto
N° 27.
f
f
p
f
p

Allegretto moderato.
N.º 28.

p
p
cresc.
f
p
cresc.

Allegretto.
Nº 29.

COMPLÉMENT.

Allegretto.
N.° 30.

Allegretto.
N.º 31.
rall.
157

COMPLÉMENT.

Andante.
N.º 38.
p
p

149

Scherzo (a)(sur les petites notes voyez 27.me leçon page   )

N.° 39.   Presto.

(a) Le mot italien *Scherzo* veut dire *badinage*.

Presto.
N.º 40.
FIN.
152
N.º 40.

COMPLÉMENT.

(a) *Da Capo*, signifie: «Depuis le commencement.» *Coda*, «Queue, Terminaison.»

FIN.